PRIMEURS IMAGINAERES

LIBRAIRES SUPPOSÉS

ÉTUDE BIBLIOGRAPHIQUE

PAR GUSTAVE BRUNET

IOV·VST

PARIS

LIBRAIRIE TROSS

5, RUE NEUVE-DES-PETITS-CHAMPS, 5

1866

IMPRIMEURS IMAGINAIRES

ET

LIBRAIRES SUPPOSÉS

IMPRIMEURS IMAGINAIRES

ET

LIBRAIRES SUPPOSÉS

ÉTUDE BIBLIOGRAPHIQUE

SUIVIE DE RECHERCHES SUR QUELQUES OUVRAGES
IMPRIMÉS AVEC DES INDICATIONS FICTIVES DE LIEUX
OU AVEC DES DATES SINGULIÈRES

PAR GUSTAVE BRUNET

PARIS

LIBRAIRIE TROSS

5, RUE NEUVE-DES-PETITS-CHAMPS, 5

1866

AVANT-PROPOS

Nous avons essayé de réunir des notes recueillies à l'égard d'une portion assez curieuse de la science des livres. Il nous a semblé qu'il y avait là matière à des rapprochements instructifs et piquants, à un assemblage de « ces excellentes choses de peu d'importance » dont raffolait Charles Nodier.

Dès le seizième siècle, on trouve quelques ouvrages publiés avec de fausses indications de lieux, avec des noms de typographes forgés à plaisir. Ce sont presque exclusivement des livres composés par des partisans de la Réforme, des écrits dirigés contre Rome ; les auteurs et les imprimeurs jugeaient prudent de ne pas se faire connaître. C'était surtout de Genève que partaient ces satires.

Nous trouvons peu de chose à noter dans la première moitié du dix-septième siècle ; la controverse religieuse devient moins vive, l'autorité est indulgente. Sous le règne de Henri IV, sous celui de Louis XIII, des recueils de *joyeusetez* très-risquées se publient sans nul mystère et sans provoquer de scandale, et lorsque Gaultier Garguille veut imprimer ses chansons grivoises, il sollicite et il obtient un privilége, afin d'empêcher quelque contrefacteur « de publier des chansons plus dissolues que les siennes ».

C'est lorsque Louis XIV commence le cours de ses conquêtes, c'est lorsque l'éclat de ses amours fixe les regards de l'Europe, que les pamphlets politiques et les libelles nourris de scandale surgissent et se multiplient. Les politiques ennemis de la France, les réfugiés de plus en plus irrités contre le persécuteur des protestants, les spéculateurs en fait de médisance ou de calomnie, sont à l'œuvre ; les presses de la Hollande, quelquefois celles de la Belgique, fabriquent quantité de petits volumes qui circulent dans les divers pays où la langue française est répandue, et qui pénètrent parfois dans le royaume malgré des exemples de la répression la plus sévère (1).

_____

(1) On peut consulter les détails que donne M. J. Ch. Brunet, l'oracle de la bibliographie, dans son *Manuel du Libraire*, au

Les bibliophiles recherchent ces petits in-douze et
les joignent volontiers à la collection elzévirienne. Il
paraît certain que cette famille illustre dans les annales de la typographie a mis sous presse quelques-
uns de ces livrets, mais presque tous sont sortis des
ateliers d'imprimeurs néerlandais qui restent incon-
nus. On trouvera dans notre travail l'indication d'un
assez grand nombre des imprimeurs fantastiques dont
les noms figurent en tête des ouvrages dont nous avons
relevé les titres. On remarquera la quantité de livres
qui furent attribués aux presses de Pierre Marteau,
de Cologne. Pendant un siècle ce nom figura au frontispice de bien des volumes condamnés ou condamna-
bles, destinés à être vendus sous le manteau. Il est
permis de supposer que c'était une étiquette qui, aux
yeux de certains amateurs, recommandait une mar-
chandise presque toujours épicée.

Dans le cours du dix-huitième siècle, les satires,

---

sujet du libelle intitulé : *Scarron apparu à madame de Maintenon*.
Cologne, Jean Le Blanc, 1694. Le 19 novembre de cette année,
un compagnon imprimeur et un garçon relieur, après avoir subi
la question ordinaire et extraordinaire, furent pendus pour
avoir imprimé, relié et vendu des libelles contre le roi (le *Scarron* est indiqué assez clairement comme étant du nombre). Deux
autres accusés furent envoyés aux galères. Un cinquième subit
la question, et il allait être conduit à la potence, qui était déjà
dressée, lorsque survint un ordre de surséance obtenu, dit-on,
par le Père La Chaise, avec lequel ce malheureux avait quelque
lien de parenté.

les livres philosophiques, les romans peu moraux, les
poésies badines contribuent à gonfler la liste des imprimeurs supposés. Observons d'ailleurs que le nombre
des ouvrages en tête desquels on rencontre les noms
que nous nous sommes proposé d'enregistrer est peu
de chose à côté des livres incomparablement plus
multipliés où se trouve simplement une indication de
lieu. Très-souvent, on lit Amsterdam, Londres (1),
Genève; d'autres fois, l'auteur ou le libraire s'avise
d'écrire une ville très-réelle, mais qui ne saurait prétendre à avoir enfanté l'ouvrage dont la patrie est
ainsi supposée (Constantinople, Ispahan, Jérusalem,
Agra, Pékin, Athènes, etc.). Parfois aussi on forge à
plaisir des désignations significatives : Sardanapolis,
Luxuriopolis, Erotopolis, et bien d'autres qu'une
plume honnête ne saurait transcrire. La mythologie

---

(1) On s'est quelquefois trompé en signalant comme réelle-
ment imprimés à Londres des livres qui ont ce nom sur le frontispice. L'œil tant soit peu familiarisé distingue, sans pouvoir
s'y tromper, ce qui a été exécuté en Angleterre et ce qui sort
des ateliers du continent. Nous lisons avec quelque surprise,
dans la très-curieuse notice de M. Charles Monselet sur *Rétif de
la Bretonne* (Paris, Alvarès, 1852, in-12), que *le Paysan per-
verti* eut quarante-deux éditions à Londres. A coup sûr, il y a là
une erreur. C'était de la Hollande et de la Belgique, d'Amsterdam, de Bruxelles, de Liége, que partaient, au dix-huitième
siècle, les livres défendus; Gresset n'a point oublié :

... Cet amas de libelles pervers
Dont le Batave infecte l'univers.

est mise à contribution d'une manière significative ; on devine sans peine qu'un livre portant la rubrique de Paphos et de Cythère ne s'adresse pas à des lecteurs timorés. On trouva spirituel de donner des livres impies et immoraux comme publiés à Rome, comme sortant des presses du Vatican ou de la Congrégation de la Propagande.

La révolution française amène un véritable déluge d'écrits satiriques, cyniques, grossiers. Les imprimeurs imaginaires, les lieux fantastiques se présentent en grand nombre ; le caprice prend ses coudées franches ; mais tout cela finit avec 1792. La presse, muette pendant le régime de la Terreur, reste sans vie sous le Directoire et se tait sous le premier Empire. On se borne à écrire le nom de Hambourg, par exemple, en tête de quelques romans licencieux ou d'un recueil de *chansons* de Collé. Depuis 1815, cet état de choses n'a pas changé ; les cinquante dernières années n'ont ajouté que bien peu de volumes à la liste que nous avons dressée.

On comprend d'ailleurs que de très-graves et très-justes motifs ont dû déterminer bien des typographes et des libraires à ne pas se faire connaître. L'histoire a conservé les noms de plusieurs d'entre eux qui ont payé de leur vie la témérité avec laquelle ils avaient lancé des écrits regardés comme séditieux. Nous nous bornerons à rappeler quelques exemples séparés par de longs intervalles.

En 1560, il parut un « livret fort aigre intitulé : *le Tigre contre ceux de Guise* » (ainsi s'exprime un contemporain, Regnier de la Planche, dans son *Histoire de l'Estat de France*) (1). Le parlement, tout dévoué aux Guises, ordonne des poursuites sévères. « Un conseiller, nommé du Lyon, en eust la charge, « qu'il accepta fort volontiers pour la promesse d'un « estat de président au parlement de Bordeaux, du- « quel il pourroit tirer deniers, si bon lui sembloit. « Ayant donc mis gens après, on trouva l'imprimeur, « nommé Martin L'Hommet, qui en estoit saisi. » Son procès ne fut pas long : il fut immédiatement pendu, et, ce qu'il y eut de remarquable, c'est qu'un marchand qui venait d'arriver de Rouen, « homme de « bonne apparence, voyant le peuple de Paris estre « fort animé contre ce patient, leur dit : Eh quoy, mes « amis, ne suffist-il pas qu'il meure? Laissez faire le « bourreau. (Or ne savoit-il pourquoy on le faisoit « mourir.) » Cette intervention coûta cher au Rouennais. Frappé par la populace, il fut jeté à la Conciergerie, où du Lyon l'interrogea sommairement et sans forme ni figure de procès, fit son rapport à la Cour, qui condamna « le pauvre marchand à estre pendu et

---

(1) Edition de 1576, in-8, page 385. Une nouvelle édition de cet ouvrage curieux, mais partial, a été publiée par M. Ed. Mennechet (Paris, Techener, 1837, 2 vol. petit in-8).

« estranglé au lieu mesme où avoit esté attaché cest
« imprimeur. »

De Thou raconte la même histoire; il appelle
L'Hommet *pauperculus librarius*. Brantôme dit aussi
quelques mots de « l'invective intitulée *le Tigre* : « Si
le galant auteur eust été appréhendé, quand il eust eu
cent mil vies, il les eust toutes perdues. » Pendant
longtemps on avait perdu toute trace de l'écrit qui
avait été la cause de ces supplices, mais un libraire
fort connu à Paris, M. Techener, en découvrit en 1834
un exemplaire qui est regardé comme unique et qui
est entré dans la bibliothèque de M. J. Ch. Brunet.
Nodier inséra dans le *Bulletin du Bibliophile* une notice des plus intéressantes sur ce livret de quelques
feuillets seulement, dont le titre véritable est : *Epistre
au tigre de la France* (1). L'arrêt rendu contre L'Hom-

---

(1) D'après l'ingénieux académicien, ce pamphlet est un
chef-d'œuvre. « Là se trouvent, et presque pour la première
fois, quelques-unes de ces magnifiques tournures oratoires
qu'un génie inventif pouvait seul dérober d'avance au génie de
Corneille, de Bossuet et de Mirabeau. Bayle a attribué à François Hotman ce terrible pamphlet rempli de traits auxquels les
Catilinaires elles-mêmes le cèdent en vigueur et en expression.»
Nodier regarde cette conjecture comme certaine : « Il n'y avait
« peut-être alors que François Hotman qui fût capable de s'éle-
« ver dans notre langue aux hauteurs de cette véhémente élo-
« quence. » Depuis, M. Ch. Schmidt a établi, dans le *Bulletin
du Bibliophile* (1850, page 1773), d'après des écrits du temps,
qu'Hotman est incontestablement l'auteur du *Tigre*. Il existe

met est du 13 juillet 1560, et le condamne à mort
pour avoir imprimé des « Epistres, livres et cartels
diffamatoires pleins de sédition, schisme et scandale ».

Un paisible libraire, J. P. Palm, était établi à Nuremberg en 1806. Cette ville fut occupée par l'armée
française, qui venait de battre l'Autriche à Austerlitz et
qui allait infliger aux Prussiens la déroute d'Iéna. Palm
fut accusé d'avoir distribué une brochure attribuée au
publiciste de Gentz et dirigée contre Napoléon : *l'Allemagne dans son profond abaissement.* Arrêté d'après
un ordre venu de Paris, il fut conduit à Braunau,
jugé par une commission militaire, condamné à mort
le 26 août 1806 et fusillé trois heures après que le
jugement eut été rendu. Cette condamnation produisit
l'impression la plus pénible dans tous les pays d'outre-
Rhin ; des souscriptions s'ouvrirent pour la famille
du malheureux bibliopole ; l'Angleterre et la Russie
s'associèrent à ces manifestations.

En 1537, Jean Morin, imprimeur à Paris, publia le
Cymbalum mundi, de Bonaventure Des Périers. Ce
livre, rendu obscur à dessein, mais au fond fort peu

---

une rédaction en vers de *l'Épistre ;* elle était restée inédite,
mais en 1842 M. G. Duplessis la fit imprimer à un petit nombre
d'exemplaires. Il la regardait comme antérieure au livret en
prose ; mais l'auteur du *Manuel du Libraire* pense au contraire,
avec toute vraisemblance, qu'un rimeur anonyme s'est exercé
sur l'œuvre qui avait provoqué les rigueurs du Parlement.

orthodoxe, fut dénoncé par le roi lui-même au Parlement comme « contenant de grands abus et hérésies ». L'imprimeur fut arrêté, et, du fond de la prison du Châtelet, il adressa au chancelier une supplique où il demandait d'estre « relasché à caution, ayant par « ignorance et sans aucun vouloir de mal faire im- « primé un petit livret, lequel seroit tombé en scan- « dale et reprehension d'erreur ». On ignore si ce pauvre typographe fut rendu à la liberté, mais, malgré sa mésaventure, il est resté si peu connu que La Caille ne l'a pas mentionné dans son Catalogue des libraires de Paris (1).

Parmi les pièces que firent surgir en si grand nombre les troubles de la Fronde et que l'on connaît sous le nom de Mazarinades, il en est une d'une insolence grossière dirigée contre Anne d'Autriche : *la Custode de la royne qui dit tout.* Un personnage, très-peu connu d'ailleurs, nommé Marlet ou Morlet, accusé de l'avoir écrite ou imprimée, fut condamné à la potence, mais le peuple se souleva et le délivra au moment où le satirique malencontreux était conduit au supplice. On ne connaît plus qu'un ou deux exemplaires de l'édition originale, mais *la Custode* a été

---

(1) Voir l'édition des *OEuvres françoises de B. Desperriers,* publiée par M. Louis Lacour (Paris, Jannet, 1856, t. 1er, page 302).

réimprimée dans les *notes* qui accompagnent la quatrième *Lettre* de M. Léon de La Borde *sur le palais
Mazarin* (1).

Notre travail est, nous le croyons du moins, le
premier qui aborde le sujet que nous avons traité.
Nous savons très-bien qu'un bibliographe allemand
instruit et actif, M. Émile Weller, a publié un *Dictionnaire des ouvrages français portant de fausses indications des lieux d'impression et des imprimeurs* (Leipzig, W. Engelmann, 1864. In-8, VI et 309 pages).
Nous avons consulté avec profit ce livre, qui est le
résultat de recherches fort étendues, et qui offre tous
les ouvrages imprimés avec des indications de lieux
supposés qu'a découverts son laborieux auteur ; il est
classé par ordre chronologique depuis 1530 jusqu'à
1863. En nous bornant à une portion de ce pro-
gramme, nous avons ajouté beaucoup de noms à ceux
qu'a relevés M. Weller, qui, d'ailleurs, paraît avoir
ignoré l'existence d'un très-grand nombre d'ouvrages
qu'il aurait pu faire entrer dans ses catalogues.

Ceci n'est nullement un reproche adressé au biblio-

---

(1) Ces notes forment un gros volume, un des plus savants,
un des plus curieux qui aient été publiés depuis bien des années.
Il est indispensable pour la connaissance des personnages et
des mœurs au dix-septième siècle, mais il est presque impossible
de se le procurer, même en le payant fort cher. L'auteur n'en a
fait tirer qu'un petit nombre d'exemplaires.

graphe (1) d'outre-Rhin ; la science des livres offre une carrière si vaste qu'il est impossible de tout connaître, et qu'il y aura constamment bien des lacunes et même plus d'une méprise à relever dans les travaux les mieux faits.

Nous espérons qu'on aura quelque indulgence pour notre travail. Peut-être les bibliophiles le trouveront-ils curieux, et ils devineront sans peine que nous avons été obligé de lire, la plume à la main, une multitude de catalogues officinaux ou de bibliothèques livrées aux enchères. Nous sommes toutefois bien persuadé que nous sommes loin d'avoir tout connu ; nous accueillerons avec reconnaissance tous les renseignements qu'on voudra bien nous adresser, afin d'en profiter, sinon pour une seconde édition (l'idée pourrait paraître présomptueuse), du moins pour un supplément que nous publierons un jour.

Afin d'adoucir la sécheresse inséparable d'une simple énumération de titres, nous avons placé, à l'égard de divers livres assez curieux, des notes qui

---

(1) Quelques fautes d'impression, quelques erreurs de placement étaient inévitables. Il est évident que c'est par suite d'une méprise qu'un ouvrage libre (*Veillées*, etc.) a été inscrit à la date de 1700 (page 65). C'est également à l'an 1700 qu'est indiqué un libelle contre la duchesse de Polignac (*la Messaline françoise*). La *Satyre d'un curé picard* figure à la date de 1574 (page 4), et se retrouve à la page 40, avec la véritable date, 1754.

apprendront sans doute quelque chose à plus d'un amateur. Nous avons parfois signalé, pour des livres précieux, des prix d'adjudication qui complètent ceux qu'indique le *Manuel du Libraire*. Nous aurions pu sans peine augmenter le nombre de ces annotations, mais il faut savoir se borner.

Notre travail est divisé en deux parties : Imprimeurs imaginaires, 1° de livres français, 2° de livres en langues étrangères.

Nous y joignons quelques appendices qui nous semblent se rapporter à notre sujet :

1° Choix de lieux d'impression tout à fait imaginaires et, pour la plupart, remarquables par leur singularité ;

2° Ouvrages publiés avec des dates fantastiques et bouffonnes.

IMPRIMEURS IMAGINAIRES

LIBRAIRES ET ÉDITEURS SUPPOSÉS

OUVRAGES EN LANGUE FRANÇAISE

Aban Lyron de Modène. Noeï Borguignon de Gui Ba-
rozai (par de la Monnoye), Dioni (Dijon), 1720. In-8.

Acher (Abraham). Le Convertisseur sans dragons. Rotterdam, 1688. In-12.

> Livret rare ; il n'est pas cité dans la *Bibliothèque historique
> de la France.*

Ackersdijcke (Théodore d'). Le Facétieux Réveil-matin.
Utrecht, 1653. In-12.

> Le *Manuel du Libraire* signale les diverses éditions de ce
> recueil de *joyeusetés.* On peut ajouter aux adjudications qu'il
> indique, celle de 83 fr. (édition d'Utrecht, 1662), vente
> Cailhava, en 1862; une édition avec la date de 1674, que le
> *Manuel* ne mentionne pas, 50 fr., vente H. de Ch., en 1863,
> nº 634.

Adamson. L'Espion anglais, (par Pidansat de Mairobert). Londres (Amsterdam), 1771. 7 vol. in-12.

— Mémoires sur l'administration des finances sous le ministère de l'abbé Terray, (par Coquereau). Londres, 1776. In-12.

— Correspondance secrète, politique et littéraire, (par Metra et autres). Londres (Hollande), 1789-90. 18 vol. In-12.

— Anecdotes sur la comtesse du Barry (par de Mairobert). Londres, 1776. In-12.

A eiou. La Farce de la querelle de Gaultier Garguille et de Perine sa femme. A Vaugirard. In-12.

> Cette farce a été réimprimée dans la collection que Caron le bibliophile fit tirer à un petit nombre, et qui forme 9 petits volumes publiés de 1798 à 1806. Elle a reparu dans les *Joyeusetez*, éditées par M. Aimé-Martin (Techener, 1829), et on la retrouve dans l'édition des *Chansons de Gaultier Garguille* (Paris, Jannet, 1858), édition revue avec soin par M. Edouard Fournier, qui y a joint une introduction des plus curieuses sur *la farce et la chanson en France avant* 1660 (cxii pages). La farce qui nous occupe remplit les pages 119 à 127; elle est, sauf quelques variantes, la même chose que la *Farce de la querelle de Tabarin et de Francisquine* (insérée dans le Tabarin édité par M. Aventin (Veinant), t. II, p. 401, et p. 413 de l'édition publiée en 1858 sous le nom de Georges d'Harmonville), et que la *Farce de la querelle de Jean Pousse et de Jeanneton sa cousine*.

Admiration de l'univers (*Imprimé pour l'*). La Thiomachie, poëme archi-éroïque, traduit de l'argot. Dans l'île Frivole. (Paris, vers 1750). In-12.

Agathon Eleuthère. Lettres violettes et vertes, anti-épiscopales et anti-grandvicariales (par l'abbé Rive). Dicaïopolis (Nîmes), 1789. In-8.

> Pamphlet tiré à petit nombre et dirigé contre MM. de Bois-

gelin et de Bausset, et l'abbé de Crouseilhes. Nous indiquerons quelques autres opuscules de l'atrabilaire bibliographe Rive ; le catalogue Bignon (1849, n° 2246) offre une réunion de 33 de ces brochures, difficiles à rencontrer aujourd'hui.

Alberts (J.). Mémoires et aventures singulières de la cour de France. La Haye, 1692. In-12.

— Nouvelles espagnoles, par Mme d'Aulnoy. La Haye, 1693. In-12.

Alcofribas (Ès presses pantagrueliques de feu). La Roman- ciade, poëme, par Satyricon (Blandet). A Micromégalopolis, capitale du royaume de la Lune (Paris), 1839. In-8.

Alecto-Tisiphone-Mégère l'Envie, veuve de feu Ascalaphe le Dépit, libraire en enfer. Thèse de médecine soutenue en enfer, précédée de la lettre d'un excorporé à son méde- cin. A Plutonopolis, à la Tête de Méduse et au Grand Cer- bère, l'an de Pluton C cIɔ cIɔ cIɔ, etc. (1774).

> Cette thèse (par Rétif de la Bretonne) est en latin avec la traduction française à côté ; elle est relative aux préservatifs qu'on peut employer contre certaines maladies. Elle se trouve, avec une pagination particulière, à la suite des *Nouveaux mé- moires d'un homme de qualité*, et elle a été réimprimée à la suite d'un autre ouvrage de Rétif : *la Découverte australe.*

Aletinosgraphe de Clearetimelee et Craphexecon de Pista- riste. Mémoires des sages et royales économies d'Estat (par Sully). Amstelredam, au château de Sully (1638), 2 vol. in-folio.

> Cette édition originale fut imprimée au château de Sully par un typographe d'Angers ; elle a l'avantage de présenter la ré- daction de l'auteur, qui a été modifiée dans les éditions plus ré- centes. Consulter sur le texte primitif et sur les réimpressions les détails étendus que fournit le *Bulletin de la Société de l'histoire de France*, 1845, n° 3, p. 87· et suiv. Pleins de renseigne- ments précieux, ces *Mémoires* n'ont aucune valeur littéraire. Voir le *Retrospective Review*, t. VI, p. 304 ; une Notice de

M. Bazin insérée dans la *Nouvelle Collection de Mémoires sur l'histoire de France* (seconde série, t. II), et reproduite dans les *Études* de cet écrivain (1845, in-8); Sainte-Beuve, *Causeries du Lundi*, t. VIII, p. 108-156. Les 2 volumes que nous signalons ne se payent pas très-cher dans les ventes. Le *Manuel du Libraire* ne mentionne qu'une adjudication de 72 fr. à la vente Hallé; d'autres exemplaires, reliés en maroquin, 78 et 80 fr. aux ventes Taylor et A. Bertin.

Il y a une contrefaçon assez médiocre avec le même nom supposé.

Aléthée. Mœurs des Francs-Maçons, poëme. A Poliastrée, 1745. In-12.

Alétophile. Le Cibisme et autres dialogues de Pasquin et Marforio (par Le Noble). Rome (Paris), 1688. In-12.

— Chanson d'un inconnu, par le docteur Chrysostôme Mathanasius (N. Jouin). Turin (Rouen), 1737. In-12.

> C'est une satire contre les Jésuites. Elle a été réimprimée Paris en 1827.

— Mœurs des Jésuites, leur conduite sacrilége, (par Jouin). Turin (Rouen), 1756. In-12,

Alétophile (Francophile). La Chambre des comptes d'Innocent XI. A Rome (Hollande), 1689. In-12.

Alfeston et Compagnie. Théâtre gaillard. Londres, 1803. In-18.

Akakias (André). La Sainte Agonomachie, ou le Saint Célibat combattu. Cosmopolis (Hollande), 1675. In-8.

> Il s'agit là d'un fait réel, d'un vœu de chasteté fait par un professeur de Dijon, nommé Popion, et par sa femme. Voir, au sujet de ce livre, le *Bulletin du Bibliophile*, 1855, p. 519.

— La Justice métropolitaine de Pont-de-Vaux. Cosmopolis, 1676. In-8.

Alibeck l'Égyptien. Les Véritables Clavicules de Salomon, traduites de l'hébreu. Memphis, 1517 (Paris, 1817). In-18.

Allemand (François). Lettres françoises et germaniques (par Mauvillon). Londres (Francfort), 1740. in-12.

Alonzo Gregorio. Mémoires pour servir à l'histoire du siège de Gibraltar (par d'Arçon). Madrid, 1783. In-8.

Amant adopté (L'). Le Triomphe de l'amour, et Don Pedro de Castille, par Leroux. Paris (La Haye), 1722. In-8.

Amant oisif (Chez l'). La Galanterie monachale (*sic*). Neufchâtel (Hollande), s. d. (vers 1680). In-12.

Amants (Chez les). Lupanie, 1700. In-12.

Il existe de ce roman satirique, qui a été attribué à Corneille Blessebois, une édition antérieure, sans indication de lieu (Hollande), 1668, in-12. Lupanie a donné lieu à bien des erreurs. On y a vu l'histoire de Mme de Montespan ; mais M. Bazin, dans une note de son catalogue (n° 772), établit que dans ce vilain récit, il n'y a pas un mot qui puisse, de près ou de loin, se rapporter à la maîtresse de Louis XIV ; ce sont les scandales obscurs d'un ménage très-bourgeois ; le mari est médecin. (Voir aussi les catalogues Pixerécourt, n°s 1250 et 1305, et Leber, n° 2206.)

— L'Amant décent et délicat, ou le Beau de la galanterie. A la Tendresse, 1760. In-12.

Ameno (Louis). Mémoires historiques sur les affaires des Jésuites, par Platel (P. Parisot). Lisbonne (Paris), 1766. 7 vol. in-12.

Ami de l'Auteur (L'). Critique sur les loteries, par Leti. Amsterdam, 1697. 2 vol. in-12.

Ami des Anglais (L'). Lettre de Philalète au comte de ***

sur les différents entre le prince de Neufchâtel et ses sujets. A la Verité (en Suisse), 1768. In-8.

Amoureux (L'). La Noble Naissance des femmes et leurs vertus héroïques, par M. de la V***. Paris, 1699. In-12 (en vers).

Amoureux (Jacques l'). Don Carlos, nouvelle, (par Saint-Réal). Amsterdam, 1673. In-12.

— Les Amours d'Abélard et d'Héloïse (par Dubois), Utrecht, 1696. In-12.

Amoureux (Paul l'). Le Langage des morts, ou les Promenades angloises. Londres (Hollande), 1707. In-12.

— Amours des dames illustres de France. Cologne (Hollande), 1709. In-12.

André (Pierre). Entretiens sur les saints ajoutés et sur les nouveaux miracles. Cologne (Hollande), 1705. In-12.

Androphile. Des Erreurs et de la Vérité, par un Ph. inc. (L. C. de Saint-Martin). Salomonopolis (Francfort). 1781. 2 vol. in-8.

> Saint-Martin, rêveur obscur, théosophe bien étranger aux préoccupations matérielles qui absorbent notre époque, mais penseur profond et remarquable, est depuis quelque temps l'objet d'une attention dont il est digne. M. Franck lui consacre un travail étendu dans le *Journal des Savants* (Voir les cahiers de juillet et novembre 1863, janvier 1864, février et juillet 1865).

Antime (P.). Réflexions sur la prévention dans les opinions, par M. C. E. D. C. E. A. Cologne (Hollande), 1704. In-12.

Antiménagistes (Les). La Ménagerie (par Ch. Cotin). Cosmopolis, s. d. (vers 1640). In-12.

> Satire contre Ménage.

Aphobe. La Chasse-aux bibliographes et aux antiquaires mal avisés, (par Rive). (Aix), 1789. 2 vol. in-8.

Apollon. Les Plaisirs de l'amour, ou Recueil de contes. Au Mont-Parnasse (Paris), 1782. 3 vol. in-18.

Apothicaire (L') de la démocratie. L'Ami du roi, almanach des honnêtes gens pour 1792. Au Palais-Royal (Paris). In-18.

Aretin (Pierre). L'École des filles. Venise (Hollande), s. d. In-12.

Voir, au sujet de ce livre, le *Manuel du Libraire* et la *Bibliographie des ouvrages relatifs aux femmes, à l'amour et au mariage* (Paris, 1864, col. 572). Il a été fait à Bruxelles, en 1864, une réimpression à 150 exemplaires et 8 sur papier de Chine. C'est un in-18 de IV et 189 pages, plus un feuillet pour la table. L'avant-propos contient quelques renseignements bibliographiques. L'édition originale, introuvable aujourd'hui, avait un frontispice gravé par Chauveau, qui a probablement servi de modèle pour la mauvaise estampe qu'on voit en tête de l'édition de Fribourg, 1668 : elle représente deux femmes assises; l'une montre à sa compagne le livre de *l'Escole des filles,* grand ouvert et appuyé par le bas sur une table ; au premier plan un petit panier à ouvrage. Guy-Patin et Charpentier ont défiguré le nom de l'auteur, qu'ils appellent l'un Hélot, l'autre Milot, et qui est nommé Millilot dans un madrigal qui lui est adressé. Les diverses réimpressions de cet ouvrage offrent, pour la plupart, des suppressions et des changements. Le catalogue de la vente Auvillain (1865, n° 1431) indique une édition de Liége, sans date, qui n'avait pas encore été citée.

— L'Académie des dames. Venise (Hollande), 1681. In-12.

— Le Voluptueux hors de combat. Cythéropolis, à la Vénus de Grèce, 1738. In-12.

Arkstée et *Merkus.* Mémoires de M. de *** (par Querlon). Amsterdam (Paris), 1759. 3 vol. in-12.

Arkstée et *Merkus*. Mémoires de la Ligue, (par Goulart). Amsterdam (Paris), 1759. 6 vol. in-4.

— Testament politique de Walpole (par Maubert). Amsterdam (Paris), 1767. 2 vol. in-12

— Lettres d'un officier d'artillerie (par Tronson du Coudray). Amsterdam (Paris), 1774. In-8.

— Azoïla, histoire qui n'est pas morale. Amsterdam (Paris), 1768. In-12.

— L'Ile de France et la nouvelle colonie de Vénus (par Marchandier). Amsterdam (Paris), 1753. In-8.

— Histoire des guerres civiles en France (trad. de Davila). 1755. 3 vol. in-8.

— Mémoires pour la vie de Fr. Petrarque (par l'abbé de Sade). Amsterdam, Arskée (*sic*) et Merkus. 1765. 3 vol. in-4.

Armand (Frédéric). Histoire critique de l'origine et du progrès des revenus ecclésiastiques, par Jérôme à Costa (Richard Simon). Francfort (Rotterdam), 1686. In-12.

— Abrégé de l'Histoire de la congrégation *de Auxiliis* (par P. Quesnel). Francfort (Hollande), 1685. In-12.

— Essai de théologie sur la providence et la grâce contre Jurieu (par J. Papin). Francfort (Hollande), 1687. In-12.

— Histoire de la créance et des coutumes des nations du Levant, par de Mouy (R. Simon). Franfort (Hollande), 1693. In-12.

— Histoire des intrigues amoureuses de Molière et de sa femme. Francfort (Hollande), 1696. In-12.

Voir l'article *Rottenberg*.

Arnauld (*Antoine*). Description du pays de Jansénie, par Louis Fontaine (le P. Zacharie). Bourg-Fontaine (Paris), 1688. In-12.

Arnault (*De l'Inconstant*). Idolopeïe, c'est-à-dire fiction ou feintise des images. En Utopie, pour le syndic de l'univers (Genève?), 1570. In-8.

Ouvrage en vers.

Artichaud (*Le baron de l'*). La Sentence par corps obtenue par plusieurs femmes de Paris. Au royaume d'Escosse, à l'image du Cailloux de bois, 1622. In-8.

Associés (*Chez les*) *Michel-Ange et Rubens*. Le Peintre, portraits détachés (par Saint-Mars). A Saffré, rue des Belles-Couleurs. Paris, 1753. In-12.

Aubry (*Jean*). Examen de la liberté originaire de Venise (par Marc Velserus), trad. de l'italien (par Amelot de la Houssaye). Ratisbonne (Hollande), 1677. In-12.

Auteur (*Chez l'*). Histoire amoureuse des Gaules, (par Bussy-Rabutin). A l'Hôpital des foux, 1666. In-12.

Le *Manuel du Libraire* n'indique aucune adjudication de cette édition ; mais de beaux exemplaires, reliés en maroquin, ont été payés 60 et 70 fr. Il existe de nombreuses éditions de ce livre fameux. (Voir à cet égard le *Manuel du Libraire*.) Plusieurs de ces éditions, avec la rubrique de Liége, sans nom de typographe, sortent des presses de Foppens, à Bruxelles, comme l'a fait remarquer M. Chenu (*Bulletin du Bibliophile*, 1847, p. 578). Le catalogue Walckenaër, nos 1848 et suiv., décrit quelques-unes de ces impressions. L'édition publiée en 1856 dans la *Bibliothèque elzévirienne*, revue et annotée par M. Paul Boiteau, est bien supérieure à toutes celles qui l'ont précédée. Le commentaire est spirituel, et il révèle une connaissance intime des intrigues de l'époque. L'éditeur a pris pour texte l'édition d'Amsterdam, 1677, qu'il dit n'avoir point rencontrée dans les catalogues (elle est indi-

quée au *Manuel*, 5e édition). C'est de toutes la meilleure ;
c'est la première et même la seule qui traduise convenable-
ment les noms allégoriques. On peut consulter à l'égard de
Bussy les Notices de M. P. Maurel (*Revue du Progrès*, t. VI
et IX) ; Bazin (*Revue des Deux-Mondes*, juillet 1842, reproduit
dans les *Études* de cet écrivain) ; Sainte-Beuve (*Causeries du
Lundi*, t. III). On est sans doute en droit d'adresser quelques
reproches à Bussy ; cependant les critiques modernes se montrent assez indulgents à son égard : « Si les discours et les
lettres des personnages sont supposés, les faits sont exacts et
vrais ; il n'en est pas un d'essentiel qui ne se trouve confirmé
par les mémoires du temps et les témoignages les moins sus-
pects. » (Walckenaër, *Histoire de madame de Sévigné*, t. II,
p. 150.)

Auteur (*Chez l'*). Catéchisme des droits de l'homme et du
citoyen. In-18.

Avalos (*Vincent d'*) *et Fleurimont Mordant*. Histoire du
prince Croqu'étron et de la princesse Foirrette. A Gringuenaude, rue du Gros-Visage, à l'enseigne du Privé Conseil,
attenant l'hôtellerie de la Fleur. (Paris, vers 1790). In-12.

Voir la *Bibliotheca scatologica*, p. 12.

Babiole Colifichet, *marchand de crème fouettée*, *seul imprimeur des beaux esprits*, *à l'enseigne du Hochet*. Histoire
nouvelle dédiée au génie du siècle. Ripsa (Paris), 1746.
In-12.

Baldwin (*Richard*). Entretiens sur l'ancien état et gouvernement de l'Angleterre. Londres (Hollande), 1696. In-12.

— Histoire secrète de la duchesse de Portsmouth. Londres (Hollande), 1690. In-12.

C'est la traduction d'un ouvrage anglais : *The secret History
of the Dutchess of Portsmouth with the intrigues of the court.*
London, 1690, in-8. Autre édition, 1734.

— Le Bâtard découvert, ou Démonstration que le prétendu prince de Galles est fils de Mlle Marie Grey (par W. Fuller). Londres, 1702 à 12.

> Fuller est-il le nom exact de l'auteur ? Il n'est pas mentionné dans le *Manuel* de Lowndes.

Baliverne le cadet. L'Esprit à la mode, ou Catalogue des livres qui en donnent. Édition nouvelle, augmentée d'une réflexion inutile et d'un avertissement superflu (par A. G. Tessin). A Sornettes, à l'enseigne de la Petite-Maîtresse. Stockholm, 1749. In-8.

Banque du bel esprit (Ex officina de la), au Parnasse burlesque. Marottes à vendre, ou Triboulet tabletier. (Londres), 1832. In-12.

> Joli volume, imprimé avec soin chez Harding et Wright, et contenant des extraits de divers ouvrages rares.

Barberini. Le Lever de Baville, drame héroïque, par l'abbé de Vermond (H. V. N. Duveyrier). Rome (Paris), 1788. In-8.

Barbin. Traité historique de l'excommunication et de la déposition des rois (trad. de l'anglais de Barlow par de Rosemond). Paris (Genève), 1681. In-12.

> Barbin était alors l'éditeur le plus en vogue à Paris ; on mit sous son nom ce livre téméraire.

Barbu (Philippe). L'Amoureux Africain, par B. M. Cologne (Hollande), 1671. In-12.

Barnabé (G.). Mémoires de l'Académie de Troyes. Liége, 1744. In-8.

> Première et rare édition de ce recueil facétieux.

Barrows et Young. Mémoires historiques, par J. Melvil (publiés par de Marsy). Edimbourg (Paris), 1745. 3 vol. in-12.

> L'édition anglaise originale de cet ouvrage important pour

l'histoire est de 1683. Il y en a plusieurs réimpressions, 1735, 1751, 1827, (d'après le manuscrit autographe).

Barzotti (Les frères). Lettres édifiantes et curieuses sur la visite apostolique de M. de La Baume, évêque d'Halicarnasse, à la Cochinchine en 1740, par M. Favre, prêtre suisse. Venise (Neufchâtel), 1766. In-12.

Bassompierre (François). Tableau de la mort (par Caraccioli). Francfort, 1760. In-8.

Bastard (Corneille). L'Adultère, avec les poésies hardies du seigneur D... et du seigneur V... Vitry, (sans date). Hollande, (vers 1680). In-12.

Batanard (P.). Histoire des amours du maréchal de Luxembourg. Cologne (Hollande), 1695. In-12.

Bavon (Jean). Apologie de Mme Du Noyer. Petipolis (Hollande), 1713. In-12.

Baudet (Les frères). Hier. Asnières, 1789. In-8.

Baur (Michel). Les Amours de Mademoiselle avec le comte de Lauzun. Cologne (Hollande), (sans date). In-12.

Beauregard (Isaac). Gaudriole, conte. La Haye, 1746. In-12.

Belzebuth. Epître du diable à M. de Voltaire (par Giraud, médecin). Aux Enfers (Avignon), 1760. In-8.

Cet opuscule a obtenu plusieurs éditions.

Beguin (Jean). Plaisantes Ephémerides et Prognostications imaginées par le capitaine Ramoneau. Sifla (Lyon), 1619. In-8.

Belle Veuve (La). La Nuit et le Moment (par Crébillon fils). Paris, rue Galante, s. d. (vers 1760). In-12.

Belman (*C.*). Abrégé de politique, par le S' O. Constant de Rebecque. Francfort (Hollande), 1687. In-12.

Beltrinklt (*Samuel*) *le jeune*. Généalogie de Jules Mazarin. Anvers (Paris), 1644. In-4.

Beringos (*Fratres*). Les Admirables Secrets d'Albert le Grand. (Lyon), 1720. In-12.

— Secrets de la magie naturelle. Lyon (Hollande), 1706. In-12.

> Les frères Bering étaient des imprimeurs travaillant à Lyon au seizième siècle. Entre autres ouvrages sortis de leur officine, nous indiquerons les OEuvres latines de H.-C. Agrippa, *per Beringos fratres*, 3 vol. in-8; mais il y a supposition de nom dans les livres qui, au dix-huitième siècle, sont attribués à ces typographes.

Bernard (*Pierre*). Les Conquêtes amoureuses du grand Alçandre. Cologne (Hollande), 1690. In-12.

Bernard (*I. F.*). La Ligue, ou Henry le Grand, (par Voltaire). Amsterdam (Evreux), 1724. In-8.

Beyers (*Adolphe*). Les Imaginaires, lettres par Damvilliers (Nicole). Liége (Amsterdam), 1667. 2 vol. in-12.

Bienfaisant Chasse-Diables. Nouvelles récréatives et admirables d'un renommé vieil homme nommé Panurge, et du voyage que son ame fit en l'autre monde. (Toulouse), 1616. In-8.

> C'est le même ouvrage que *le Nouveau Panurge*. Un exemplaire de ce petit volume, richement relié par Bauzonnet, s'est adjugé 300 fr. à la vente Solar, en 1862, n° 2129.

Binsfeldt. Le Calvinisme convaincu de nouveau de dogmes impies, (par A. Arnauld). Cologne (Hollande), 1682. In-12.

Bleichnart (*Etienne*). Le Père de famille, par Goldoni,

traduit de l'italien par *** (Dalègre). Liége (Paris), 1758. In-8.

Boileau, Boivin et Rikiki. Les Preux Chevaliers, ou la Reine des remparts, comédie (par V. Nolte). Canton (Paris), 1828. In-8, 2e édit. 1830.

> Voir une note dans la *Bibliographie de la France*, 1830, reproduite par M. Quérard, *Supercheries littéraires*, t. I, p. 226, édit. de 1847.

Boissac. Courtisaniana, ou la Malice des femmes. A Cornouailles (Paris), 1817. In-12.

Boivin. Facéties du vicomte de Mirabeau. A Côte-Rôtie. (Paris, vers 1792). In-12.

Boldtruth. La Henriade, par Voltaire. Londres (Paris), 1738. In-8.

> Le nom de l'imprimeur signifie *Liberté courageuse.*

Bon (Arnold). L'Antidote d'amour, par Aubery. Delft, 1663. In-12.

Bon-Ami. Lettres nouvelles de Mme D. (Dunoyer). Nîmes (Hollande), 1718.

Bonard (Pierre). La juste Déclaration, ou Discours sur la guerre déclarée à la France. Villefranche (Hollande), 1678. In-12.

— Miroir de piété chrétienne. Liége (Bruxelles), 1676. In-12.

Bon-Débit. Almanach de calembourgs. Paris, rue Barbe, à l'Esprit-de-vin, 1771. In-12.

Bonne-Foy (Elzear), rue du Salut. Histoire de ce qui s'est passé dans la chapelle des Augustins déchaussez du faubourg Martainville de Rouen, en l'année 1677, écrite en vers libres par une personne de qualité, 1678. In-8.

Bonne-Foy (Jean). Déclaracion des fondements de la doctrine chrestienne, par Luther, 1560. In-8.

— Sermons de J. Calvin sur deux épitres de saint Paul. Genève, 1563. In-fol.

— Les Sottises de tout le monde, 1791. In-8.

Bonne-Humeur (Pierre). La Pipe cassée, poëme poissard, (par Vadé). A la Liberté, avec permission du public, s. d. (vers 1750). In-8.

Bontemps (Guillaume). La Tyranomanie jésuitique, par A. Du Voyer. Villefranche (Yverdon), 1648. In-8.

Bontemps (Pierre). Le Jaloux par force et le Bonheur des femmes qui ont des maris jaloux (par Desjardins). Fribourg (Hollande), 1668. In-12.

Borgelot (P.). L'Ombre de Mgr de Vicht à Guillaume de Nassau. Cologne (Hollande), 1697. In-12.

Bourgeois (Aux dépens de notre). Lettre du public parisien à Beaumarchais. Kehl (Paris), 1787. In-8.

Bouche-d'Or (Jean-Baptiste). Le Généreux Tout Beau du brave Cola. Paris, à la Croix de Hierusalem, 1652. In-8.

Boxe (Veuve de Daniel). Relation du voyage de Brême, en vers burlesques, (par Clément). Leide, 1676. In-12.

Cette *Relation*, ne s'étant pas vendue rapidement, reparut en 1705 avec un nouveau titre : Brême, Claude le Jeune. On ne sait pas au juste quel est l'auteur. Le *Manuel du Libraire* indique Clément, personnage d'ailleurs ignoré ; Nodier s'est prononcé pour Corneille Blessebois dans une longue note manuscrite qu'il avait jointe à son exemplaire, lequel a paru à la vente de M. de Montaran (mars 1849), et ce catalogue, n° 325, reproduit la note en question; nous en copierons quelques lignes : « Il faudrait n'avoir jamais vu d'éditions elzéviriennes pour méconnaître ici les types qui avaient servi en 1666 pour la *Description d'Amsterdam* de Le Jolle, et depuis, en 1676 même, pour les nombreux et misérables ouvrages de Blessebois. Ce personnage, que je crois sorti, sous ce masque, de la noble famille des Coras, paraît avoir été le patron du livre de M. *Clément* (car c'est le nom que prend l'auteur), et si je m'en rapporte au titre de l'œuvre, c'était une adoption fondée sur une grande homogénéité de *talent*. Les écrits de Blessebois furent imprimés la même année et dans la même ville que ceux de son ami; les caractères sont les mêmes ainsi que le format. »

Braakman. Etat du Danemark (trad. de l'anglais de Molesworth). Amsterdam, 1692. In-12.

Cet ouvrage fit grand bruit à l'époque de sa publication. Voir Lenglet-Dufresnoy, *Méthode pour étudier l'histoire*, t. IV, p. 22. Le livre original eut trois éditions en un an, et il a été plusieurs fois réimprimé. Lowndes, *Bibliographer's Manual*, p. 1582, indique trois ouvrages qui parurent aussitôt en Angleterre pour le combattre.

Braessem (Dierick). Factum pour les religieuses de Sainte-Catherine-lès-Provins contre les Pères Cordeliers (par P. Varet. Doregnal (Hollande), 1679. In-12.

Brasselon (P.). Tableau des persécutions qu'on fait en France à cause de la religion réformée. Cologne, 1684. In-12.

Brave-Homme. Les Faux Serments, ou Extrait des mille et un contes bleus de la nation française. Paris, 1790.

— Règne du prince Tropbon dans le pays des fous. 1792. In-12.

Bricquet (Claude). L'Abbé à sa toilette, nouvelle. Cologne (Hollande), 1707. In-12.

Satire contre le cardinal de la Trémouille.

Briffaud Chasse-Diables. Histoire de la mappemonde papistique, composée par M. Frangidelphe (Th. de Bèze), Luce-Nouvelle (Genève), 1565. In-8.

> Livre recherché. 75 fr. vente Renouard, en 1853 ; 9 liv. st. 5 sh., reliure originale en vélin, Libri, en 1862, n° 244.

> Vers la même époque parut l'*Origine et commencement de ceste mappemonde*. In-fol., 12 ff. de texte et 16 gravures sur bois. Nous ne croyons pas que cet ouvrage, fort peu connu, se soit montré en vente publique depuis celle du duc de La Vallière, où un exemplaire fut payé au prix, très-élevé pour cette époque, de 460 fr. (n° 1001) ; le catalogue ne donne aucun détail.

Brindamour. Les Jouissances amoureuses de Clindor et Céphise, par M. D. C. Paphos, 1759. In-12.

Brindley (John). Recueil de pièces curieuses sur les matières les plus intéressantes, par A. Radicati. Londres (Hollande), 1749. In-8.

Broers (J.). Manifeste pour le rétablissement de Jacques II. Amsterdam, 1697. In-12.

Broncart. Mémoires de Marguerite de Valois (publiés par Godefroy). Liége (Bruxelles), 1713. In-12.

— Dona Mathilde, ou les Amours du duc de ***. Liége, 1702. In-12.

Brosher Mars. Le Renversement des projets de Loyola. Genève (Hollande), 1717. In-12.

Brumcart. Mémoire pour servir à l'histoire de la barbe (par Fangé). Liége, 1774. In-8.

Brunel (P.). Tableau de l'amour conjugal (par Venette). La Haye, s. d. (Paris, vers 1750). 2 vol. in-12.

Brunet (Antoine). Nouvelles Amours de Louis le Grand, comédie. Paris (Hollande), 1712. In-12.

> Ce libelle assez plat a reparu avec quelques changements et avec un nouveau titre : *Les Amours de Louis le Grand et de mademoiselle du Tron*. C'est un dialogue reproduit dans le recueil de pièces diverses publié en 1807, en 3 vol. in-8 : *Mélanges de Bois-Jourdain* (personnage supposé), t. Ier, p. 74 et suiv.

Buisson (Guillaume). La Dispute d'un asne contre frère Anselme Turmeda. Pampelune (Lyon), 1606. In-8.

Butler (G.). Le Véritable Père Joseph, capucin. Saint-Jean-de-Maurienne (Paris), 1704. In-12.

Cadet (Guillaume). Les Amours d'Anne d'Autriche avec le C. de R. Cologne, 1692. In-12.

Ça en sera toujours (Chez). Le Norac-Oniana, contenant les Douze Mouchoirs. Imprimé où ça en était, quand ça en fut (Paris, vers 1800). In-8.

> Facétie composée par P. S. Caron.

Cafés (Dans les 200 principaux). Contes, anecdotes et chansons, par M. Quediton, auteur inconnu et qui n'est d'aucune académie (Simonot). Senlis, 1843. In-8 de 8 pages. Prix : *gratis*.

Candide Aléthin. Mélanges de littérature historique et critique sur ce qui regarde l'état extraordinaire des Cévennois. Londres (Hollande), 1707. In-12.

Carabiaco. Le Catholicon d'Espagne. Turin, 1594. In-12.

> Cette édition de la fameuse *Satyre Ménippée* est la première de toutes ; elle est rare, et le *Manuel* n'en signale aucune vente. (Un exemplaire relié en maroquin a été abandonné à 24 fr. à la vente Nodier, en 1844 ; il serait plus cher aujourd'hui.) David Clément et Le Duchat ont parlé de cette édition sans que ni l'un ni l'autre aient remarqué la supposition du lieu

de l'impression et du nom de l'imprimeur. L'édition de Le Duchat n'a pas reproduit deux pièces fort plaisantes qu'offre celle de 1594 : *Agenda seu Introductio cardinalis Placentini*, et *Catéchisme ou Cacochyme du docteur Pantalon et de son disciple Zani*.

Carapatria. Questions sur le commerce des François au Levant (par de Forbonnais). Marseille (Paris), 1755. In-8.

Carignan (Phil. de). Découverte et réfutation des mensonges et calomnies imputés à M. Aubert, par Alb. des Aulbiers. Turin (Bâle), 1593. In-8.

Carnaval. Goualana, ou Collection incomplète des œuvres d'un habitant de la ville de Cena (Caen), département du Salvocad (Calvados), par une société d'oisifs (Poubel et Pitet). (Valenciennes.) Sans date. In-12.

> Cet opuscule a été attribué à un polygraphe zélé, J.-M. Hécart, qui l'a désavoué. Voir Quérard, *Supercheries littéraires*, t. II, p. 195, et Ed. Frère, *Manuel du Bibliographe normand*, t. II, p. 33. Ce livret, de 22 pages, présente un recueil de facéties singulières attribuées à un maître d'hôtel nommé Le Gouel.

Casanova (Jacques). Histoire de Marguerite, fille de Suzon. Rome (Paris), 1799. In-18.

Cascaret. Lettre de Carabi de Capadoce à son cher camarade Carabo de Palestine, adressée à Cassel, dédiée à M. l'abbé Caricaca (par P. S. Caron). Capoue, à l'enseigne de la Catacoua (Paris, vers 1800). In-8.

> Cette lettre n'a que 8 pages. Le sel de cet opuscule consiste dans la répétition de la syllabe *ca*, multipliée avec une abondance nauséabonde jusqu'à l'entier épuisement du dictionnaire. Cette mauvaise facétie est certainement composée à l'imitation du *Canum cum catis certamen carmine compositum, currente calamo*, et de quelques autres ouvrages du même genre ; mais elle n'en rappelle en rien l'agrément, et notre langue n'a pas même permis au malencontreux parodiste

de racheter l'insipidité de ses plaisanteries par le triste mérite de la difficulté vaincue. Les lignes suivantes suffiront pour donner une idée de cette pauvreté : « Cher camarade à trente-six carats, je t'écris sans calembours et sans calembredaines, soit que tu t'absentes pour tout le carême, que tu fasses tes caravanes et coures la Calabre, en cabriolet, en cariole, par le carabas, en calèche ou dans ton carosse. » (Nodier.)

Cassander (J.). Traité du pouvoir absolu des souverains, (par E. Morlat). Cologne (Hollande), 1685. In-12.

Castavino. Recueil des révélation de S. Brigide, S. Cyrille et plusieurs autres saints. Venise (Bâle), 1775. In-8.

Castaignac. La Pneumatopatologie réduite en principes, par M. P. Pétons (P. J. Le Corvaisier). Limoges, s. d. In-12.

Castigamus (Albert). L'Astucieuse pythonise ou la Fourbe imaginaire, comédie, par Robert Sorcellicot (J. F. G. Du-trésor). Diabolicopolis (Caen); l'an de l'hégire 1182 (1804). In-8.

Castor et Pollux. L'Ile des Sages, ou le Sceptre donné par les Grâces. Aux Champs-Élysées, l'an de la V. L. 5785 (Paris, 1785). In-8.

Censeur (*Jacques le*). Advis important aux réfugiés, (par Bayle). Amsterdam, 1690. In-12.

— Le Poëte sincère (par Bonnecorse). Anvers (Marseille), 1697. In-12.

Certe (J.). Histoire de l'hérésie de Wiclef et Jean Hus (par Varillas). Lyon (Hollande), 1682. 2 vol. in-12.

Chaubert. Le Castoiement, (publié par Barbazan). Lausanne (Paris), 1760. In-12.

C'est un ouvrage en vers composé au treizième siècle.

Changuion (Ph.). Mémoires du comte de Guiche sur les Pays-Bas. Londres (Hollande), 1753. In-12.

Chambre apostolique (Aux dépens de la). Concordance des principes et de la doctrine de saint Paul (par Laugeois). Rome (Paris), 1775. In-12.

Chikinkars (J.). L'École des faux nobles, comédie (par J. F. de la Baume Desdossats). Au Monomotapa (Avignon), 1755. In-8.

Chicot. Description de six espèces de pets. Toulouse. In-12.

Chappelet (Claude). Lettre déclamatoire de la doctrine des Pères Jésuites, adressée à la royne mère du roi, par le P. Cotton. Paris (Genève), 1610. In-8.

> C'est une pièce supposée et satirique.

Charton. Les Morts politiques, ou Dialogues républicains, (par Gayllien). Aux Enfers (Suisse), 1768. In-8.

Charpentier (Charles). Les Anecdotes de Suède (par Puffendorf). La Haye (Ulm), 1716. In-8.

Chartier (Noël et Jacques). L'Apocalypse de Méliton (par C. Pithoys). Amsterdam, 1662. In-12.

> Voir Pieters, *Annales des Elzevier*, p. 211.

Chastel (Moïse). Histoire des Camisards. Londres (Paris), 1743. 2 vol. in-12.

Chatelain. Recueil des testaments politiques. Amsterdam (Paris), 1749. 4 vol. in-12.

Chayer (P.). Lettre d'Héloïse à Abailard, trad. de Pope (par Descours). Amsterdam (Rouen), 1695. In-12.

Chevalier. Continuation des Essais de morale (par Goujet). Liége (Paris), 1767. In-8.

Chipet. Sermon en faveur de six espèces de pets. Morlaix (Paris), quai de l'Avale (1800). In-12.

Chrétien (P.). Histoire des troubles des Cévennes (par Court). Villefranche (Hollande), 1760. 3 vol. in-12.

Christian (Romain). La secrète Politique des Jansénistes (par E. Deschamps, jésuite). Troyes, 1667. In-12.

Cimetière (Corneille du). La Vie du très-inique et pervers Antechrist. Anvers (Genève), 1560. In-8.

Clairvoyant. Eloge de M. de Voltaire. Véromanie (Paris?), 1753. In-12.

— Étrennes à la Vérité, ou Almanach des aristocrates. Spa (Paris), à l'enseigne de la Lanterne, 1791. In-18.

Clameuret-Brayan. Pecata, ou l'Ane du pays d'Artois (en vers). En Arcadie, à la Discordance (Paris, 1781). In-8.

Clément (Toussaint). Lettre d'un gentilhomme Liégeois sur les droits de la royne sur le Brabant. Liége (Hollande), 1668. In-12.

Clou-Neuf (Louis). Le duc de Guise et le duc de Nemours. nouvelle galante. Cologne (Hollande), 1684. In-12.

Cochon (Chez le). Le Cochon mitré. Paris (Hollande), s. d. In-12.

> Cette satire très-violente, dirigée contre l'archevêque de Reims, Le Tellier, et Mme de Maintenon, a été attribuée à un écrivain fort peu connu, F. de la Bretonnière. Il a été fait en 1850, à l'imprimerie Panckoucke, une réimpression de cet opuscule ; elle est précédée d'une Notice de M. Leber, et elle n'a été tirée qu'à 108 exemplaires, dont un sur peau vélin.

M. Edouard Fournier a inséré ce libelle dans la très-curieuse collection publiée sous le titre de *Variétés historiques et littéraires*, et qui fait partie de la *Bibliothèque elzevirienne* (t. V, p. 209); il y a joint une notice et des observations qui ajoutent fort à l'intérêt que peut offrir le texte.

Cœur (Jacques). Les Intérêts de la France mal entendus, par un citoyen, (A. Goudar). Amsterdam (Paris), 1756. In-8.

Cokpit. Le Chevalier de Saint-Georges réhabilité dans la qualité de Jacques II, par J. Rousset. Whitehall (Amsterdam), 1746. In-8.

— La folle Écossaise, ou l'Enlèvement imaginaire. Whitehall (La Haye), 1746. In-8.

Comédie dirigée contre le Prétendant.

Condomine (Barnabas). Apologie de la fine galanterie, trad. de l'anglais, (par Lambert). A Todion, 1756. In-8.

Confolk (P.). Les Plaisirs d'Angélique, et ses voyages au bout du monde. Londres, à la Poule plumée (Hollande). 2 vol. in-12.

Cook (G.). Examen de la religion, attribué à Saint-Evremont (composé par de La Serre). Londres (Hollande), 1745. In-8.

Voir Quérard, *Supercheries littéraires*, t. I, p. 173.

Constant (Les frères). Aventures du chevalier des Grieux et de Manon Lescault (par Prevost). Londres, à l'enseigne de l'Inconstance (Paris), 1733. In-12.

Constant (Félix). Le Salut de l'Europe. Cologne (Hollande), 1694. In-12.

— Défense de l'Empire contre les propositions de la France. Ratisbonne, 1696. In-12.

— Réponse à une lettre touchant la suspension d'armes. Cologne, 1696. In-12.

Cordier (Maurice), imprimeur ordinaire de la Sublime Porte. Lettre de M. Tubeuf (de Cournay) au nouveau censeur de la nouvelle traduction de Virgile du sieur Desfontaines. Jassy (Paris), 1743. In-8.

Cornard (Jean). Avertissement salutaire aux confrères de la confrairie des Martyrs. A Souffrance, s. d. In-8.

— *Imprimeur de l'empereur de la Chine.* Almanach des Cocus pour l'an 1763. In-12.

Corneille (Jean). Histoire et apologie de la conduite des pasteurs (par E. Benoist). Francfort (Hollande), 1687. In-12.

— Défense de l'Apologie, par les pasteurs de France. Francfort (Hollande), 1688. In-12.

Cornichon (Jean). Les Priviléges du cocuage. Ouvrage nécessaire tant aux cornards actuels qu'aux cocus en herbe. A l'enseigne du Coucou, 1682. In-12. — Autre édition, 1722. Voir *Malaise.*

Une réimpression à 200 exemplaires a été faite à Bruxelles en 1864 (in-18). Les cinq dernières pages sont consacrées à une notice bibliographique signée des initiales P. L. Le *Manuel du Libraire* signale une édition de 1644, mais on ne la retrouve nulle part, et il doit y avoir là une énonciation inexacte empruntée à quelque catalogue erroné. L'édition de 1682 est la première; il y en a quelques autres : 1694, 1708, 1722, sans date. Le livre ne manque ni de gaieté ni d'esprit. L'auteur est resté inconnu. Le bibliophile, auteur de la notice que nous venons de signaler, indique, soit Le Noble, connu par son intrigue avec *la belle épicière*, et dont nous parlons ailleurs; soit Samuel Chappuzeau, auteur dramatique qui abordait volontiers le terrain des infortunes conjugales; mais ces hypothèses sont fort hasardées.

Cornu (J.) et consors. L'Intrigant. Limoges (Suisse), 1781. In-8. En vers.

Coucou (Jean). Sermon pour la consolation des cocus. Amboise, à la Corne de cerf (Paris), 1751. In-8.

Coup (P. de). Voyage de Bachaumont et La Chapelle. Amsterdam, 1708. In-12.

Couplet (Michel). Cantiques nouveaux de saint Charles Borromée et de sainte Catherine de Sienne. A l'Isle sonnante, 1779. In-8.

> Cantiques burlesques. Le *Catalogue d'un amateur* (Renouard), 1818, t. III, p. 43, signale ce livre comme « un oūvrage singulier avec gravures analogues. Il est rare. Je n'ai pu découvrir quel en est l'auteur. » Cet exemplaire, relié en maroquin, a été adjugé à 29 fr. en 1854. On lit dans l'avis préliminaire : « Ces deux cantiques ou poëmes dans le grand genre n'auraient été mis au jour qu'après la mort de l'auteur, s'il n'avait pas eu le désir que ce fût de son vivant. »

Cracas. Le Conclave de 1774, drame comique. Rome (Berlin), 1774. In-8.

> Cette composition satirique et bouffonne valut à l'abbé Sertori, qui en fut regardé comme l'auteur, une longue détention. Les cardinaux jouent un rôle ridicule; on place dans leur bouche des citations de Métastase qui produisent un effet bizarre. Il existe au moins deux éditions italiennes (cat. Libri, 1847, nos 2023 et 2024), et l'on connaît aussi une traduction allemande, *Rome* (Nuremberg, 1774).

Cramer (Frères). Confession générale d'Audinot. Genève, et ici sous le manteau, 1774. In-8.

> Satire très-vive contre des auteurs de l'époque. Les Cramer étaient des éditeurs genévois dont on prit le nom en cette circonstance.

Créanciers (Chez tous les) de Mirabeau. Vie privée et scandaleuse de feu H. G. Riqueti, comte de Mirabeau. En

Suisse, à Londres, en Prusse et en Hollande, 1791. In-8.
Libelle ordurier.

Crispinaille. Les Coutumes théâtrales et scènes secrètes des foyers, petit recueil de contes. 1793. In-18.
Dix contes en prose mêlée de très-mauvais vers.

Cromwell. Agonie et mort héroïque de Louis XVI. Au palais de l'Égalité, 1793. In-8.

Croquant. Le Croquis des croqueurs, pot-pourri national. A Croquemarmots, 1790. In-8.

Crouton (Boniface), un des forts de la halle. Almanach polisson, ou Etrennes bouffonnes et poissardes. A la Courtille, avec permission des blanchisseuses (Paris). In-32.

Crowder et Ware. Bibliothèque amusante, ou Recueil de pièces diverses, (par J. F. de los Rios). Londres (Lyon), 1781. 2 vol. in-8.

Cruchet (Benoît). Angotiana, ou Elite de calembourgs. Angotianopolis (Lille), 1809. In-18.

Cupidon. Centre de l'amour découvert sous divers enblèmes. Paris(Hollande), 1680. In-4.
Ce volume est cher quoique peu intéressant. Un exemplaire de condition médiocre, 110 fr., vente Chedeau, en 1865. Les gravures sont fort médiocres, et les mauvais vers qui les accompagnent se retrouvent dans le *Nouveau Parnasse satyrique*, Calais (Hollande), 1684, petit volume très-rare, dont il a été fait à Paris, en 1861, une réimpression tirée à 100 exemplaires.

— Parapilla, poëme, (par Borde) Coni. (Lyon), 1775. In-8.

Darrès (Guillaume). Dissertation sur l'union de la morale

et de la politique, trad. de l'anglais (de Warburton). Londres (Paris), 1742. 2 vol. in-12.

David Le Bon. Mars christianissimus, ou Apologie des armes du roy très-chrestien. Cologne (Hollande), 1684. In-12.

Du Clou (P.). La Vie du vicomte de Turenne, par Du Buisson (G. de Courtilz). Cologne (Hollande), 1685. In-12.

> Il existe une autre édition, même année, au nom de *Dallon*, Cologne.

De l'Aulne. Lettres du comte de Bussy. Paris (Hollande), 1711. 5 vol. in-12.

De la Cour (Louis). Magasin des Enfants, (par Mme Leprince de Beaumont). Neufchâtel (Ulm), 1761. 4 vol. in-12.

De la Paix (Guillaume). La Barque de Ryswick, ou Discours pacifiques, par de Chiny. La Haye, 1698. In-12.

De la Pierre (Jean). Caractères de Théophraste (et de La Bruyère). Cologne (Amsterdam), 1701. 3 vol. in-12.

— Vie de la bonne Arnelle, par une religieuse ursuline (publiée par Poiret). Cologne (Amsterdam),1704. In-12.

De la Tour (Paul). Le Maréchal de Bouflers prisonnier dans le château de Namur. Liége (Hollande), 1696. In-12.

— Le Jésuite à tout faire. Liége (Hollande), 1700. In-12.

De la Vérité (Jean). Vie de la duchesse de la Vallière. Cologne (Hollande), 1704. In-12.

Del Campo (J.). Prédictions sur la destinée de plusieurs princes. Anvers, 1684. In-12.

Delorme (Pierre et Henry). Rome pleurante. Leyde, 1666. In-12.

Delorme (J.). Mémoires de la comtesse D. avant sa retraite. Amsterdam, 1698. In-8.

Delorme (T. R.). Congrès politique, ou Entretien des puissances de l'Europe. Londres (Paris?), 1772. In-8.

Delpeuck (Eusèbe). Critique du Jésuite sécularisé. Cologne (Amsterdam), 1683. In-12.

Delphino (P.). Intrigues secrètes du duc de Savoye (par Freschot). Venise (Utrecht), 1705. In-12.

Demen (Henry). Satires du sieur D. (Despréaux). Cologne (Hollande), 1669. In-12.

— Mémoires du baron de Poellnitz. Liége (Hollande), 1734. 3 vol. in-12.

Démocrite, imprimeur de Son Altesse Sérénissime Falot Momus, au Grelot de la Folie. L'Ane promeneur, ou Critès promené par son âne (par Gorsas). Pampelune (Paris), 1786. In-8.

Désintéressé (Nicolas). Seconde Lettre d'un gentilhomme françois, et suite des Réflexions sur le Mémoire du roy au sujet des affaires de Savoye. Villefranche (Hollande), 1690. In-12.

Des Ventes. L'Abondance rétablie, ou Moyen de prévenir la disette des bestiaux. Amsterdam (Paris), 1769. In-8.

Didier (Pierre). Les Délices de la Hollande (par Parival). Leyde, 1660. In-12.

> Volume imprimé par Jean Elzevier. Voir Pieters, *Annales des Elzevier*, p. 209.

Dindon (Guillaume). Quelques Aventures des bals des bois (par Caylus et Voisenon). (Paris), 1745. In-8.

Dixwell (*J.*). Mémoires et négociations du chevalier d'Eon. Londres (Hollande), 1764. 3 vol. in-12.

Dobelet (*Pierre*). Histoire amoureuse de France. Bruxelles, 1708. In-12.

Donat Gourdin. Petit Commentaire sur le petit traité de l'amour des femmes pour les sots. A Saint-Lazare, à l'enseigne de la Correction (Paris), 1788. In-8.

Droulhman. Le Tombeau de la pauvreté, où il est traité de la transmutation des métaux, par un philosophe inconnu (d'Aremont). Francfort (Paris), 1672. In-12.

Douloumie (*Simon*). Réflexions théologiques sur le péché du confesseur.

Drackeras. Histoire abrégée du jansénisme (par Fouilloux). Cologne (Hollande), 1668. In-12.

Drummond (*Henry*). Ambassade de la compagnie hollandaise des Indes vers l'empereur du Japon. Leyde, 1686. 2 vol. in-12.

— Histoire comique de Francion, (par Sorel). Leyde, 1721. 2 vol. in-12.

— Schyck Ally Beg Sannis, prince du sang de Perse, converti au christianisme. Leyde, 1684. In-12.

> Un bel exemplaire de ce livret peu intéressant, mais rare, 56 fr. vente Chedeau, n° 867.

Dsmgtlfpyxz. L'Empire des Zaziris, ou la Zazirocratie, (par Tiphaigne). Pékin (Paris), 1761. In-8.

Dubois (*Abraham*). Préjugés légitimes contre le jansénisme (par F. Deville). Cologne (Amsterdam), 1686. In-12.

Dubois (François). Le comte Roger, souverain de la Calabre. Amsterdam. 1680. In-12.

Du Bours (Jacques). L'Ombre de Charles-Quint, ou Dialogues sur les affaires du temps. Cologne (Hollande), 1688. In-12.

Duboux (Lisette). Le Clergé romain vu de face. Payerne, 1750. In-8.

Du Buisson (Jean). Défense de la traduction du Nouveau Testament imprimé à Mons (par Arnault et Nicole). Cologne (Hollande), 1668. In-12.

Du Castel (Jean). Recueil de diverses pièces servant à l'histoire de Henry III. Cologne (Hollande), 1662. In-12.

Du Champy (Pierre). Raisons d'Estat et réflexions politiques sur l'histoire des rois de Portugal, par de Galardi. Liége (Hollande), 1670. In-12.

Du Chesne (Jean). Nouveau Voyage de la flotte de France à la rade des Enfers, sous la conduite de l'amiral de Tourville. Paris (Hollande), 1695. In-12.

— Traité de la Concorde ecclésiastique, par A. Teissier. Amsterdam (Genève), 1687. In-12.

Dudance (Jacques). Réponse au manifeste de l'électeur de Bavière. Pampelune (Hollande), 1705. In-12.

Du Four (Jean). Galbanum jésuitique, ou Quintessence de la sublime théologie de l'archidiacre Jean de Labadie. Cologne (Hollande), 1668. In-12.

Dufour (David). Cassette ouverte de l'illustre créole, ou les Amours de Mme de Maintenon. Villefranche (Hollande), 1690. In-12.

— Amours de Mme de Maintenon, épouse de Louis XIV. Villefranche (Hollande), 1694. In-12.

— Les Derniers Efforts de l'innocence affligée. Villefranche (La Haye), 1682. In-12.

Dufresne (*Daniel*). Le Tombeau de la messe, (par Derodon). Amsterdam, 1681. In-12.

Du Fresne (*J.*). Idée générale de la théologie payenne, (par Binet). Amsterdam, 1699. In-12.

— La Décadence de l'empire papal. 1689. In-12.

Du Gard (*Jean*). Eiconoclastès, ou Response au livre intitulé *Eikon Basilike*, par J. Milton, trad. de l'anglois; se vend par Nicolas Bouruc. (Hollande), 1652. In-12.

Du Laurens (*P.*). Lettres choisies de Guy-Patin. (Hollande), 1692. 3 vol. in-12.

Dulont (*J.*). Nouveaux Dialogues des morts, (par Fontenelle). Cologne (Hollande), 1683. 2 vol. in-12.

Du Mesnil (*Louis*). Recueil des œuvres de Tabarin. Rouen (Hollande), 1664. In-12.

> Edition que les bibliophiles joignent à la collection elzevirienne. Le *Manuel* indique diverses adjudications, auxquelles on peut ajouter celles-ci : 149 fr. Giraud, maroquin rouge ; et 139 fr., en février 1864, exemplaire Solar (il avait été payé 145 fr.). Un autre exemplaire n'a pas dépassé 80 fr. à la vente Chedeau.

Dunkerlin (*Jaan*). Remarques critiques sur la révolution d'Angleterre, par P. P. A. Villefranche (Hollande), 1650. In-12.

Du Noyer (*P.*). Chronique burlesque. Londres (Amsterdam), 1742. In-12.

— Mémoires du marquis de Feuquières. Londres (Paris), 1736. In-4.

Du Païs (Jean). Intérests et maximes des princes (par Henry duc de Rohan). Cologne (Amsterdam), 1666. In-12.

Voir la note du catalogue Leber, n° 4528.

Du Prat (Louis). Traité de la pratique du billet et du prêt d'argent, (par P. Le Correur). Louvain (Hollande), 1682. In-12.

Durapport (Chez). Tout coule, ou la Gallimafrée nationale. Versailles, 1792. In-8.

Durand. L'Asiatique tolérant. Traité à l'usage de Zeoki-nisul, roi des Kofirans (par La Beaumelle). Amsterdam (Paris), 1748. In-12.

Voir Quérard, *Supercheries littéraires*, t. I, p. 106.

Duval (Antoine). Relation de la conduite présente de la cour de France. Leyde, 1665. In-12.

— Relation de la conduite politique de la cour de France sous la nouvelle régence. Leyde, 1716. In-12.

Duval (Jean). Histoire de donna Olympia Maldachini. Leyde, 1666. In-12.

Il y a sous cette date trois éditions de cet ouvrage; deux paraissent imprimées par les Elzevier et une à Bruxelles.

Du Val (Louis). Le Triomphe de la déesse Monas, ou Histoire du portrait de la princesse de Conti. Amsterdam, 1698. In-12.

Il s'agit de la fille de Louis XIV et de La Vallière, qui, avant d'épouser le prince de Conti, porta le nom de Mlle de Blois. L'auteur suppose qu'un portrait de cette belle, égaré en Amérique, y devient un objet d'adoration; il est substitué à l'idole jusqu'alors vénérée. C'est un livre adulateur, bien différent des écrits satiriques que multipliait la Hollande.

Egmond (Antoine d'). Le Télémaque moderne, ou les Intrigues d'un grand seigneur pendant son exil. Cologne, 1701. In-12.

Egmont (Balthazar). Mémoires de M. de l'Hôpital, chancelier. Cologne (Hollande), 1672. In-12.

— Pratiques de piété pour honorer le Saint-Sacrement. Cologne (Hollande), 1683. In-12.

— Méditations chrétiennes (par Malebranche). Cologne (Hollande), 1683. In-12.

— L'Imitation de Jésus-Christ (trad. par Le Maistre de Sacy). Cologne (Bruxelles), 1704. In-12.

— L'Art d'aimer d'Ovide (trad. en vers par de la Martinière). Cologne (Amsterdam), 1696. In-12.

Egmont (Corneille ab). Les Jeux admirables de la Providence. Cologne (Hollande), 1690. In-12.

— Histoire de la guerre de Guienne (par Balthazar). Cologne (Hollande), 1693. In-12.

— Le Poëte sans fard (par Gacon). Cologne (Lyon), 1696. In-12.

— Système de M. Nicole touchant la grâce. Cologne, 1702. In-12.

Egmont (Héritiers de Corneille ab). Conformité des cérémonies chinoises avec l'idolâtrie (par M. Alexandre). Amsterdam, 1700. In-12.

— Lettres d'un docteur sur les cérémonies de la Chine (par le même). 1700. In-12.

— Réponse à la lettre du P... (Mabillon) touchant la

Sainte-Larme de Vendôme (par Thiers). Cologne (Paris), 1700. In-12.

Egmont (Pierre ab). Le Bourguignon intéressé. Cologne, s. d. (1668). In-12.

    Volume relatif à la conquête de la Franche-Comté ; il s'annexe à la collection elzevirienne.

— Traité de l'origine des cardinaux (par de Peyrat). Cologne (Bruxelles), 1665. In-12.

— Journal d'Espagne. Cologne, 1675. In-12.

— Mémoires du chancelier de l'Hospital. Cologne (Hollande), 1672. In-12.

Elmsley (P.). Le Partage de la Pologne, en forme de drame. Londres, s. d. (Berlin? 1775). In-8.

Emmanuel (Claude). Réflexions curieuses d'un esprit désintéressé (trad. du latin de Spinosa, par S. de Saint-Glain). Cologne (Amsterdam), 1678. In-12.

Enclume (Adrien). Pluton Maltotier. Cologne (Hollande), 1712. In-12.

— La Vie et les bons mots de M. Santeuil (par Pinel de la Martellière). Cologne (Paris), 1735. In-12.

— La Fausse Vestale, ou l'Ingrate Chanoinesse, nouvelle. 1707. In-12.

    Ce petit roman n'est pas entièrement composé de faits inventés. On y trouve l'histoire du généalogiste Haudicquer de Blancourt, qui fut condamné aux galères pour avoir fabriqué de fausses généalogies. Il est dans cet ouvrage désigné sous le nom d'Audidier. Sa femme, la fausse Vestale, était fille de Fr. Duchesne, historiographe du roi.

Enclume (Claude l'). Satire d'un curé picard sur les vérités du temps. Avignon (Paris), 1754. In-8.

    Opuscule en patois picard.

Enclume (Jacques l'). Raison qu'a eu le roy très-chrétien de préférer le testament de Charles II. Pampelune (Hollande), 1701. In-12.

Enclume (Paul L'). Lettre qui contient quelques réflexions sur la prise de Bude. Liège (Hollande), 1686. In-12.

— Recueil de pièces concernant les affaires du temps. Liège (Hollande), 1686. In-12.

— Apologie de M. Arnauld et du P. Bouhours contre l'abbé albigeois. Mons (Paris), 1694. In-12.

— Oraison funèbre de Mme Tiquet, par l'abbé G. (Garland). Cologne (Hollande), 1699. In-12.

> Mme Tiquet, une des femmes les plus belles de son époque, ayant, d'accord avec un amant, fait assassiner son mari, subit le dernier supplice. Son procès fit le plus grand bruit. On le trouve t. II des *Annales du crime et de l'innocence*, publiées par Plancher Valcour.

— Lettre d'un docteur en théologie (L. Chaussemer) sur l'Oraison funèbre de Mme Tiquet. Cologne (Hollande), 1699. In-12.

— Quatre Dialogues divers. Cologne (Hollande), 1700. In-12.

— Histoire de la dernière guerre de Bohême (par Mauvillon). Francfort (Amsterdam). 2 vol. in-12.

— Traittez et lettres de M. de Gombaud. Amsterdam, 1679. In-12.

Enclume (L') de vérité. Éloge des tétons. Cologne, 1775. In-12.

Encorné (L'). Manuel consolateur des cocus, par le baron Commode (S. Blocquel). Cornopolis (Lille). In-18.

Endormi (L'). Mille et une fadaises, contes à dormir debout (par Cazotte). A Bâillon (Paris), 1742. In-12.

Épiphane Philadelphe. Réponse à l'avertissement qui précède la lettre du P. Bouhours, jésuite. Alétopole (Hollande), 1690. In-12.

Ériarbil (El.). Description bibliographique et analyse d'un livre unique qui se trouve au Musée britannique, par Tridace Nafé Theobrome (O. Delepierre). Au Meschacebé, 1849. In-8.

> Ce livre unique est un recueil de farces et de petites comédies dont on ne connaît pas d'autre exemplaire, et qui, découvert par le libraire Asher, de Berlin, a été acquis par le Musée britannique. Il présente la réunion de 74 opuscules imprimés à Paris, à Lyon et à Rouen. C'est évidemment un Allemand, amateur de théâtre, qui a réuni des pièces recueillies chez des libraires et qui en a formé un volume. Cinq ou six de ces productions seules étaient connues par des éditions différentes ou par des manuscrits. Le tout a été imprimé en entier dans l'*Ancien Théâtre françois*, publié par M. Violet-le-Duc (Paris, Jannet, 1858, 10 vol. in-18) ; les trois premiers volumes de cette publication fort curieuse sont consacrés au recueil en question.

Escrimerie (Jean d'). L'Espadon satyrique, par d'Esternod. Cologne, 1680. In-12.

> On joint ce volume à la collection des Elzevier, mais il est dû à quelque typographe hollandais étranger à cette famille célèbre. Il existe plusieurs autres éditions, et toutes sont recherchées, de *l'Espadon satyrique*. Une réimpression a eu lieu à Bruxelles, en 1863, à 102 exemplaires (in-18, xv et 151 p.) ; donnée d'après l'édition de Lyon, 1626, elle a été collationnée et complétée sur les autres éditions. C'est à coup sûr celui des livres satiriques antérieurs à l'époque de Louis XIV où il y a le plus de verve et de vigueur, et si le lecteur est souvent peu respecté, c'est un tort à l'égard duquel on était fort indulgent. M. le lieutenant-civil de Lyon ne voyait rien de blâmable dans *l'Espadon*, et il accordait un privilége au libraire Jean

Lautret, qui publiait ces poésies téméraires. Quant à la question de savoir si le nom de Claude d'Esternod est celui du véritable auteur de ces satires ou s'il n'y a là qu'un pseudonyme, renvoyons à l'avant-propos de la réimpression de 1863, qui discute au long ce point d'histoire littéraire.

Le *Manuel du Libraire* indique diverses adjudications de l'édition de Cologne, 1680; la plus élevée est celle de 210 fr. à la vente Solar (n° 1418); nous pouvons y joindre celles des ventes Saint-Mauris, 91 fr., n° 1849; Baudelocque, 61 fr., n° 709; 73 fr., vente H., en 1856, n° 1222.

Esope. Vénus à confesse, ou Lettres d'une comédienne retirée du spectacle. En Phrygie (Paris), 1751. In-8.

Espiègle (L'). Les Sottises, nouvelle édition revue, corrigée et augmentée par Mme La Malice. Sottisiopolis, rue de l'Esprit, numéro des curieux (Paris), 1851. In-12.

Esprit. Œuvres badines et morales de M. C. (Cazotte). Paris, 1776. 2 vol. in-12.

Estok. Doctrine des Maltotiers. Kybourg (Hollande), vers 1700. In-12.

Étienne (Guillaume). Mémoires de la cour de Vienne (par C. Freschot). Cologne (La Haye), 1705. In-12.

Étoile (G. de l'). Histoire des Francs-Maçons. A l'Orient (Hollande), 1745. 2 vol. in-12.

F... Histoire de Louis de Bourbon, prince de Condé, par P. (Pierre Coste). Cologne (Amsterdam), 1693. In-12.

Fée (La) de la Librairie; imprimé d'un coup de baguette. Bien-aimé (Louis XV), allégorie (par Godard Dancourt). Paris, 1744. In-12.

Félix (Constant). Avis d'un ami à l'auteur du Miroir historique de la Ligue. Cologne (Hollande), 1693. In-12.

4

— Réponse d'un ministre à une lettre touchant la suspension d'armes. Cologne (Hollande), 1696. In-12.

Ferox (*D.*), *imprimeur du grand-inquisiteur*. Almanach philosophique, par un auteur très-philosophe (J. L. Castillon). Goa (Bouillon), 1767. In-12.

Ferrière (*Le général*). La Rencontre imprévue, dialogue tragi-comique. (Paris), 1792. In-8.

Pamphlet royaliste.

Feu clair. Le Plat de carnaval, ou les Beignets (par P. S. Caron). A Bonne Huile, rue de la Poêle (Paris), 1802. In-8.

Consulter, au sujet du bibliophile Caron, les *Mélanges extraits d'une petite bibliothèque*, par Ch. Nodier, 1828, p. 75. C'était un pauvre figurant du Vaudeville, mauvais acteur, très-mauvais écrivain; le choix de ses lectures et le style de ses compositions ne donnent pas une excellente idée de ses mœurs; il termina ses jours par le suicide, en 1806. Nodier doute qu'il ait jamais pu avoir une bibliothèque. Cette conjecture est probable; toutefois on rencontre quelques volumes sur lesquels ce malheureux amateur mettait son nom en l'enveloppant dans un jeu de mots :

> M'acheter pour me lire;
> Car on s'instruit ainsi.

Fidèle Prospère. Étrennes des bons Français. (Londres), 1797. In-18.

Fidèle Soupirant. Almanach perpétuel d'amour. A l'Isle d'Adonis, rue des Belles, s. d. In-12.

Filocrate (*Henri*). Lettres choisies de Christine, reine de Suède, par M. L. (F. Lacombe). Villefranche, 1759. 2 vol. in-12.

Fin Odorat. La Nuit de Janot, comédie parade. Au Goût du siècle (Chartres), 1780. In-8.

Fleury (Benoît) et Julien Le Brun. Joseph, ou l'Esclave fidèle, poëme (par Morillon). Turin (Tours), 1679. In-12.

Flore (Chez). Almanach couleur de rose. Amathonte (Paris), 1771. In-18.

Florent affable. Le Festin nuptial dressé dans l'Arabie heureuse, par de Palaidor (Bruslé de Montpleinchamp). A Pirou en Normandie (Bruxelles, Leener), 1700. In-8.

Florent Q. L'Art de péter (par Hurtault). En Westphalie, rue Pet-en-Gueule (Paris), 1751. In-12.

Fobelor, Phantase et Morphée. Les Beaux Rêves (par Rétif de la Bretonne). A Plutonopolis (Paris), 1774. In-12.

> Opuscule imprimé avec une pagination particulière à la suite des *Nouveaux Mémoires d'un homme de qualité.* La Haye (Paris).

Foirochiron (Mme). Étrennes aux Chieurs. A Onchiepartout (Lille, Castiaux). In-32.

Fontaine (Jacques). Séjour de Londres, ou Solitude de cour, par de Galardi. Cologne (Hollande), 1671. In-12.

Foppens (François). Histoire de la Comtesse des Barres par l'abbé de Choisy). Bruxelles (Paris), 1736. In-12.

> On sait que cette *Histoire* est le récit des aventures de jeunesse de l'abbé de Choisy. Il en existe plusieurs éditions, et toutes sont incomplètes; mais, en 1862, l'ouvrage entier a été publié, d'après un manuscrit de la Bibliothèque de l'Arsenal, sous le titre d'*Aventures de l'abbé de Choisy habillé en femme* (Paris, 1862, in-18, xxi et 119 p., tiré à 117 exempl., dont deux sur vélin). En tête, un avant-propos signé P. L. donne des détails sur le manuscrit, sur les diverses éditions de l'*Histoire*, toutes mutilées et incomplètes; sur l'auteur, personnage des plus singuliers, type de légèreté et d'étourderie spirituelle, qui fut chargé à Siam d'une grave mission et qui mourut doyen de l'Académie française. M. Sainte-Beuve

lui a consacré dans *le Constitutionnel* (3 mars 1851) une très-agréable notice qui a été reproduite dans les *Causeries du Lundi*, t. III, p. 332-349.

— Recueil de divers écrits sur l'amour et l'amitié (par Saint-Hyacinthe). Bruxelles (Paris), 1736. In-12.

— L'Europe vivante et mourante (par J. d'Estrées). Bruxelles (Paris), 1759. In-12.

> Foppens était un imprimeur bruxellois; il a mis au jour de nombreux ouvrages auxquels on accorde une place dans la collection elzevirienne; il a souvent employé des noms supposés, mais il était mort depuis bien des années lorsque parurent les livres que nous venons d'indiquer. On trouve aussi avec le nom de Foppens, Amsterdam, les *Dialogues ou Entretiens des femmes savantes*, par Bourdeille de Brantôme, 1709, 2 vol. in-12.

Forgeur (Pierre). Le Véritable Test des jésuites. Cologne, 1689. In-12.

Foubert (L.). Le Nouveau Tarquin, comédie. Amsterdam, 1737. In-12.

Fought (J.). Lettre à Mgr Visconti sur la révolution arrivée en Suède (par Michelerri). Stockholm (Paris), 1773. In-8.

Fowler (D.). Opuscule tendant à rectifier des préjugés nuisibles (par Poods). Londres (Paris), 1791. In-8.

Franc (Simon). Relation de la conduite de la cour de France. Fribourg (Hollande), 1666. In-12.

Franc d'amour. Tableau de l'amour conjugal (par Venette). Parme (Hollande), 1681. In-12.

> On fait entrer ce volume dans la collection elzevirienne, quoiqu'il soit bien douteux que cette attribution soit justifiée. Le *Manuel* (5ᵉ édition) n'indique pas d'adjudications au-dessus de 21 fr. (en 1815). L'exemplaire Nodier, relié en maroquin, payé 38 fr. en 1844, a été revendu 41 fr., H. D. L., en 1863.

François (Denis). La France politique, ou ses desseins exécutés ou à exécuter. Charleville (Bruxelles), 1672. In-12.

François (Louis). Conférence infructueuse de Windisgrats, ou Violence de la France à retenir la Lorraine. Charleville (Hollande), 1671. In-12.

— La Politique du temps (par F. de Lisola). Charleville (Bruxelles), 1671. In-12.

> Le baron de Lisola fut le plus intrépide des adversaires diplomatiques de la politique de Louis XIV. Sa plume était redoutée en France. Il existe une lettre, en date du 15 janvier 1674, de Louvois au maréchal d'Estrades, dans laquelle il est dit que « ce seroit un grand avantage de le prendre, et même il n'y auroit pas grand inconvénient à le tuer. » Il était mort en 1676, ainsi que le fait remarquer le journal *l'Intermédiaire*, t. II, 617.

Francklin. Vie privée de l'ex-capucin Chabot et de Chaumette. Paris, an II. In-12.

Freeman (R). L'A B C, dialogue curieux (par Voltaire). 1762. In 8.

Freethinker (Jean). Sermons prêchés à Toulouse, devant Messieurs du Parlement et du Capitoulat, par le R. P. Apompée de Fragopone. Eleutheropolis, 1764. In-8.

Frères associés (Les). Alexandre le Grand, tragédie. Amsterdam (Paris), 1789. In-8.

Frères calembourdiers (Les). Ah! que c'est bête! par M. Timbré (de Saint-Chamond et Mme Riccoboni). Berne, à la Barbe bleue (Paris), 10007006016 (1776). In-8.

Frères Cupidon. Thérèse philosophe. Paphos (Bouillon), s. d. (vers 1760). In-12.

Frères hardis et sincères (Les). Menippe ressuscité, ou

l'Assemblée tumultueuse, par M. de V. Veredicta. Au Repentir (Paris, vers 1770). In-8.

Opuscule relatif aux querelles du Parlement avec la Cour.

Frères rimeurs. Lettres philosophiques en vers (par Billardon de Sauvigny). Bristol (Paris), 1756. In-8.

Frères (Les) Vaillant. Journal du règne d'Henri IV (par de l'Estoile). La Haye (Paris), 1741. 4 vol. in-8.

Frères de Vrydheit et de Waarheid. Histoire secrète de l'insurrection belgique, drame historique. Bruxelles, 1790. In-8.

Les noms flamands des prétendus imprimeurs signifient Liberté et Vérité.

Frottagolet (Martin). Supplément aux Lyonnais dignes de mémoire, (par L. Laurès). Marnioule (Lyon), 1757. In-8.

Fricx. Conjectures sur les mémoires originaux dont il paraît que Moyse s'est servi pour composer le livre de la Genèse (par J. Astruc). Bruxelles (Paris), 1753. In-12.

Cet ouvrage, hardi pour l'époque et dont l'auteur fait preuve d'un rare esprit d'observation, vient d'être apprécié par M. Renan. (*Revue des Deux-Mondes*, 1er novembre 1865, p. 244.) Astruc est un devancier de l'école allemande qui a donné à l'exégèse biblique une physionomie toute nouvelle.

— Mémoire pour servir à l'histoire des couplets attribués à J. B. Rousseau, (par Boindin). Bruxelles, 1752. In-12.

Fricshmans (Jean). Pensées sur l'avis d'un amy à l'auteur du Miroir historique de la Ligue. Basle (Hollande), 1694. In-12.

Fuller. L'Art d'assassiner les rois enseigné par les Jésuites à Louis XIV et à Jacques II. (Hollande), 1696. In-12.

Ajoutons aux adjudications qu'indique le *Manuel :* 45 fr. vente Nodier, 34 fr. Giraud, 25 fr. Renouard.

C'est dans ce livre que se trouve la mention d'une médaille
que Catherine de Médicis avait fait frapper en secret et sur
laquelle elle était représentée avec ses trois fils rendant hom-
mage à Satan. Bayle, *Réponses aux questions d'un provincial*,
1704, t. I, p. 488-498, discute cette allégation et la regarde
avec raison comme controuvée.

G... H... Lettre civile à un non-conformiste au sujet de
la déclaration de S. M. sur la tolérance. Londres (Hollande),
1687. In-12.

Gaillard (Michel). Le Nouveau Panurge (par G. Reboul).
La Rochelle, s. d. (1615). In-8.

Il existe une *Suite*, également au nom de Michel Gaillard.
Voir *Libertin*.

Gaillard (François). Nouveau Recueil de pièces comiques.
Cologne (Rouen), rue des Bons-Enfants, s. d. In-12.

On trouve l'indication de ce que contient ce volume dans le
catalogue La Vallière-Nyon, n° 10.885.

Cet ouvrage est, à ce que nous croyons, le même que *le
Compagnon du voyageur, ou Recueil d'histoires*, qui porte les
mêmes indications. Il n'y a que le titre de changé.

Gaillard (J.). Contes de B. Desperriers (publiés par La
Monnoye). Cologne (Paris), 1711. 2 vol. in-12.

Gaillard (L.). Le Coupe-cul de la mélancolie. Parme
(Hollande), 1698. In-12.

C'est *le Moyen de parvenir* affublé d'un titre nouveau.

Puisque nous rencontrons le livre trop connu qui porte le
titre bizarre de *Moyen de parvenir*, disons que ce singulier
ouvrage soulève encore bien des problèmes bibliographiques.
On ne connaît pas l'auteur. Il est fort douteux que ce soit
Beroalde de Verville, en dépit d'une vieille tradition ; les autres
ouvrages lourds et diffus de cet écrivain semblent décider la
question. M. Péricaud (*Lyon sous Louis XIII*, p. 18) indique
d'Aubigné ; l'auteur du *Baron de Fœneste* était bien capable
d'écrire *le Moyen ;* il y a de nombreux traits de ressemblance
entre les deux compositions. Nodier penchait pour Henry Es-

tienne; M. Paul Lacroix supposait qu'il pouvait y avoir là un ouvrage inédit de Rabelais; nous-même avons jadis indiqué Benoît du Troncy, l'auteur du *Formulaire de Bredin*, et nous persistons à penser que cette opinion a quelque probabilité, car le livre en question paraît avoir une origine lyonnaise. La liste raisonnée et complète des éditions du *Moyen de parvenir* est encore à faire; on ne sait pas au juste quelle est l'édition originale; le catalogue A. S. T. (1857, n° 738) indique comme telle le volume *imprimé ceste année*, où le troisième vers du quatrain final est ainsi énoncé :

Apportez quatre gros (*petite pièce de monnaie*) ès troncs.

Cette leçon, qui, sans doute, est la bonne, n'a été reproduite dans aucune autre édition.

Voir, dans le *Bulletin du Bibliophile*, 1841, p. 743-753, une lettre de M. Paulin Paris sur *le Moyen de parvenir*.

— La Lecture divertissante. Imprimé dans la belle saison (Hollande, vers 1690). In-12.

Galéophile. La Galéide, ou le Chat de la nature, poëme, par Moutonnet. Galéopolis (Paris), rue des Chats, à l'enseigne du Matou, 1798. In-8.

Livret tiré à 100 exemplaires.

Galhardo (P. R.). Arrest des inquisiteurs contre le P. Malagrida. Lisbonne (Paris), 1761. In-8.

Gallet (*George*). Les Promenades, par Le Noble (Amsterdam), 1705. In-12.

Le Noble fut un pamphlétaire fort actif que le gouvernement employa à combattre l'Angleterre et la Hollande avec les mêmes armes dont celles-ci faisaient usage, c'est-à-dire avec force injures. Il déploya dans cette lutte de l'esprit et de la verve. Il donne à entendre qu'il recevait des ministres des communications officieuses, et la chose est vraisemblable. Les bibliographes parlent fort peu de ces écrits qu'ils n'ont guère connus. Leber n'en cite que six dans sa riche collection (catalogue, n° 4612). La Bibliothèque impériale est loin de tout posséder. M. Moreau avait formé en ce genre un recueil composé de 8 volumes, et une note de son catalogue (1846, n° 319) entre dans des détails assez étendus. En 1698, Le Noble fut condamné au bannissement, mais il ne sortit point de France, et il trouva dans la guerre de la Succession une ample occasion de faire jouer sa plume.

— L'Amour à la mode (par Mme de Pringy). Amsterdam, 1695. In-12.

Garancière (*P.*). Le Rasibus, ou le Procès fait à la barbe des Capucins. Cologne (Hollande), 1680. In-12.

Garrel (*J.*). OEuvres dramatiques de Campistron. Amsterdam, 1698. In-12.

Gaudriole. Examen fugitif des pièces fugitives de M. de Voltaire et autres. A Plaisance, 1761. In-12.

Gautier (*Paul*). Mémoires d'un honnête homme. Amsterdam, 1746. In-12.

Gaydon (*D.*). Le Diable bossu. Nancy (Bruxelles), 1708. In-12.

— Le Triomphe de l'auguste alliance. Nancy (Bruxelles), 1709. In-12.

Génies (*Les*). L'Ombre errante, rêve historique. Dans l'Atmosphère (Paris), 1770. In-8.

Geoffroy à la grand'dent. Hochepot, ou Salmigondis des Fols. A Pincenarille, ville de la Morosophie, 1596. In-8.

Ce livre, fort peu connu, est un manifeste écrit en style rabelaisien, en faveur des Jésuites et du roi d'Espagne Philippe II. Un exemplaire, relié en maroquin rouge, adjugé 36 fr. à la vente Nodier, en 1844, a été porté à 100 fr. à la vente Solar, en 1862.

Le nom de l'imprimeur supposé est celui d'un chevalier, fils de Melusine; ses exploits sont le sujet d'un roman de chevalerie dont il existe diverses éditions indiquées au *Manuel du*

Libraire, et dont on trouve une analyse dans les *Mélanges extraits d'une grande bibliothèque,* t. XVIII, p. 121.

George l'Admirateur. Le Pot de chambre cassé, tragédie pour rire (par Grandval). A Ridiculomanie (Paris), 1742. In-8.

George l'Indulgent. Le Pélerin, nouvelle (par Bremont). (Hollande, vers 1678). In-12.

Gherardi. L'Entrée triomphante du père Girard aux enfers. Rome (Hollande?), au collége de la Sapience, 1731. In-12.

> Il s'agit du jésuite Girard, accusé d'avoir séduit une de ses pénitentes. Son procès occupa l'Europe entière. L'esprit de parti s'en mêla ; les ennemis des Jésuites firent un vacarme extrême. De nombreux écrits parurent en vers et en prose; des gravures vinrent illustrer les textes ; 48 de ces figures étaient réunies dans un volume que possédait M. de Soleinne. Le *Recueil des pièces* concernant cette cause célèbre fut imprimé à La Haye en 1731 en 2 vol. in-fol.; des abrégés eurent plusieurs éditions en France, et furent traduits en hollandais, en anglais, en allemand. Il est assez difficile de démêler aujourd'hui ce qu'il y avait de fondé dans les accusations portées contre le jésuite ; tout au moins était-il coupable de bien des imprudences. Le Parlement d'Aix le mit hors de cause le 10 octobre 1731, mais à une faible majorité. En 1845, après un intervalle de cent quatorze ans, on a publié à Paris un volume intitulé : *Détails historiques sur le père Girard et M*lle *Cadière.*

Gibault (Jean). Le Divorce céleste, causé par les désordres de l'épouse romaine, traduit de l'italien (de Ferrante Pallavicino, par Brodeau d'Oiseville). Villefranche (Hollande), 1640. In-12.

> Il existe une autre traduction de cette satire contre l'Église romaine; elle est imprimée en 1673, sous la rubrique de Villefranche, avec la *Rhétorique des p....ns.* Celle-ci est précédée d'une courte notice sur la vie agitée de Ferrante Pallavicino. M. Du Roure (*Analecta Biblion,* t. II, p. 221) donne une succincte analyse de ce libelle.

Gilles l'Anglois. Théâtre des boulevards, ou Recueil de Parades. Mahon (Paris), à l'enseigne de l'Étoile, 1756. 3 vol. in-12.

> Ce recueil curieux contient 26 parades par Collé, Moncrif, Armand, Piron, Sallé et autres joyeux écrivains.

Girard (J.). Explication des prophéties de Jérémie, de Daniel et d'Ézéchiel (par F. Joubert). Avignon (Paris), 1749. 5 vol. in-12.

— Explication de paradoxes en vogue (par Concina). Avignon (Auxerre), 1751. In-12.

Girardi (F.). Mémoires du maréchal de Tourville (par C. de Margon). Amsterdam (Paris), 1742. 3 vol. in-12.

Giraud (J. F.). État présent de la France et de ses finances. Genève (Hollande), 1692. In-12.

Giraud (J. B.). La Paix de Clément IX, ou Démonstration de deux faussetés (par P. Quesnel). Chambéry (Bruxelles), 1700. In-12.

Gisbert de Zill. Le Facétieux Réveil-matin. Utrecht, 1662. In-12.

Gissor (Frédéric). Pièces nouvelles en vers, par l'auteur de Vert-Vert. Québec (Paris), 1736. In-12.

Gobetout. Triste Complainte sur le nez d'une jeune dame affligée de deux petits boutons. Villefranche (Paris), 1731. In-12.

Godwin-Harald. Pièces libres de M. Ferrand, et poésies de quelques autres auteurs. Londres (Hollande), 1738. In-8.

Gog. Almanach du Diable (par l'abbé Des Fontaines). Aux Enfers, 1736. In-12.

Gognart, imprimeur des sages et des fous. Yorick, ou le Voyageur breton. Landernau (Paris), 1788. In-12.

Goldino (François). Supplément d'un important ouvrage. Venise (Paris), 1758. In-12.

> Brochure relative à la pièce de Diderot : *le Fils naturel*. Elle a été attribuée à Palissot.

Goldt (Gabriel). La Femme comme on n'en connaît point, ou Primauté de la femme sur l'homme. Londres, au Phœnix (Paris), 1786. In-12.

Gosse (Pierre). Œuvres de Marot (édit. revue par Lenglet du Fresnoy). La Haye, 1731. 4 vol. in-4.

Gouvert (H.). Les Trois C..., conte métaphysique (par Chevrier). (Hollande), 1762. In-12.

Grand-père (Chez le) de Fiquet. Le Coup d'œil purin. A Tole. In-8.

> Satire politique imprimée à Rouen vers 1780. On hésite entre trois ou quatre noms pour savoir quel est l'auteur. Voir Floquet, *Histoire du Parlement de Normandie*, t. VI, p. 716, et E. Frère, *Manuel du Bibliographe normand*, t. I, p. 271.

Grandsaigne. Recueil de receptes choisies, par Mme Fouquet. Villefranche (Hollande), 1665. In-12.

Grandveau (Nicolas). Le Vice puni, ou Cartouche, poème (par Grandval). Anvers, 1725. In-8.

Grapignan, huissier-priseur, et Dévorant, secrétaire de la Société mère basse-cour des Jacobins. Description et vente des animaux féroces de la ménagerie des ci-devants Jacobins. Paris, an III. In-8.

Grattelard (Guillaume). Le Caquet des femmes du faubourg Montmatre. A Paris, rue des Poireaux, vis-à-vis de

la Citrouille, à l'enseigne des Trois Navets. Paris, 1622.
In-8.

Un exemplaire de cette facétie presque introuvable aujour-
d'hui faisait partie d'un recueil que possédait le duc de La
Vallière (n° 4283 du catalogue de 1783).

Grenier (*Guillaume*). Le Catéchisme des Jésuites (par
L. Pasquier). Villefranche (Paris), 1602. In-8.

Griffard Grapinand. Le Renard pris au trébuchet, dialogue. Paris, en Place de Grèves, à l'enseigne du Tire-col,
sous la potence, 1716. In-12.

Griffin (*Benoît*). Discours contre la Transsubstantiation,
composé en anglais par le R. D. T. (Tillotson), traduit par
L. C. Londres (Hollande?), 1684. In-12.

Grocel. La Fausse clef du Cabinet des princes. Osnabruck
(Hollande), 1688. In-12.

Groell (*Michel*). Bibliothèque du Théâtre-François (par
Marin). Dresde (Paris), 1768. 3 vol. in-12.

— Œuvres de La Mothe Le Vayer. Dresde, 1756-58. 14 vol.
in-8.

Groth (*P.*). Lettre de M. *** sur un livre intitulé : Traduction de Pétrone (par Mongenet). Cologne (Hollande),
1694. In-12.

Groulleau (*Estienne*). Baliverneries, ou Contes d'Eutrapel.
Paris, 1548 (Chiswick, 1815). In-18.

Jolie édition due aux soins d'un bibliophile et archéologue
distingué, S. W. Singer, et tiré à 100 exemplaires seulement.
Groulleau était un éditeur parisien très-réel, mais il vivait à
l'époque de François Ier.

Guibaud (*Jean*). Le Courrier dévalisé, tiré de l'italien
(de F. Pallavicino). Villefranche (Hollande), 1644. In-12.

Ce genre de fiction, qui suppose des lettres perdues et qui

les publie, a trouvé des imitateurs. Il suffit de rappeler *l'Espion dévalisé* (attribué à Mirabeau ; voir Du Roure, *Analecta Biblion*, t. II, p. 464) et l'ouvrage en vers de Thomas Moore : *Two penny post-bag.*

Guibert (Claude). Le Mercure postillon de l'un et de l'autre monde, trad. de l'italien (de F. Pallavicino). Liège (Hollande), 1663. In-12.

Guibert (Jean). Justification du beau sexe, par Mme Hortensia. A Gingins, à l'enseigne de la Victoire, s. d. (Genève, vers 1595). In-8.

Guillot Gorju. Lettre de Jean Rabu à Pierre Tubœuf. Paris (Caen), 1790. In-8.

Gutman (Théophile). Lettres envoyées à tous les princes, prélats et officiers de l'Eglise gallicane, par Ant. de Lescaille. (Bâle), 1593. In-8.

— Lettres envoyées au Roy Très-Chrétien, par le même. 1593. In-8.

— Lettres envoyées aux seigneurs de Berne, avec la responce, par le même. 1593. In-8.

Gymnicus (A.). Le Naturalisme des convulsions (par P. Hecquet). Soleure (Paris), 1733. In-12.

Habile (L') joueur. Histoire des Grecs, ou de ceux qui corrigent la fortune au jeu, (par A. Gondar). La Haye (Paris), 1758. 3 vol. in-12.

Haller (Emmanuel). Le Salmis, ou Panégyrique de la Société Teutonique de E..., par Pyraimon. Cologne (Berne), 1742. In-8.

Poëme satirique.

Hally-Pif-Pouf. A mon imagination, épître. Byzance, 1776. In-8.

— L'Accouchement par supercherie, dialogue entre Bredouille et Ladroneau. Au Noir Ténare, 1782. In-8.

Hamilton. Lettres de Louis XIV aux princes de l'Europe et à ses généraux. Édimbourg (Paris), 1755. In-8.

Harpocrate (*Le Dieu*). Code de Cythère (par Moët). Erotopolis (Paris), 7746 (1746). In-12.

> Une autre édition, sans date (La Haye, 1776), ajoute après le mot Erotopolis : Aux Ruines du temple de l'Hymen, *nec non* au treizième des travaux d'Hercule.

Harrevelt. Choix d'opuscules littéraires (publiés par l'abbé d'Olivet). Amsterdam (Paris), 1767. In-8.

Harding (*Samuel*). Le Canapé couleur de feu (par Fougeret de Montbron). Londres (Paris), 1741. In-12.

— Manuel du droit public (par d'Argenson). Londres (La Haye), 1737. In-8.

— Entretiens politiques entre quelques Suisses. Londres (en Suisse), 1738. In-12.

— Amusements des bains de Bade (par P. F. de Merveilleux). Londres (Zurich), 1739. In-12.

— Histoire de la pairie de France (par Le Laboureur). Londres (Trévoux), 1753. 2 vol. in-12.

— Pygmalion, ou la Statue animée (par Deslandes). Londres (Paris), 1741. In-12.

— Mémoires de M. de La Force, contenant l'Histoire des négociations secrètes. Londres (Paris), 1749. 2 vol. in-12.

— Mémoires-Anecdotes pour servir à l'histoire de M. Duliz. Londres, 1739. In-12.

> Ce Duliz était un juif très-riche qui fut le héros de diverses anecdotes fort scandaleuses. La *Biographie universelle* lui a

fait l'honneur de lui consacrer un article (t. LXIII de la première édition, t. XI de la seconde). Voir aussi les *Mémoires historiques* de Boisjourdain. (Paris, 1807, t. II, p. 376.) Il existe un opuscule en vers de 15 pages, *le Sérail de Delys*, 1735, indiqué au catalogue Soleinne, n° 3843.

Hartmann (Daniel). Conversation du bouffon du grand-visir et de celui de Tekely. Cologne (Hollande), 1684. In-12.

— Entretien dans le royaume des ténèbres, sur les affaires du temps, entre Mahomet et M. Colbert. Cologne (Hollande), 1683. In-12.

Hergeld (Chrétien). L'Ami des femmes (par Boudier de Villemert). Hambourg, 1758. In-8.

Héritiers d'Apollon. Recueil de poésies du chevalier de***. Au Parnasse (Paris), 1744. In-12.

Héritiers de Brandmyller. Mémoires pour servir à l'Histoire de la Calotte. Bâle (Hollande), 1725. In-12.

Héritiers de H. Demen. Mémoires pour servir à l'Histoire de France (par de l'Estoile, publiés par Godefroy). Cologne (Bruxelles), 1719. 2 vol. in-8.

— Description de l'isle des Hermaphrodites. Cologne (Hollande), 1724. In-8.

Héritiers de Boccace. Le Singe de la Fontaine, ou Contes et nouvelles en vers (par A. de Théis). Florence (Nantes), 1773. 2 vol. in-12.

Ces contes sont signalés dans la *Bibliothèque poétique* de M. Viollet Le Duc comme écrits avec agrément et facilité.

Héritiers de Jean del Campo. Prédictions sur la destinée de plusieurs princes et estats du monde. Anvers (Hollande), 1684. In-12.

Héritiers des Elzévir, Blaeu et Vascosan. La Pucelle (par Voltaire). Londres (Genève ?), 1761. In-12.

Héritiers Bajours. La Mère comme il n'y en a point, scène sentimentale, par le .baron de Nœliken. Lionnopolis (Stockholm), 1789. In-8.

Héritiers de Daniel La Feuille. Les Aventures de la Madona et de François d'Assise (par Renoult). Amsterdam, 1745. In-8.

Héritier de Laurent Aulain. Jésus révélé de nouveau (par Boudier de Villemert). Hambourg, 1758. In-8.

Henry (Jean). Histoire des intrigues galantes de la reine Christine. Amsterdam, 1697. In-12.

Hermil frères. Mémoires pour servir à l'Histoire du siége de Gibraltar (par d'Arçon). Madrid (Besançon), 1783. In-8.

Hermille (Henry). Histoire du Quillotisme (par Mauparty). Zoll (Reims), 1702. In-12.

> Un arrêt du Parlement de Dijon (9 juin 1703) condamna cet ouvrage à être brûlé par le bourreau. Claude Quillot était un prêtre de Dijon dont les doctrines sur le quiétisme furent signalées comme contraires à l'orthodoxie.

Hondt (Pierre de). Le Masque de fer (par de Mouhy), 1747. 2 vol. in-12.

Hondt (Abraham). Les Agréments et les chagrins du mariage. La Haye, 1693. In-12.

— La Sérénade et autres comédies de Palaprat. La Haye, 1699. In-12.

— Le Comte d'Amberèse, nouvelle. 1689. In-12.

Hondt (*Abraham*). Cornichon et Toupette, histoire de fée. La Haye (Paris), 1752. In-12.

— La Guerre séraphique, ou Périls qu'a courus la barbe des Capucins. La Haye, 1740. In-12.

— La Nouvelle Marianne. La Haye, 1741. 2 vol. in-12.

Honoré (*L'*). Le Chevalier des Essarts et la comtesse de Bercy (par Guillot de Chassagne). Amsterdam (Paris), 1735. 2 vol. in-12.

Honoré l'Ignoré. La Famine, ou les P...ns à cul (par M. de la Valise, chevalier de la Treille). Paris, à la Fille qui traie, rue Sans bout, 1649. In-4.

> Opuscule en vers qui fait partie des *Mazarinades.* Il en a été fait une réimpression à Lille vers 1850, in-18.

Hooper (*S.*). Histoire de la marquise de Pompadour, trad. de l'anglais. Londres (Hollande), 1759. 2 vol. in-8.

> Cette prétendue traduction est un ouvrage composé par une ci-devant religieuse dont le nom de famille était Pillemont; elle se maria deux fois : son premier mari était un agent de change à Lyon, où il fut pendu. Voir Barbier, *Dictionnaire des Anonymes,* et Quérard, *Supercheries littéraires,* t. III, p. 545.

Hoste (*Ioos*). Le Vray Patriot aux bons patriots. Mons (Strasbourg), 1579. In-8.

Hugène (*Ch.*). Amilec, ou la Graine d'homme (par Tiphaine). Lunéville (Francfort), 1753. In-12.

Huldrich (*Hélie*). De la Puissancs du pape sur les princes, trad. du latin de C. Barclay. Pont-à-Mousson, 1611. In-8.

Humbert (*Pierre*). Mital, ou Aventures incroyables (par Bordelon). Amsterdam, 1708. In-12.

Huyssens (*F.*). Les Tours de maître Gonin (par Bordelon). Anvers (Paris), 1714. 2 vol. in-12.

II. Le Trésor des épitaphes pour et contre le Cardinal. Anvers, s. d. In-4.

> Opuscule en vers bien difficile à rencontrer aujourd'hui. Un exemplaire figure au catalogue Leber, n° 4317.

Ibrahim Boctas, imprimeur du grand-visir. L'Odalisque, traduit du turc (composé par Pigeon de Saint-Paterne). Constantinople (Paris), 1779. In-18.

> Ce petit roman licencieux a été, sans aucun motif, attribué à Voltaire. Il en existe plusieurs éditions.

Ibrahim Pacha. Histoire secrète du prophète des Turcs. Constantinople (Paris), 1775. In-8.

Impartiaux (*Les*). L'Horoscope de la Révolution (par Sallé de Varennes). Londres (Paris), 1790. In-8.

IMPRIMERIE *de l'Abbaye de Thélème.* De l'autorité de Rabelais dans la révolution présente (par Ginguené). En Utopie, 1791. In-8.

— *de l'Abbé Maury, dans sa huit-centième ferme, à Péronne.* Complainte de l'abbé Maury (sans date-1790). In-8. Opuscule de 8 pages.

— *de l'Ami des hommes, des rois et des empires.* Mémoires secrets sur la vie du ci-devant souverain des François, Riquetti (*Mirabeau*). Aux Champs-Élysées, 1791. In-8.

— *d'un Ami du roi.* Voyage d'un ami du roi dans les garnisons de France. 1790. In-8.

— *de l'Ami des sans-culottes.* Grand complot découvert

de mettre Paris à feu et à sang, par Lebois. Paris, s. d.
(1793). In-8 de 8 pages.

Imprimerie des Amis de la vérité. Dialogue entre le maire,
le curé, un bourgeois, etc. 1790. In-8.

— *de l'Amour*. Almanach des adresses des demoiselles
de Paris. 1791. In-8.

Julius et Rhea, drame (en allemand). Paphos (Linz),
1782. In-12.

— *des Apôtres*. La Pentecôte, ou la Descente de l'esprit de
Louis XVI. Jérusalem, 1790. In-8.

— *des Archanges*. Ascension de Louis XVI, roi des Juifs
et des François. Au ciel même et sous la direction du Père
éternel, 1790. In-8.

— *des Aristocrates*. La Journée du Vatican, ou le Mariage
du Pape, comédie. Turin, 1790. In-8.

Une des productions les plus rares du théâtre révolutionnaire ; elle se termine par le mariage du pape avec Mme de Polignac ; les cardinaux de Bernis et de Loménie prennent aussi
des épouses. L'ouvrage est dédié *à nos seigneurs du haut et
du bas clergé*. « Nous ne vous demandons que votre bénédic-
tion et un sourire. » Voir le *Bulletin du Bibliophile belge*,
t. III, p. 230.

— *de l'Armée*. La Surprise des chouans, tragi-comédie
(par Malbrancq). 1795. In-8.

Pièce singulière, très-mal écrite. *Arlequin*, valet de *Sans-
Raison*, chef des chouans, y cause familièrement avec *son
sabre*, qui lui donne des conseils républicains. Voir le catalogue Soleinne, n° 2500.

— *de l'Armée royale*. Almanach de l'Armée royale. 1808.
In-18.

Imprimerie de l'Auteur. Zoloé et ses deux acolythes (par de Sade). Turin (Paris), 1800. In-18.

Espèce de roman scandaleux rempli de personnalités des plus offensantes contre l'épouse du premier consul et contre Mmes Tallien et Visconti. Le faire de son trop célèbre auteur s'y reconnaît sans peine. On trouve quelques détails sur cet écrit dans nos *Fantaisies bibliographiques.* Paris, 1863. In 12, p. 63.

Liste générale des Jacobins (par Saunier). S. d. (1796). In-8.

— *de la Bazoche.* Le Tripot de la reine Chicane. 1790. In-8.

— *de la Bibliothèque impériale.* Apologie de messire Lenoir, lieutenant de police, par Suard (nom supposé). 1789. In-8.

— *des Bonnes Gens.* Les Jacobins assassins du peuple. S. d. (1794). Opuscule de 8 pages.

— *du Cabinet de la reine.* Confession de Marie-Antoinette au peuple français. 1792. In-8.

— *Calotine.* Choregraphus, ou la Réjouissance infernale, poëme. Constantinople, 1732. In-12.

— *d'un Capon du rivage.* Tu ne t'en foutras pas. Dunkerque, 1790. In-8.

— *du Caveau.* Le Petit Journal du Palais-Royal. 1789. In-8.

— *d'un Citoyen qui a juré de vivre libre ou de mourir.* Les Adieux de La Fayette à Antoinette. Paris, 1792. In-8.

— *du Châtelet.* Adresse du Châtelet de Paris à l'Assemblée nationale. 1789. In-8.

Imprimerie du Clair de lune. Fantaisies au clair de la lune, par quelqu'un qui ne se nomme pas. (Hambourg), 1838. In-8.

— *des Clairvoyants.* Le Branle des Capucins, ou le Mille et unième tour de Marie-Antoinette. Saint-Cloud (Paris), 1790. In-8.

> Voir, au sujet de cet opuscule, plus libre dans les faits que dans les paroles, la note du catalogue Soleinne, n° 3871.

— *du Clergé.* Les Lauriers ecclésiastiques, ou Campagnes de l'abbé T. 1748. In-12.

— *du Clergé et de la Noblesse.* Les Imitateurs de Charles IX, ou les Conspirateurs foudroyés, drame en 5 actes. 1790. In-8.

> Pamphlet atroce attribué à C. Brizard et dirigé contre Marie-Antoinette, la duchesse de Polignac, le comte d'Artois, etc. Une édition antérieure porte le titre de : *la Destruction de l'aristocratie.* A Chantilly, 1789. In-8.

— *du Club jacobiste.* Les Trois Régicides au club des Jacobins, l'an II de la Tyrannie (1794). In-18.

— *du Cochon de saint Antoine.* Le Remue-ménage du Paradis, ou la Députation du Vatican. 1789. In-8.

— *de la Compagnie de Jésus.* Le Véritable Mentor, par Carraccioli. Breslau (Liége), 1759. In-12.

— *du Compère Mathieu, député de la Râpée.* Je puis bien f..tre mon avis comme tout autre. 1790. In-8.

— *du Comte de Paradès.* Portefeuille d'un talon-rouge Paris, 178.. In-18.

> Libelle de 48 pages. Très-rare. Un exempl. 48 fr., vente H. de Ch., en 1863. Le comte de Paradès était un aventurier qui mourut en 1786. La *Biographie universelle* lui a consacré un assez long article.

Imprimerie du Conclave. Manuel théologique en forme de dictionnaire, par l'abbé Bernier (d'Holbach). 1785. 2 vol. in-8.

— *des Confédérés*. Changement de décoration, ou Vue de l'Assemblée nationale. Au Champ de Mars, 1791. In-8.

— *de la Congrégation* de propaganda luce. Mouchures de chandelles allumées dans l'église de Saint-Obscurus in tenebris (en vers et en allemand). 1841. In-8.

— *Constitutionnelle*. Naissance de très-haute et très-désirée dame Constitution, comédie héroï-comico-lyrique. 1790. In-8.

— *Cornemanique*. Second Procès-verbal de l'Assemblée de l'ordre le plus nombreux. A Concornibus, rue des Cornards. In-8.

— *de la Cour*. Arrêt burlesque donné sur requête et par défaut en la grand'chambre du Parnasse illinois et huron. 1770. In-12.

Vie de Mme du Barry, suivie de ses correspondances. (1790.) In-8.

— *de la Cour des Miracles*. La Grande Joie du père Duchêne au sujet du raccourcissement de la louve autrichienne. 1793. In-8.

— *de Cupidon*. Almanach de l'Ami des dames et des demoiselles. A la Ville des Femmes (en allemand). In-12.

— *du Diable*. Agonie, mort et descente aux Enfers de treize parlements. Au Tartare (Paris), 1790. In-8.

— *du Dieu des amours*. Épigrammes de Martial, traduites (par Volland). Paphos (Paris), 1806. 3 vol. in-8.

Imprimerie du Dieu des jardins. Étrennes gaillardes, recueil de contes. Lampsaque (Paris), 1782. In-24.

> Ce recueil contient 86 pièces diverses en vers. Il a reparu avec un frontispice changé : *Le Petit-Neveu de Grécourt*. Gibraltar, 1782. In-24.

— *Divine*. Arrêt du Conseil d'État d'Apollon contre J.-J. Rousseau. Sur le mont Parnasse. Paris, 1753. In-8.

— *de l'Escadre royale*. Voyage de Newport à Philadelphie (par de Chastellux). Newport (Paris), 1781. In-8.

— *des Ex-Calotins*. Testament de J.-F. Maury, mort civilement. 1790. In-8.

— *des Femmes*. Les Synonymes jacobites. 1794. In-8.

— *du Futur congrès*. Manloveriana, pour servir de supplément à l'Europe ridicule. 1762. In-8.

— *de la Gazette ecclésiastique*. Petit Recueil de pièces singulières. 1761. In-8.

> On trouve dans ce volume rare divers écrits de (ou attribués à) Voltaire.

— *du Grand Seigneur*. Almanach des Cocus. Constantinople (Paris), 1741. In-12.

— *de Gaudriole*. Examen fugitif des pièces fugitives de M. de Voltaire, etc. Plaisance, 1761. In-8.

— *de Sa Hautesse*. Le Passe-partout galant, par M..., chevalier de l'ordre de l'Industrie. Constantinople, 1710. In-12.

— *du roi Hérode*. Histoire inédite de Claudia Procula, femme de Ponce Pilate, écrite par le Syrien Cholem. Jérusalem, 1714. In-8.

Imprimerie des Hommes libres. La Réunion du 10 août, sans-culotide dramatique en cinq actes et en vers, par Bourquier et Moline. An II. In-8.

— *des Honnêtes gens.* Portefeuille d'un chouan. 1796. In-18.

— *de l'Hôtel de Bourgogne.* L'Original sans copie, ouvrage comique (par Bruscambille). Paris, l'an 00,100,700,400,100 (1741). In-8.

— *de l'Hymen.* Tant mieux pour elle, conte (par Voisenon). Villeneuve (Hollande), 1760. In-12.

— *Impartiale.* Tarif des députés à l'Assemblée nationale. 1789, in-8.

— *Impériale.* Précis de la vie, ou confession de Mirabeau. A Maroc, 1789. In-18.

— *élevée sur les débris de la Chicane.* La Bazochéide, poëme (en prose) burlesco-patriotico-héroïque, par M. R. 1790. In-8.

— *Imprimeur (Chez l') de l'archevêque.* Recueil de pièces intéressantes. Sens, 1789. In-8.

— *Imprimeurs (Chez tous les) privilégiés.* Remerciement de la catholicité à Joseph II, pour l'abolition du célibat des prêtres. Vienne (Hildesheim), 1786. In-8.

— *Infernale.* Le Diable cosmopolite (en vers). 1761. Aux Champs-Élysées. In-8.

Correspondance infernale, ou épître envoyée au sieur Lucifer. 1789. In-8.

Arrêt de mort rendu par le monarque des Enfers contre le roi et la reine des François. 1793. In-8.

Imprimerie de l'Inquisition. Malagrida, tragédie, (par P. de Longchamps). Lisbonne (Paris), 1763. In-8.

> Violente diatribe anti-jésuitique. Voir le catalogue Soleinne, n° 2049.

— *des Israélites.* La Passion de Notre-Seigneur, tragédie à grand spectacle. Jérusalem (sans date, 1794). In-18.

> Un bibliographe instruit, Hécart, a signalé cette pièce comme imprimée à Cambrai. Le rédacteur du catalogue Soleinne, n° 2490, penche pour l'attribuer à Sylvain Maréchal.

— *de Jean-Bart.* La Conspiration fanatique dévoilée par Jean-Bart. 1794. In-8.

> Je m'en fouts. 1790. In-8.

> Journal dont il a paru, en 1790 et 1791, 181 numéros. L'auteur, resté ignoré, s'est proposé d'imiter le cynisme du Père Duchêne. Son épigraphe est : *Liberté, libertas, foutre!* Un exemplaire complet figure au n° 2006 du catalogue de la collection révolutionnaire que possédait le comte de La Bédoyère, et qui a été acquise par la Bibliothèque impériale.

— *des Jésuites.* Chant de triomphe évangélique... Imprimé dans la Ville sainte, 1631. (Pamphlet de controverse, en allemand.)

— *de la Joie.* Dessert de petits soupers agréables (par Lescluse). Paris, 1755. In-12.

— *du Journal des Chiens.* Pétition de tous les chiens de Paris à la Convention nationale. S. d. In-8. (Opuscule de 15 pages.)

— *de la Liberté.* Ménagerie nationale, avec l'inventaire et les noms des animaux. (Paris, 1790.) In-8.

> La Chasse aux bêtes fauves et puantes. 1789. In-8.

— *du Lion.* La Grande Colère du lion Billaud-Varennes.

Imprimerie de la Liberté de la presse. Abjuration des petites filles jacobites des départements. 1794. In-8.

— *de la Liberté, de la Vérité et surtout de l'Impartialité.* Vie de J. S. Bailly, maire de Paris. 1790. In-8.

— *du Louvre.* Gris-gris, ou l'Ami de Laure, poëme. 1781. In-8.

— *de Madame Engueule.* La Gaieté des Porcherons. 1768. In-12.

— *du Manége.* Louis XIV au manége (dialogue où figurent Louis XIV, Mirabeau, Barnave, etc.). Aux Thuileries (Paris, 1790). In-8.

— *des Mécontents.* Confession générale de feu Riquetti, ci-devant Mirabeau. 1791. In-8.

— *du Mouphti.* Le Balai, poëme (par Dulaurens). Constantinople (Amsterdam), 1761. In-8.

La Tourière des Carmélites. Constantinople, 1750. In-12.

Lé Fakir, conte. Constantinople (s. d.). In-8.

— *Mystique et quiétiste.* Réflexions théologiques sur l'amour et le plaisir. A Sainte-Baume, s. d. In-12.

— *de l'Olympe.* Zéphire et Flore, opéra (Bruxelles), 1785. In-8.

— *Ordinaire des Académiciens.* Mémoires de l'Académie des colporteurs. 1748. In-12.

— *de l'Ordre.* Les Agréables Divertissements de la table, ou les Réglements de la société de l'ordre de Méduse. Marseille (vers 1745). In-12.

Imprimerie de l'Ordre des Agathopèdes. Annulaire aga-
thopédique et saucial, cycle IV. Bruxelles (sans date), 1860.
In-8.

— *du Pacha*. Chansons qui n'ont pu être imprimées.
Constantinople, 1788. In-18.

> Chansons de Collé. Volume qui paraît imprimé en Suisse.

— *Papale*. Les Nœuds enchantés, ou la Bizarrerie des
destinées. Rome (Paris), 1789. 2 vol. in-12.

> Voir une note sur ce roman assez curieux dans le *Bulletin
> du Bibliophile.* Il existe une traduction allemande, Rome
> (Berlin), 1740. In-8.

— *du Pape*. Confession de Louis XVI au pape. 1791. In-8.

Description de la ménagerie établie aux Tuileries. 1792.
In-8.

— *des Patriotes*. Les Jacobins démasqués. 1795. In-8.

— *Patriotique*. Liste des officiers de terre et de mer auxquels le soldat ne veut plus obéir. 1791. In-8.

Détail des funérailles de M. de Mirabeau, avec le procès-verbal de l'ouverture de son corps. 1791. In-8.

Dénonciation de tous les accapareurs d'argent. 1791.

Qu'allons-nous devenir? ou Avis d'un Belge à ses con-
citoyens. 1790.

Le Ménage royal en déroute. 1792. In-8.

— *des Pays-Bas*. Épître à. . . . . . Sans date. In-8.

— *du Père Duchêne*. Calendrier du Père Duchêne. 1791.
In-18.

— *du Petit-Louis*. Almanach royal commençant avec la
guerre de 1701. In-fol.

> Ce volume, imprimé en Hollande, contient un frontispice et
> 17 caricatures contre Louis XIV et Philippe V.

Imprimerie Philanthropique. Bibliothèque choisie des Jacobins. In-8.

— *du Philosophe de Sans-Souci.* Imirce, ou la Fille de la nature (par Dulaurens). Berlin (Hollande), 1765. In-8.

— *Philosophique.* Traité des trois imposteurs. En Suisse, 1793. In-12.

— *du Plaisir.* Le Sacrifice de l'Amour. *Sybaris* (Bordeaux), 1812. In-12.

— *de Priape.* La Messaline françoise, ou les Nuits de la duchesse de Pol. (Polignac). 1789. In-18.

— *des Princes.* Almanach des Émigrés. 1792. In-18.

Sous les yeux de l'abbé Maury. Almanach des Députés à l'Assemblée législative. 1792. In-18.

— *du Printemps, au Perroquet.* Le Livre à la mode. A Vertefeuille (sans date, vers 1760). In-12.

— *Privilégiée.* Souvenirs de la mission (par de Musset). Trévoux, 1827. In-8.

— *de la Propagande.* La Chasteté du clergé dévoilée. Paris, 1791. 2 vol. in-8.

— *du Public.* Le Tremblement de terre de Lisbonne, tragédie de M. André, perruquier (par Marchand). Lisbonne (Paris), 1755. In-8.

Pièce burlesque souvent réimprimée.

— *des Quatre saisons.* Le Livre des quatre couleurs. Aux Quatre Eléments, l'an 4444. In-12.

— *de la République.* Marius à Carthage (par A. Lamoy). Paris (Strasbourg, en allemand), 1798. In-8.

Imprimerie de la Résurrection. Adresse aux Parisiens, par les mânes du marquis de Favras. Au Pays de la liberté, l'an de la vraie lumière, 5590.

Consulter, au sujet de la fin tragique de Favras, une notice de M. A. de Vallon dans la *Revue des Deux-Mondes*.

— *de la petite Rosalie*. C'est f..tu ! le commerce ne va pas. 1790. In-8.

— *Royale*. Le Livre rouge, ou Liste des pensions sur le Trésor. 1790. In-8.

Aux dépens de Louis XVI. Les Crimes de l'Assemblée nationale. 1790. In-8.

— *d'un Royaliste*. Motion de la pauvre Javotte, députée des pauvres femmes. 1790. In-8.

La Nouvelle Constellation, ou Apothéose de Mᵉ Target. 1790. In-8.

Le Diable dans un bénitier. Sans date. In-8.

Idées badines. A Firmi, 1751. In-12.

— *du Saint-Père*. L'Enfant du carnaval (par Pigault-Lebrun). Rome (Paris), 1796. 2 vol. in-12.

— *du Saint Sépulchre*. Résurrection de Louis XVI, roi des Juifs et des François. A Jérusalem, 1790. In-8.

— *du Saint-Siége*. Le Purgatoire anéanti, ou le Dernier Courrier du petit enfer politique. 1790. In-8.

— *de la Sainte Congrégation*. Lettre (*supposée*) de Grégoire XVI aux habitants de Zurich (en allemand). 1839. In-8.

— *des Sans-culottes*. Les Aventures du petit Gouli, suivies de ses confessions et de sa mort. 1790. In-8.

Imprimerie des Savoyards. La Nouvelle Lanterne magique. 1791. (*Brochure politique.*)

— *des Séraphins.* Jugement de toutes les p....ns françoises
et de la reine des g..ces, par un envoyé du Père éternel.
S. d. (1793). In-8, 16 pages.

> Il faut surmonter sa répugnance et transcrire ce titre et
> quelques autres du même genre pour montrer quel excès de
> licence déshonora la presse à des époques néfastes.

— *d'une Société d'hommes ruinés par les femmes.* Les
Femmes de plaisir, ou Représentations à M. le lieutenant de
police. 1760. In-12.

— *d'une Société joyeuse.* Almanach des Honnêtes Femmes
pour l'année 1799. In-12.

> Livret fort libre.

— *du Stathouder.* Va-t'en voir s'ils viennent, scène lyrique. En Westphalie. 1790. In-8.

— *de la Sorbonne.* Contes théologiques. Paris (Hollande),
1783. In-8.

> Voir Viollet-Leduc, *Catalogue d'une bibliothèque poétique,*
> 1847, p. 93. Il existe une très-mauvaise réimpression faite en
> 1793.

— *du Solitaire.* Lettres d'un solitaire (relatives à J. J.
Rousseau). 1765. In-8.

— *du Tambour-major.* Passe-temps des mousquetaires,
choix de contes, par D. B. (Desbiefs). En tout temps (vers
1750). In-8.

— *des Théophilanthropes.* Etrennes aux amis du 18, ou
Almanach pour 1798 (par A. Guillon). Paris, à l'enseigne
de Polichinelle.

> Allusion à la Revellière-Lepaux, le chef des théophilan-
> thropes; il était contrefait.

Imprimerie de Tous les Diables. Les Délassements comiques de l'abbé Maury. 1790.

— *du Treizième des Apôtres.* Messe de minuit célébrée par l'abbé Maury assisté de Mirabeau.

— *de l'Un des Cantons de la Suisse.* Nouveau Pot-pourri national. 1789.

— *du Vatican.* Lothaire et Valrade, ou le Royaume en interdit (par Gudin). 1777. In-8.

> Pièce hardie qui fut l'objet des poursuites de la police.

Monuments de la vie privée des douze Césars. 1786.

> Nous aurons l'occasion de reparler de cet ouvrage. Voir l'article *Sabellus.*

Essai philosophique sur les prêtres (par de La Veaux). Rome (Berlin), 1785.

Nouveau Psautier à l'usage de l'ancien clergé. 1790. In-8.

Errotika Biblion (par Mirabeau). Rome, 1783 (en Suisse). In-8.

> Il existe diverses éditions de cet ouvrage trop connu.

— *de la Vendée.* Recueil de quelques pièces où le roi Louis XVIII est peint par lui-même. 1795. In-8.

— *de Vénus.* Recueil de pièces concernant l'affaire de Mlle Petit, actrice de l'Opéra. Cythère, 1741. In-8.

> Deux de ces pièces se retrouvent dans le recueil intitulé : *Causes amusantes.* 1756.

— *de la Vérité.* Bijoux aristocratiques. 1790. In-12.

La Vérité tout entière sur les acteurs de la journée du 2 septembre 1792. Rue du Puits-qui-Parle (Paris), 1794. In-8.

Imprimerie de la Vérité. Nouveautés du Palais-Royal, ou Livres nouveaux des charlatans. 1789. In-8.

Désespoir de Marie-Antoinette sur la mort de son frère Léopold. In-8.

— *du Vicomte*. Le Vicomte de Barjobeau, ou le Souper des Noirs, comédie.

— *de la Ville, à l'enseigne des Trois-Pucelles*. Response des dames et bourgeoises de Paris au Caquet de l'accouchée. Paris, 1623. In-12.

— *de la Voix publique qui crie vive le roy*. Le Définement de la guerre appaisée par la mort de Concino Concini. 1617. In-8.

— *de la Volupté*. L'Académie des dames, traduction française. Cythère, 1749. 2 vol. in-12.

Amours de Louise-Marie-Thérèse d'Orléans, duchesse de Bourbon. Au château des Délices (Paris), 1790. In-8.

Imprimeur (L'). L'Horoscope de Gregorio Leti, moine défroqué. Amsterdam, 1697. In-12.

Imprimeur (Chez l'). Étrennes aux uns et aux autres (par Dusaulchoy), 1790. In-8.

Imprimeur (Chez l') ordinaire du Plaisir. Le Sacrifice de l'amour, avec un sermon prêché à Gnide. Sybaris (Bordeaux), 1809. In-12.

Imprimeur (Chez l') qui l'a imprimé, et en vente chez les libraires qui l'ont. Lettre du P. La Chaise au P. Péters, contenant une félicitation sur le bon succès qu'il a eu à inventer le prince de Galles. Imprimé sous la presse, anno 1688, qui est l'an de tromperie. In-12.

6

Indiscret (*L'*). Le Réveil-matin des alliés. Cologne (Hollande), 1693. In-12.

Ingénu (*L'*). Essais politiques sur l'estat des puissances de l'Europe. Cologne (Hollande), 1676. In-12.

— L'Infraction supposée, discours sur le siége de Charleroy. Villefranche, 1678. In-12.

— L'Europe esclave si l'Angleterre ne rompt ses fers (par J. P. de Cerdan). Cologne (Hollande), 1676. In-12.

> M. Moreau, dans son catalogue que nous avons déjà cité, qualifie (n° 221) de très-curieux ce pamphlet de provenance anglaise. La gravure placée en tête représente Louis XIV le pied appuyé sur le cou d'un taureau qui porte la nymphe Europe; il tient de la main droite une chaîne et de la gauche il offre une bourse pleine au roi d'Angleterre.

— Observations grammaticales et morales sur Figaro. Au séjour de la Vérité (Paris), 1785. In-8.

— L'Occasion et le moment, ou Recueil de poésies fugitives (par Mérard Saint-Just). A Bonhoméopolis (Paris, Didot), 1782. In-18.

Innocent Démocrite. Nouvelle Relation du voyage du prince de Montberand dans l'isle de Naudely (par Lesconvel). Mérinde (Paris?), s. d. (1706). In-12.

> Satire allégorique qui fut attribuée à Fénelon. On a en vain cherché la clef dans les anagrammes des noms.

Innocent Treize. Conjectures politiques sur le conclave de 1700. Parme (Hollande), 1700. In-12.

Innys. Lettre d'un pair de la Grande-Bretagne sur l'état des affaires de l'Europe (comp. par Lenglet-Dufresnoy). Londres (Paris), 1745. In-12.

Innys et Tonson. Le Docteur Gelaon, ou les Ridiculisés. Londres (Paris), 1737. In-12.

J... T... Les Fr.·.-Maçons, hyperdrame (par Clément de Genève). Londres, 1740. In-8.

Jackson (*W.*). Poésies diverses d'Alexis Piron. Londres (Paris), 1787. In-8.

    Ce volume complète l'édition en 7 volumes publiée en 1776.

Jacques l'Équitable. Défense du Danemark, ou Examen d'un libelle. Cologne (Hollande), 1695. In-12.

James (*Jacques*). Le Réveil-matin des François, par Eusèbe Philadelphe (Barnaud). Édimbourg (Genève), 1574. In-8.

    Cet ouvrage a également paru en latin avec la même rubrique : Edimburgi, Jacobus Jamæus. Voir les détails bibliographiques que donne le *Manuel du Libraire*, art. *Philadelphe*.

Jason (*Gabriel*). Remonstrances au roy tres chrestien sur le faict des deux édits touchant la nécessité de paix. Aygenstein (Bâle), 1576. In-8.

Jean de Paris. Mémoires sur la minorité de Louis XIV (par Varillas). Villefranche (Amsterdam), 1688. 2 vol. in-12.

— Mémoires du duc de La Rochefoucauld. Villefranche, 1690. In-12.

Jean Disant-vray. Mémoires politiques et satyriques de messire J. N. D. B. C. de L. (de Brassey, comte de Lyon). Véritopolis, 1716. 3 vol. in-12.

Jean Henri. Traité des Deniers pupillaires, par Kerhuel. Cologne, 1699. In-12.

Jean le Droit. Lettres aux Récollets sur leur nouveau Quiétisme. Villefranche, 1702. In-12.

— Réflexions sur la succession à la monarchie d'Espagne. Villefranche, 1702. In-12.

Jean le Droit. Réflexions sur divers écrits relatifs à la succession d'Espagne. Villefranche (Hollande), 1702. In-12.

Jean le Raconteur. L'Écureuil de la cour. Leyde, 1718. In-12.

Volume rare et qui ne se trouve que sur bien peu de catalogues. Il figure à celui de Leber, n° 2206.

Jean qui ne peut. Alphonse l'Impuissant, tragédie (par Collé). Origénie (Paris), 1740. In-8.

Cette comédie de Collé est spirituelle; M. de Soleinne en possédait un exemplaire avec des corrections autographes (n° 3847). Il a été fait une réimpression en 1864, Luxembourg (Bruxelles), à 106 exemplaires, dont deux sur peau vélin. C'est un livret de 26 pages; les deux dernières contiennent une note bibliographique qui offre une analyse du roman intitulé: *Histoire secrète des amours de Henri IV, roi de Castille*. Cette réimpression signale aussi des variantes jusqu'alors inédites.

Jean qui pique. Le Dîner du Lion d'or, ou Aventure singulière arrivée au sieur Manzon. Athènes (Paris), 1784. In-8.

J'endors le petit. Conte à dormir debout, ou l'Art d'ennuyer ses lecteurs. A Cornu (Paris), 1746. In-12.

Je ne sais qui. Pièces dignes du feu. Imprimées je ne sais où, l'année prochaine. In-12 (Hollande, vers 1766).

Ce recueil contient des pièces libres de Grandval et autres. Son titre est emprunté à celui d'une collection italienne : *Poesie da fuoco di diversi autori*, Lucerna (Genève?), 1651, pet. in-8. Ce recueil contient : *la Cazzaria*, de Marini, en vers (ne pas confondre avec l'ouvrage en prose de Vignali qui porte le même titre); *la Zaffetta*, attribuée à L. Veniero; *la Puttana errante*, du même (en vers); *il Lamento d'Elena Ballerina, detta l'Errante*; deux odes, l'une de C. B. (Bembo), l'autre de N. Ponte; des vers de l'Arétin, etc. On ne connaît qu'un ou deux exemplaires de ce volume, dont la formation pourrait bien être l'œuvre de Ferrante Pallavicino. Voir la notice placée en tête d'une réimpression de *la Zaffetta*, exécutée à petit nombre en 1863.

Jobin (*Herman*). Moyens d'abus et de nullités de la bulle du pape Sixte contre Henry de Bourbon (par P. de Belloy). Cologne (Strasbourg), 1586. In-8.

Joffu (*Lucas*). Les Dernières Paroles du dernier Adieu de l'accouchée. Paris, 1622. In-8.

> Cet opuscule se rattache au curieux recueil connu sous le nom de *Caquets de l'accouchée*, dont il a paru en 1855, grâce aux soins de MM. Ed. Fournier et Le Roux de Lincy, une excellente édition qui fait partie de la *Bibliothèque elzevirienne*.

— Les Arrests admirables et authentiques du sieur Tabarin. Paris, rue des Farces, à l'enseigne de la Bouteille, 1623. In-8.

> Ces arrêts facétieux sont réimprimés dans l'édition de Tabarin donnée par M. Aventin (Veinant), t. II, p. 439. Joffu ou Jouffu était un des personnages du théâtre tabarinesque.

Johnson. Mémoires pour servir à l'histoire de la Russie. La Haye, 1725. In-12.

Joli Le Franc. Les Ruses d'amour pour rendre ses favoris contents. Villefranche (Hollande), 1679. In-12.

> Des exemplaires de ce livret assez rare ont été payés 19 fr. et 29 fr. aux ventes Nodier et Pixerécourt. Ils seraient plus chers aujourd'hui.

Jolivau. Dialogue entre un Anglais et un Normand sur le combat naval d'Ouessant. Landigou (Paris), 1770. In-8.

Jolly (*Claude*). De la Génération de l'homme, ou Tableau de l'amour conjugal (par Venette). Cologne (Hollande), 1702. 2 vol. in-12.

Jordan. La Religieuse malgré elle (par Brunet de Brou). Amsterdam, 1720. In-12.

— Mémoires de la comtesse de***. 1711. In-12.

Jouvenel (*Martin*). Midas, ou le Combat de Pan contre Apollon sur la prise de Namur. 1692. In-12.

Joyeux (*Jean*). Le Magnificat du Pape et de l'Église romaine (par C. Léopard). Montélimar, 1589. In-8.

> Charles Léopard, qui s'intitule ministre de la parole de Dieu, a écrit d'autres ouvrages contre Rome. Voir le *Manuel du Libraire*, t. III, col. 987.

Justel (*H.*). Dissertation sur les prolégomènes de Walton, trad. du latin (par F. Boyer). Liége (Lyon), 1699. In-8.

Kaak. Éloge de la Goutte, par Goulot. Leyde, 1728. In-12.

> Cette cruelle maladie a trouvé bien des panégyristes. De l'Aulnaye, dans son *Rabelaisiana* (au mot *Goutteux*), en indique une douzaine, et l'on pourrait en signaler plusieurs autres.

Kainkas (*Jacques*). Voyages et aventures de Jacques Massé (par Tissot de Patet). Cologne (La Haye), 1710. In-12.

Kanek (*J.-J.*). Mémoires du marquis de Montbrun, contenant ce qui s'est passé de plus remarquable en Angleterre. Amsterdam, 1703. In-12.

Kelmarneck (*Édouard*). Réfutation du discours du citoyen de Genève (par Lecat). Londres (Rouen), 1751. In-8.

Kerner (*Mathieu*). Satyre Ménippée. Ratisbonne, 1664. In-12.

> Édition dont il existe deux réimpressions sous la même date. Elle s'annexe à la collection elzevirienne, mais elle paraît avoir été exécutée chez Foppens de Bruxelles.

Khi-lo-Khulu. Bibi, conte traduit du chinois par un François, première et peut-être dernière édition, (par Chevrier). A Mazuli, l'an du Sal-Chodai 623. In-12.

> Voir au sujet de cet ouvrage et d'un autre indiqué au mot *Le Vray* le livre sur la vie et les écrits de Chevrier, par M. Gillet, avocat à Nancy, 1865, in-8.

Khyrsk le jeune (Henryk). Le Quaker françois, comédie (par Bougeant). Utrecht, 1732. In-12.

Kinkius (Érasme). L'Espion dans les cours des princes chrétiens (trad. de l'italien de J. P. Marana). Cologne (Rouen), 1696. 6 vol. in-12.

— Mémoires de Jean de Witt, traduit du hollandois. Ratisbonne (La Haye), 1706. In-12.

Kints. Amusements des eaux de Schwalbach. Liége, 1738. In-12.

— Examen de l'histoire des diables de Loudun. Liége, 1749. In-12.

> Une édition antérieure, Amsterdam, 1693. Ce n'est pas dans ce livre d'un réfugié qu'il faut chercher des notions vraies sur cet épisode de l'histoire du règne de Louis XIII. Le docteur Bertrand, dans son traité *de l'Extase*, nous semble avoir établi les faits au point de vue de la science. Les prétendues possédées étaient des folles malades ; elles croyaient de très-bonne foi, ainsi que les juges qui condamnèrent Grandier, qu'elles avaient le diable au corps.

Klapozzer-Kru. Grigri, histoire véritable, trad. du japonais (composé par L. de Cahusac). Nangasaki (Amsterdam), 1739. In-12.

> Il existe diverses éditions de ce roman dans le genre de ceux de Crébillon fils. Voir la *Bibliographie des livres relatifs à l'amour*, col. 371.

Knapton (Paul). Histoire de Martinus Scriblerus, trad. de Pope (par Larcher). Londres (Paris), 1755. In-8.

La Babille (*Martin*). Nouvelles et plaisantes imaginations de Bruscambille. Bergerac, 1615. In-12.

> Les beaux exemplaires de cette édition se payent de plus en plus cher : 160 fr. Solar, 103 fr. Cailhava, en 1862.

La Bombe. Les Époux réunis, ou le Missionnaire du temps. Berg-op-Zoom, 1749. In-12.

La Clef (*Pierre*). Taxe de la chancellerie romaine (trad. par A. du Pinet, publié par Renout). Rome (Hollande), 1744. In-12.

> L'édition de 1706 (*Sylvæ-Ducis*) est très-rare; elle offre des différences avec les autres, et elle contient de plus le traité de la valeur des monnaies admises en payement dans la chancellerie. Elle figure comme la quarante-quatrième du recueil dans le catalogue que Prosper Marchand donne de ces taxes, et il resta bien des années sans pouvoir la rencontrer.

La Faille (*Ant.*). Lettres de Mr de Marigny. La Haye, 1658. In-12.

> Livret de 84 p. qu'on annexe à la collection elzevirienne (quoiqu'il n'ait pas été imprimé par ces typographes), et qu'on paye assez cher.

La Feuille (*Daniel*). Aventures de la Madonne et de saint François d'Assise (par Renoult). Amsterdam, 1750. In-12.

La Flèche (*Paul de*). Cinq Dialogues à l'imitation des anciens, par Oratius Tubéro (La Mothe Le Vayer). Mons (Hollande), 1671. In-12.

Lafond (*Jean*). Sermon en faveur des cocus. Cologne. In-12.

La Franchise (*Jean de*). Événement des plus rares, ou l'Histoire de l'abbé comte de Bucquoy. A Bonnefoy (Allemagne), 1719. In-12.

> De longs détails sur Bucquoy se rencontrent dans les *Lettres*

de Mme Du Noyer, t. III, p. 9. Voir aussi l'ouvrage de Gérard de Nerval, intitulé *les Illuminés*. Le catalogue Millot (1846, n° 1461) donne la liste des diverses pièces qui composent le singulier volume imprimé en 1719, et qui est devenu très-rare. Il ne fut payé que 17 fr. 50 à cette vente, mais en 1850 il s'est élevé à 63 fr.

L'Agneau *(Pierre)*. Petit écrit sur une matière intéressante (par Morellet). Toulouse, rue de l'Inquisition (Paris), 1755. In-8.

Cet écrit, relatif à la tolérance, est dirigé contre l'abbé de Caveyrac.

La Joye *(Le Compère)*. Le Waux-Hall populaire, poëme poissardi-lyrique. A la Gaieté (Paris). In-12.

La Leva *(Jean)* et *Gabriel Ogier*. Lettre escrite par dom Michel Mathia aux protestants d'Allemagne. La Jaquetière (Bâle), 1620. In-8.

Lambert *(Martin)*. L'Orateur françois, ou Harangue de l'archevêque d'Embrun, interprétée par les événements du temps. Cologne (Hollande), 1674. In-12.

La Montagne *(Jean de)*. Prognostication des C... sauvages. 1797. In-18.

Facétie en vers; elle remonte au commencement du seizième siècle; elle est, comme d'autres écrits de ce genre, recherchée à cause de son titre; de fait, elle est très-peu piquante.

La Pierre *(Jean de)*. La Théologie du cœur (par Poiret). Amsterdam, 1690. In-12.

Les ouvrages philosophiques et mystiques de Poiret sont au nombre de plus de quarante. Voir la *Biographie de la Moselle*, par Begin, et *la France protestante*, par Haag.

— La Théologie de la croix de Jésus-Christ, par Blosien (publié par P. Poiret). Cologne (Amsterdam), 1696. In-12.

La Pierre (Jean de). Vie de la Bonne Armelle, par une religieuse Ursuline (par Poiret). Cologne (Amsterdam), 1704. In-12.

— Théologie de l'amour, ou Vie et œuvres de sainte Catherine de Gênes (par Poiret). Cologne (Amsterdam), 1691. In-12.

— Missel romain, selon le règlement du concile de Trente. Cologne (Amsterdam), 1691. In-12.

Les Livres de l'Ancien et du Nouveau Testament, avec des réflexions (par Mme Guyon). Cologne (Amsterdam), 1715-20. 20 vol. in-8.

— Poésies spirituelles, par F. M. (Malaval), publiées par Poiret). Cologne (Amsterdam), 1714. In-8.

— Vie de Mme Guyon, écrite par elle-même (publié par Poiret). Cologne (Amsterdam), 1720. 3 vol.

— L'Ame amante de son Dieu (par Mme Guyon, publié par Poiret). Cologne (Amsterdam), 1706. In-8.

Cette femme célèbre a depuis quelque temps attiré l'attention des penseurs. Voir un article signé F. inséré dans la *Bibliothèque universelle de Genève*, février 1852, p. 159-176, et C. Upham, *Life and religion of madame Guyon*, 1853, ouvrage qui a été l'objet d'un long article dans le *British Quarterly Review*, may 1853. Indiquons aussi une notice de M. Dessalles, *Revue de Paris*, 3e série, tome XIV.

La Place (Pierre de). Réflexions sur la politique de France de M. P. H. de C. (Chastelet), par le sieur de l'Ormegrigny (P. Du Moulin). Cologne (Hollande), 1671. In-12.

— Traité contenant le choix des ambassadeurs, par F. de Galardi. Cologne (Hollande), 1666. In-12.

— Chronique scandaleuse, ou Paris ridicule (par C. Le Petit). Cologne (Hollande), 1668. In-12.

Cette satire audacieuse et pleine de verve a été réimprimée

avec des notes curieuses dans un recueil mis au jour en 1850 par M. Lacroix (le bibliophile Jacob : *Paris ridicule et burlesque*). Consulter sur le malheureux Le Petit, mort en place de Grève, une notice très-intéressante dans les *Variétés bibliographiques* de M. Ed. Tricotel, Paris, 1863, pag. 307-343. L'édition de 1668 s'annexe à la collectien elzevirienne, quoiqu'elle soit mal imprimée.

— Mémoires du duc de Guise (publiés par Saint-Yon). Cologne (Hollande), 1668. In-12.

— Histoire du Traité de paix conclu sur la frontière d'Espagne. Cologne (Hollande). 1665. In-12.

Lapret (*G.*). L'Anti-Papisme révélé (par Dulaurent). Genève, à la Mitre (Hollande), 1767. In-8.

La Salle (*César de*). L'Amour en campagne, ou les Cœurs bombardés. Liége (Hollande), 1696. In-12.

Latus (*Pierre*). Le Restaurant des constipés de cerveau. Paris, Tout au commandement des Drôles, s. d. (vers 1610). In-8.

> Opuscule introuvable aujourd'hui. Un exemplaire est indiqué au catalogue La Vallière comme faisant partie d'un recueil de pièces curieuses et rares partagé en 500 portefeuilles (n° 4375), et qui, adjugé au prix de 2,111 fr., produirait maintenant une somme beaucoup plus forte.

Laurent (*Jean*). La France démasquée. La Haye (Bruxelles), 1670. In-12.

— Discours touchant les prétentions de la France. La Haye, 1670. In-12.

La Vérité (*Charles de*). Abrégé de la vie de M. de Turenne. Villefranche (Hollande), 1676. In-12.

— Réflexions curieuses et précautions nécessaires sur les moyens qui peuvent servir à la paix générale. Villefranche (Hollande), 1676. In-12.

La Vérité (Charles de). Traité sur l'Enlèvement du prince de Furstemberg. Villefranche (Hollande), 1676 . In-12.

La Vérité (Jacques de). Histoire d'Éméric, comte de Tekely. Cologne (Hollande), 1693. In-12.

La Vérité (Jean de). Vie de la duchesse de La Vallière. Cologne (Hollande). 1704. In-12.

> Volume rare : 20 fr. vente Walckenaër. Autres éditions 1708 et 1757. C'est la copie littérale, en de nombreux passages, du libelle intitulé : *le Palais royal, ou les Amours de mademoiselle de La Vallière*, réimprimé dans le second volume de l'*Histoire amoureuse des Gaules*, édition de la *Bibliothèque elzevirienne*.

L'Aveugle. Voyages et aventures de Jacques Massé (par de Mauvillon). Utopie (Paris), 1760. In-8.

La Ville (P.). Le Psautier distribué selon l'ordre des œuvres canoniales. Cologne, 1684. In-12.

Le Bas (Ignace). Les Sept Entretiens satyriques d'Aloysia. Cologne (Hollande), 1681. In-12. — Voyez *Arétin*.

Le Blanc (Jean). L'Enfer burlesque. Le Mariage de Belphégor. Cologne (Hollande), 1677. In-12.

> Une notice de M. Paul Lacroix, dans le *Bulletin du Bibliophile*, 1860, p. 1756, fait bien connaître ce volume.

— Le Cabinet jésuitique. Cologne (Hollande), 1672. In-12.

> Il existe deux autres éditions avec le nom de Jean Le Blanc, 1682 et sans date. Voir le *Manuel du Libraire*. Ce volume est recherché.

— Le Rappel des Jésuites en France. Cologne (Hollande), 1678. In-12.

— Amours des dames illustres de notre siècle. Cologne (Hollande), 1680. In-12.

> Il existe diverses éditions sous cette date, d'autres avec

celles de 1683 et de 1685. Le prétendu Jean Le Blanc a également publié un *Recueil des histoires galantes*, volume qui a beaucoup de rapport avec *les Dames illustres*. Renvoyons aux détails que donne le *Manuel du Libraire*.

— Les Conspirations d'Angleterre, ou Histoire des troubles de 1600 à 1679. Cologne (Hollande), 1680. In-12.

— Dialogue entre Photin et Irénée sur les réunions des religions (par Gaultier). Mayence (Hollande), 1685. In-12.

— Scarron apparu à Mme de Maintenon et les reproches qu'il lui fait sur sa conduite. Cologne (Amsterdam), 1694. In-12.

> Le *Manuel du Libraire* indique une anecdote fort curieuse relative aux condamnations qu'attira ce libelle rare et qui n'a eu que cette seule édition. Ajoutons aux adjudications qu'il indique celles de 20 fr. vente Montaran, et 48 fr., maroquin, non rogné, A. Bertin, n° 1249.

Le Blanc (Pierre). Critique de l'histoire du calvinisme du P. Maimbourg (par Bayle). Villefranche (Amsterdam), 1682. In-12.

— Le Couvent aboly des frères pacifiques; nouvelle galante. Cologne (Hollande), 1685. In-12.

— Nouvelles lettres de l'auteur de l'Histoire du calvinisme de Maimbourg (Bayle). Villefranche (Hollande), 1685. In-12.

— Avis aux Jésuites d'Aix sur un écrit intitulé : *Ballet donné à la réception de l'archevêque d'Aix* (par P. Adibert) Cologne (Hollande), 1686. In-12.

— Avis aux Jésuites sur leur procession de Luxembourg (par Arnault). Cologne (Hollande), 1687. In-12.

— Histoire et défense des libertés des églises réformées (par Gautier). Mayence (Hollande), 1688. In-12.

Le Blanc (*Pierre*). La Théologie de la présence de Dieu (par Poiret). Cologne (Hollande), 1710. In-12.

Le Bon (*Jacques*). La Cour de Saint-Germain, ou les Intrigues galantes du roi et de la reine d'Angleterre. Cologne (Hollande), 1695. In-12.

> Le *Manuel du Libraire* cite diverses adjudications de cet écrit : la plus élevée, 52 fr. vente Nodier ; en 1862, un exemplaire relié en maroquin, 82 fr. vente H. de Ch.

— Lettre d'un gentilhomme françois sur l'établissement d'une capitation (par de Vouleresse). Liége (Hollande), 1695. In-12.

— Système d'un nouveau gouvernement (par de la Jonchère). Amsterdam, 1720. 4 vol. in-12.

Le Catholique (*Auguste*). Tablettes de l'homme du monde, ou Analyse des qualités essentielles pour former l'homme du monde accompli. Cosmopoli, à l'Orthodoxie (La Haye), 1715. In-12.

Le Curieux (*Jacques*). Description de la ville d'Amsterdam, en vers burlesques, par Pierre Le Jolle. Amsterdam, 1666. In-12.

> Ce volume est recherché des bibliophiles, qui le placent dans la collection elzevirienne. Ajoutons aux adjudications qu'indique le *Manuel du Libraire* celles de 66 fr., non rogné, La Bédoyère, en 1862, et 80 fr. H. de Ch. Le nom de l'auteur est sans doute un pseudonyme. Il dédie son livre « à très-vilains, très-sales, très-lourds et très-malpropres messieurs les boueurs et cureurs des canaux d'Amsterdam. »

Le Dinde (*Julien*). Les Belles et diverses complexions des femmes et filles de ce temps. Paris, à l'enseigne de la Pierre de bois, 1621. In-8.

> Opuscule extrêmement rare. Un exemplaire figure au catalogue La Vallière, n° 4287.

Le Doux (Jacob). Histoire amoureuse du Congrès d'Utrecht (par Freschot). Liége (Hollande), 1714. In-12.

Le Dru. Le Parnasse libertin. Cythère (Paris), l'an des plaisirs, 1772. In-12.

> Le nom du prétendu éditeur-imprimeur Ledru a sans doute été choisi d'après celui d'un serrurier qui amusa les oisifs parce que son enseigne, bizarrement coupée, annonçait qu'il posait les sonnettes dans le cul-de-sac voisin. Il existe un roman de Guiard de Servigné intitulé *les Sonnettes* (1749, 1751, 1781), et un catalogue de manuscrits publié par le libraire Techener (1862, p. 178) signale une dédicace singulière à cet industriel : « Toute l'Europe retentit de votre nom autant que de vos sonnettes. L'art de les placer vous doit sa perfection ; par la force de votre génie, jointe à un grand nombre d'expériences, vous êtes venu à bout de les poser dans le lieu le plus difficile. »

Leemer (J. B. de). Constitution en forme de bref du Pape portant condamnation du livre de M. de Fénelon. Bruxelles (Paris), 1699. In-12.

Leers (Henri). Gallicana ecclesia divexata. Coloniæ (Hollande), 1690. In-12.

> Malgré ce titre latin, l'ouvrage est presque entièrement écrit en français. Il est relatif aux persécutions dirigées contre les jansénistes.

Leers (J.). Lettres de M. Fitz-Morris sur les affaires du temps. Rotterdam, 1718. In-12.

> Cet ouvrage fut écrit à la demande du Régent afin de justifier les prétentions de la branche d'Orléans à la couronne de France, en cas de vacance.

— Mémoires de la vie de J. A. de Thou. Amsterdam (Rouen), 1711. In-4°.

Leers (Regnier). Recueil des pièces contenues au procès du marquis de Gesvres. Rotterdam, 1714. 2 vol. in-12.

> Cet ouvrage fut imprimé à Rouen. Il existe plusieurs édi-

tions. Il s'agissait d'un procès pour cause d'impuissance qui fit alors beaucoup de bruit.

— Les Guèbres, tragédie (par Voltaire). Rotterdam (Genève), 1769. In-8°.

Le Ferme (Jacques). Entretiens des barques de Hollande, servant de réfutation à l'Histoire du congrès d'Utrecht. Utrecht, 1714. In-12.

Le Forgeur (Pierre). Le Véritable Esprit des Jésuites. Cologne (Hollande), 1688. In-12.

Le Fort (Louis). Le Salmigondis, ou le Manége du genre humain. Liége (Hollande), 1697. In-12.

> C'est *le Moyen de parvenir* sous un nouveau titre. Volume recherché; un bel exempl. 96 fr. vente Solar.

Le Franc (Jacques). Requête des maîtres-ès-arts, etc. (composée par F. Bernier). Libreville, 1702. In-12.

— Le Chat volant de la ville de Verviers, histoire véritable (par le baron de Walef). Amsterdam, à l'enseigne du Chat botez (Liége), 1729. In-8.

> C'est un poëme satirique.

Le Franc (Pierre). Il est temps de parler. Arles, à l'Image de la Vérité, 1754. 2 vol. in-12.

Le Franc (Simon). Relation d'un voyage en Angleterre (par Sorbière). Cologne (Hollande), 1666. In-12.

> Des exemplaires portent la rubrique de Cologne, Pierre Michel.

— Relation de la conduite de la Cour de France. Fribourg (Hollande), 1666. In-12.

Legond. Philotanus, poëme (par Grécourt). Paris, au Cardinal de Rohan, 1720. In-12.

Le Grand (Jean). Le Moine sécularisé (par Dupré). Ville-franche (Hollande), 1683. In-12. Il existe une autre édition sans date.

— Dissertation critique sur les exemplaires grecs sur lesquels M. Simon prétend que la Vulgate a été faite (par A. Arnauld). Cologne (Amsterdam), 1691. In-12.

Le Grand (Pierre). Recueil de sermons récréatifs. Cologne (Hollande), 1704. In-12.

— Rome ridicule, par Saint-Amand, Paris ridicule, par Petit (publié par Blainville). Paris (Hollande), 1713. In-12.

— Voyage de M. Payen. Amsterdam, 1668. In-12.

— L'Homme chrétien, par le P. Senault. Amsterdam, 1665. In-12.

— L'Homme criminel, par le même. Amsterdam, 1665. In-12.

— L'Homme de qualité (par Chalesme). Amsterdam, 1671. In-12.

— Moyse sauvé, par Saint-Amand, Amsterdam, 1664. In-12.

> Il en existe des exemplaires avec un titre rajeuni trente-six ans plus tard, Amsterdam, Jean Malherbe, 1700.

— Le Journal des Savants. Amsterdam, 1669-79. 6 vol. in-12.

Le Jeune (Adrien). Aphorismes de controverse (par Richard). Cologne (Paris), 1687. In-12.

— Sentimens d'Erasme sur les points controversés. Cologne (Paris), 1688. In-12.

Le Jeune (Claude). Relation d'un voyage de Copenhague

7

à Brême, en vers burlesques (par Clément). Brême, 1705.
In-12.

> Consulter sur ce volume, d'impression elzevirienne, une
> longue note que Ch. Nodier avait jointe à son exemplaire et
> qui est insérée au catalogue Montaran (1849, n° 106); elle est
> reproduite dans les *Études sur quelques éditions elzeviriennes
> extraites des papiers de M. Millot* (Paris, Aubry, 1866). On a
> lieu de croire que le nom de Clément cache le fameux Corneille
> Blessebois.

— Thresor de la philosophie des anciens, par Van Helpen,
Cologne, 1693. In-8.

Le Jeune (*Frédéric*). Jeux d'esprit et de mémoire (par le
marquis de Châtre). Cologne, 1693. In-12.

Le Jeune (*Guillaume*). Défense de l'auteur de *la Recherche
de la vérité*. Cologne (Hollande), 1682. In-12.

Le Jeune (*Henry*). Lettres et mémoires du comte d'Es-
trades. Bruxelles (Amsterdam), 1709. 5 vol. in-12.

Le Jeune (*Jacques*). Entretiens d'Ariste et d'Eugène, par
le P. Bouhours. Amsterdam, 1671. In-12.

— Le Comte de Gabalis (par Villars). (Amsterdam), 1671.
In-12.

— L'Escole des princes. Amsterdam, 1673. In-12.

— Hexameron rustique (par La Mothe Le Vayer). Amsterdam, 1671. In-12.

> Ouvrage souvent réimprimé, mais oublié aujourd'hui. Il
> contient bien des faits hasardés, bien des détails fort risqués.
> Les interlocuteurs déguisés sous les noms de Marulle, de Ra-
> cenius, de Ménalque, d'Egysthe, etc., sont l'abbé de Marolles,
> Bautru, Ménage, Chevreau. Voir Du Roure, *Analecta Biblion*,
> t. II, p. 312.

— Nouveau Traité de la civilité (par A. de Courtin).
Amsterdam, 1672. In-12.

Le Jeune (Jacques). OEuvres de Molière, 1675. 5 vol. in-12.

Édition fort recherchée des bibliophiles. Voir Pieters, *Annales*, p. 351. Cet amateur fit en 1845 l'acquisition d'un exemplaire broché appartenant au libraire Jacob, à la Haye (c'est le seul qu'on connaisse dans cet état); à la vente faite à sa mort, en 1863, ces cinq volumes se sont élevés au prix énorme de 4,700 fr. (n° 422 du catalogue).

— L'Héroïne mousquetaire (par de Préchac). 1677. In-12.

— OEuvres de Molière. Amsterdam, 1679. 5 vol. in-12.

Cette édition est composée de pièces ayant diverses dates. Les exemplaires complets datés de 1679 et 1680 sont extrêmement rares. Voir les *Annales* de Pieters, p. 355. L'exemplaire de cet amateur, adjugé à 400 fr., avait précédemment paru aux ventes Bérard et Soleinne, où il avait obtenu 151 fr.

— L'Art de connaître les hommes, par de la Chambre. Amsterdam, 1660. In-12.

— Entretien d'un François avec un Hollandois sur les affaires présentes. Cologne (Amsterdam), 1683. In-12.

— Relation de ce qui s'est passé en Allemagne depuis la descente des Turcs. Cologne, 1683. In-12.

— Discours sur la liaison entre la descente resolue par Jacques II et la conspiration... Villefranche (Amsterdam), 1695. In-12.

— Les Cévennois secourus. Cologne (Hollande), 1703. In-12.

— Histoire anecdote de la cour de Rome (par Freschot). Cologne, 1704. In-12.

Le Jeune (Léonard). Mémoires de Pierre de Béragrem, marquis d'Almacheu. Amsterdam, 1677. 2 vol. in-12.

On ignore quel est l'auteur de ce récit sans intérêt; les noms sont des anagrammes. On a cru pouvoir traduire Almagren par *Aremberg* et Almacheu par *Lachaume*. Nodier dit avoir essayé sans succès de chercher à retrouver la clef de ce livre, qui ne mérite guère qu'on s'occupe de lui.

Le Jeune (*Pierre*). Histoire de l'estat présent de la Hongrie. Cologne (Amsterdam), 1686. In-12.

— Moyens de la France pour ruiner le commerce des Hollandois. Liége (Hollande), 1671. In-12.

— Le Comte de Soissons et le cardinal de Richelieu (par J. Claude). Cologne (Hollande), 1677. In-12

— Vie et actions de M. B. de Gale, évêque de Munster. Cologne (Hollande), 1679. In-12.

— Défense du culte extérieur, par Brueys. Amsterdam (Paris), 1686. In-12.

— Le Royaume de la Hongrie. Cologne (Amsterdam), 1686. In-12.

— L'Amour en fureur. Cologne (Hollande), 1698. In-12.

— Histoire des Amours de Grégoire VII, etc. (par Mme Durand). Cologne (Hollande), 1700. In-12.

— Vers sur la mort de Louis le Grand. Cologne (Hollande), 1715. In-12.

> Recueil satirique et rare. « On n'a jamais insulté plus lâchement à la mémoire du grand roi. » (Catalogue Leber.)

— Anecdotes galantes. Cologne (Hollande), 1702. In-12.

— Lettres de Jansénius à l'abbé de Saint-Cyran, Cologne (Hollande), 1702. In-12.

— La Religieuse cavalier, par Chavigny. Cologne, 1717. In-12.

— La Religieuse intéressée et amoureuse, 1715. In-12.

L'Enjoué (*Nicolas*). L'Enfant sans soucy divertissant son père Roger Bontemps. Villefranche (Hollande), 1682. In-12.

Ce recueil facétieux participe à la faveur qui se manifeste de plus en plus sur les livres de ce genre, quoiqu'ils ne la méritent guère. Le *Manuel* en cite des adjudications à 78 et 80 fr.; depuis, à la vente H. de Ch., en 1862, un exemplaire relié en maroquin a été porté à 205 fr.; un autre 175 fr. à la seconde vente Veinant.

Le Noir (*J.*). Réflexions sur les grands hommes qui sont morts en plaisantant (par Deslandes). Rochefort, 1755, In-12.

Il existe d'autres éditions de cet ouvrage, à l'égard duquel on peut consulter Du Roure, *Analecta Biblion*, t. II, p. 430.

Le Pain (*J.*). Traité de l'origine des cardinaux (par C. du Peyrat). Cologne (Hollande), 1666. In-12.

— Relation de ce qui se passa entre le pape Alexandre VII et le roi de France. Cologne (Hollande), 1670. In-12.

Le Pelletier (*Hubert*). La Chasse du renard Pasquier (par L. Richeomme, jésuite). Villefranche (Paris?) 1602. In-8.

C'est une réponse aux écrits d'Et. Pasquier contre les Jésuites.

Le Petit (*Jean*). Entretien des animaux parlants, où sont découverts les plus importants secrets de l'Europe. Bruxelles (Amsterdam), 1672. In-12.

— Négociations du président Jeannin, 1659. 2 vol. in-12.

Édition bien exécutée et qui porte la marque de Nicolas Hercule de Leyde.

Le Preux (*Jean*). Les Douleurs de Phillere sur le parricide commis en la personne de Henry IV. Villefranche, 1610. In-8.

Opuscule en vers.

Le Roy (Jacques). Abaissement de la France présagé par le songe de son roy, par le sieur P. R. P. A. de Prague. (Hollande), 1690. In-4.

Nous trouvons au sujet de ce livre, dans le catalogue M. (C. Moreau, 1846, n° 351), une note que nous croyons devoir remettre au jour :

« Il a été publié de ce songe de Louis XIV deux autres explications : l'une, in-12, par J. Massart ; l'autre, in-4, sous le nom de Van Beuningen. Mme Dunoyer raconte dans ses *Lettres galantes historiques*, t. I, p. 151, édition de 1757, que le songe fut réimprimé à Londres en 1710, avec les explications de l'un des martyrs de la Réforme, nommé Brousson, et qu'il se vendit très-bien. Elle affirme qu'on lui fit voir une ancienne gazette dans laquelle il était raconté tout au long.

« Cette gazette est l'*Histoire journalière* du 17 novembre 1689, qui, la première, en a donné le récit, et la *Gazette de Harlem*, du 12 janvier 1690, qui y a ajouté le Songe de la reine, femme de Jacques II. »

Le Sage. Lettre d'Hippocrate à Damagète, trad. du grec (comp. par de Boulainvilliers). Cologne (Hollande), 1700. In-12.

L'Étoile (G. de). Histoire des Francs-Maçons (trad. par F. de la Tierce). A l'Orient (Hollande), 1745. 2 vol. in-12.

Le Tourneur (Nicolas). L'Origine des oiseaux, ou les Amours du Soleil et de Vénus, poëme. Rouen, 1703. In-12.

Le Turc (Robert). Nouvelle école des finances, ou l'Art de voler sans ailes. Paris (Hollande), 1706. In-12.

— L'Art de plumer la poule sans crier. Cologne (Hollande), 1710. In-12.

Recueil contenant le récit de vingt et une aventures d'escroqueries, d'abus d'autorité, de galanteries. Les magistrats et les financiers sont les héros de ces scandales. Voir Du Roure, *Analecta Biblion,* t. II, p. 428.

— La Musique du diable, ou le Mercure galant dévalisé. Paris, rue d'Enfer (Hollande), 1711. In-12.

Ce pamphlet est rare et curieux. L'auteur est resté ignoré ;

c'est un réfugié qui, sous prétexte de raconter les fredaines d'une actrice de l'Opéra, met en scène Lulli et des musiciens du temps, sans oublier des écrivains tels que Le Noble et Visé; il lance même ses traits à Louis XIV. Il est question dans cet écrit de l'auteur du *Cochon mitré*, et on ne trouve que là quelques circonstances qui ne méritent pas d'ailleurs grande confiance comme documents biographiques. (Voir le catalogue Leber, n° 4478.)

L'Éveillé (*Guillaume*). Le Renard pris au trébuché (par Le Noble). A Steinkerke, rue Beaujeu, au Coup manqué, 1692. In-12.

> Pièce satirique contre le prince d'Orange.

Le Vertueux (*Alexandre*). Histoire secrète de la reine Zarah. Oxford (Hollande), 1708. In-12. — Suite de l'histoire secrète. Oxford, 1712. In-12.

> Ouvrage relatif à la reine Anne d'Angleterre.

Le Vray (*Pierre*). L'Église de France affligée. Cologne (Hollande), 1688. In-12.

— Vie de J. B. Colbert (par G. de Courtilz). Cologne. (Hollande), 1695. In-12.

— Les Amusements des dames de Br. (Bruxelles), (par Chevrier). Rouen (Hollande), 1762. In-12.

— Remerciement sincère à un homme charitable (par Voltaire). Ansterdam (*sic*), 1750. In-8.

Liberté (*Veuve*). La Cour plenière (par Duveyrier, avocat au parlement).

> M. Saint-Marc Girardin a consacré dans la *Revue de Paris* une notice à cette satire remarquable; il l'a reproduite dans le tome Ier de ses *Essais de littérature et de morale*, 1845. 2 vol. in-12. Il existe deux éditions, l'une de 104, l'autre de 120 pages, avec de grandes différences entre elles. Plusieurs opuscules furent provoqués par cette publication. Voir le *Manuel du Bibliographe normand*, par M. Ed. Frère, t. Ier, p. 294.

Liberté (Veuve). Le Grand Bailliage, comédie historique. Harcourt et Rouen, 1788. In-8.

— Les Fastes de Louis XV, de ses ministres, etc. (par Bouffonidor. Villefranche, 1782. 2 vol. in-12.

— Histoire véritable de Jeanne Saint-Remy (comtesse de la Motte). Villefranche (Paris), 1786. In-8.

Libertin (Le). Les Actes du synode de la sainte Réformation (par Guillaume Reboul). Montpellier, 1599. In-8.

> Cet écrivain satirique est oublié dans les *Biographies* universelle ou générale. Il avait déclaré une guerre acharnée aux ministres protestants du Languedoc, et il lança contre eux un torrent d'injures dans divers volumes que certains bibliophiles recherchent encore à cause des passages en patois qu'ils présentent. (Voir les *Notices et extraits de quelques ouvrages écrits en patois du midi de la France*, 1840, p. 85.) Ce libelliste alla à Rome, où sa verve caustique, qu'il ne sut pas retenir, lui porta malheur ; il eut la tête tranchée le 28 septembre 1611.

Libraire (Chez un). Les Deux Biscuits, tragédie traduite de la langue du royaume d'Astracan (composée par Grandval). Paris, 1751. In-8.

> Cette comédie, assez plaisante, mais d'un genre trop risqué, est fondée sur des biscuits composés, l'un de substances trèsexcitantes, l'autre de narcotiques, et leur emploi donne lieu à une méprise. Nous avons vu deux éditions, l'une de 35, l'autre de 23 pages, et il en existe encore plusieurs.

Libraire (Le) anti-philosophe. Discours sur la satire (de Palissot) contre les philosophes (par Coyer). Athènes (Paris), 1760. In-8.

Libraire de l'Académie de Troyes. Mémoires de l'Académie des sciences, inscriptions, belles-lettres de Troyes (par Grosley et autres). 1756. 2 vol. in-12.

> Il existe diverses éditions de ce recueil facétieux, à l'égard

duquel M. le docteur Payen a donné une notice curieuse dans le premier tome du *Journal de l'Amateur de livres*, publication entreprise au commencement de 1848 par M. Jannet, et que des circonstances peu favorables ne laissèrent pas vivre longtemps.

Libraire (Le) de Momus. Mémoires pour servir à l'histoire de la calotte. Moropolis (Hollande), 1732. In-12.

Libraire (Le) qui donne trois livres pour quarante-cinq sols. Amusette des grasses et des maigres. Paris (sans date). In-12.

Libraire (Le) qui n'est pas triste (J. Gay). Anthologie scatologique. Paris, près Charenton, imprimée en l'ère du carnaval 1,000,800,602. In-12.

Libraires (Chez tous les). Omniana, ou Recueil de bons mots, de traits d'esprit, de bêtises, de naïvetés, etc., par Joseph Prudhomme, membre des ordres de Sirius, des Pyramides, de l'Obélisque, du Mont-Thabor, de l'Eléphant bleu, grand Taëli de première classe, et membre de trop de sociétés savantes. Bruxelles, 1845. In-18.

> On annonçait une livraison tous les deux mois ; le nombre des livraisons était fixé à 129,451,251,729,700,000,009,741 ; toute livraison dépassant ce nombre serait remise gratis aux souscripteurs.

— Collection complète des Mémoires relatifs au procès du cardinal de Rohan (affaire du Collier). 1786. 2 vol. in-4.

Libraires (Chez tous les) qui ont un nom. Physiologie des noms propres, par le cousin d'un homme d'esprit, membre futur de plusieurs académies. *Ibi et alibi* (Paris), 1849. In-8.

> Facétie piquante tirée à fort petit nombre.

Libraires associés. L'Espion turc à Francfort. Londres (Hollande), 1741. In-12.

Libraires associés. Telliamed, ou Entretiens d'un philosophe indien. Bâle (Hollande), 1749. In-8.

— Les Filles-femmes et les Femmes-filles, conte (par de Boissy). Au Parnasse (Paris), 1751. In-12.

— Le Portefeuille trouvé (contenant des pièces de Voltaire, Fontenelle, etc.). Genève (Paris), 1757. In-12.

— Le Nouvel Abailard (par Rétif de la Bretonne). En Suisse (Neufchâtel), 1779. 4 vol. in-12.

— Essai de Tactique (par de Guibert). Londres (Liége), 1772. 2 vol. in-8.

— Observations sur la constitution des armées prussiennes (par le même). En Suisse, 1778. In-8.

Libraires patriotes (Les). Renelde, ou l'Amour de la patrie, comédie. En Brabant, 1792. In-8.

Libraires royalistes. La Constitution en vaudevilles, par Marchant. 1792. In-18.

Limoysin (Estienne). Histoire de la cour du roy de la Chine. Paris (Hollande), 1668. In-12.

> Il n'a point existé à Paris un libraire portant ce nom. Le volume a quelque valeur parce qu'on l'annexe à la collection elzevirienne.

Litwel (Th.). Supplément du Commentaire philosophique de P. Bayle. Hambourg (Hollande), 1687. In-12.

Lohner (H. G.). Histoire abrégée et mémorable du chevalier de la Plume. Amsterdam, 1744. In-12.

Lolo (La Petite). Bibliothèque des Petits-Maîtres. Au Palais-Royal, 1761. In-12.

> Nous avons déjà eu l'occasion de parler de cette biblio-

thèque supposée dans notre *Essai sur les livres imaginaires*, publié en 1862, à la suite du savant et fort curieux travail de M. P. Lacroix : *Catalogue de la bibliothèque de l'abbaye de Saint-Victor au XVIe siècle, rédigé par Rabelais* (Paris, Techener, 1862, in-8). Parmi les ouvrages que renferme la collection dont l'inventaire se trouve chez la petite Lolo, nous indiquerons l'*Encyclopédie perruquière*, en 7,390 cahiers, et la *Raison des femmes*, livre en blanc, par un célèbre riéniste des espaces imaginaires.

Lopez (Félix). Le Rut, ou la Pudeur éteinte, par P. C. Blessebois. Leyde, 1676. In-12.

Ce volume est une portion séparée des œuvres de Blessebois avec une titre nouveau.

Corneille Blessebois, mystérieux et cynique écrivain, a fort intrigué les bibliophiles. On a lieu de supposer, d'après ses écrits, qu'il avait vécu à Alençon, et qu'après y avoir eu diverses intrigues, il avait passé en Hollande, où il composa des poésies ordurières et des romans très-médiocres. Il était lié avec quelques membres de la famille des Elzevier; ils voulurent bien imprimer ses écrits; cette circonstance leur a valu la célébrité qu'ils méritaient si peu. Circonstance étrange, on trouve aussi le nom de Corneille de Blessebois sur deux pièces de théâtre écrites dans un esprit religieux et imprimées loin de la Normandie et de la Hollande : *les Soupirs de Sifroy, ou l'Innocence reconnue*, Châtillon-sur-Seine, 1675 ; *la Victoire spirituelle de la glorieuse sainte Reine*, Autun, 1686. (Voir sur ces pièces le catalogue Soleinne, n°s 1462 et 1464.) Elles ont eu récemment les honneurs d'une édition nouvelle.

Nodier s'est occupé de Blessebois, et il a voulu lui attribuer un petit roman libre et fort plat : *le Zombi du grand Pérou*.

Le Zombi a été réimprimé en 1861. Il y a été joint une notice sur Blessebois; une autre se trouve en tête de la réimpression du *Lion d'Angélie*, que nous signalons à l'article *Simon l'Africain*. Nous renvoyons à ces écrits, qui épuisent à peu près tout ce qu'il y a lieu de dire au sujet d'un personnage fort méprisable dont on s'est beaucoup trop occupé. Voir aussi les notes signées Nodier et Lacroix insérées dans le *Catalogue Pixerécourt*, n°s 903 et 1261; le *Bulletin du Bibliophile belge*, t. I. p. 417.

Lorens (Amarigo). Relation de la cour de Rome. Leyde, 1663. In-12.

> Volume imprimé par les Elzevier. Voir Pieters, *Annales*, p. 327. Une édition italienne parut la même année avec les mêmes indications.

Lou-Chou-Chu-Lu, seul imprimeur de Sa Majesté chinoise pour les langues étrangères. Tanzaï et Néadarné, histoire japonaise (par Crébillon fils). Pékin (Paris), 1734. In-12.

Louis l'Entrepreneur et Jacques Fuyard. L'Expédition d'Ecosse, ou le Retour du prince de Galles, tragi-comédie. Paris (Hollande), derrière la place des Victoires, à l'enseigne des Gasconnades maritimes, 1708. In-12.

> Une analyse de cette comédie satirique dans la *Bibliothèque du Théâtre françois*, t. III, p. 307-311. Voir aussi le catalogue Soleinne, n° 3762.

Louveleau (Marcel). Lettre critique de M. le chevalier *** (L. Travenol) à l'auteur du Catéchisme des Francs-Maçons (le même Travenol). Tyr (Paris), 1740. In-8.

Loys qui ne se meurt point. Œuvres de Rabelais. Troyes, 1556. In-12.

> Édition donnée par Louis Vivant; elle contient les quatre premiers livres; elle est aujourd'hui bien difficile à rencontrer et fort chère. Décrite au *Manuel du Libraire*, 5e édit., t. IV, col. 1055. Un exemplaire relié en maroquin 185 fr. vente Nodier en 1844.

Lucas (Etienne). Contes et Nouvelles, par La Fontaine. Amsterdam (Paris), 1732. 2 vol. in-12.

— Lettres philosophiques (par Voltaire). Amsterdam (Genève), 1734. In-12.

Lucas (Jean-Maximilien). Gallie, opéra. Amsterdam, 1691. In-12.

> Pièce bien rare, non citée dans la *Bibliothèque du Théâtre françois;* satire allégorique contre la guerre du Palatinat.

Lucidor de Soleilmont. Renversement des Prédictions frivoles d'Isaac Bickerstaff (par Swift). Lunéville (Paris?), 1708. In-12.

Lucnophile et Compagnie. Essai sur les lanternes (par Dreux du Radier, Jamet et autres). Dole (Paris), 1755. In-8.

Lunard (M.). Lettre d'un Rat au sujet de l'*Histoire des Chats* (de Moncrif). Ratopolis (Paris), 1726. In-8.

Lune (P. de la). Première Séance des Etats Calotins. Babylone, 1724. In-8.

Lyon et Woodmar. Satires de Regnier (publiées par Brossette). Londres (Amsterdam), 1729. In-4.

Lyton (J. P.). Vie privée de Louis XV (par Moufle d'Angerville). Londres (Berne), 1781. 4 vol. in-12.

Machiavel (N.). Récit fidèle de la religion des cannibales modernes, par Zeleni Moslem, trad. de l'arabe (composé par Alb. Radicati). Rome (La Haye), 1728. In-12.

> Albert Passeron, comte de Radicati, est un personnage peu connu; il est auteur de quelques écrits fort irreligieux publiés sous le voile de l'anonyme. (Voir le *Dictionnaire des Anonymes* de Barbier, et le *Manuel du Libraire*.) Observons en passant que l'île des Cannibales, pays où toutes les institutions sociales de la civilisation sont ignorées, a été inspirée par un chapitre des *Essais* de Montaigne (liv. I, chap. xv), qui porte précisément le même titre : « C'est une nation en laquelle il n'y a aucune espèce de traficque, nulle cognoissance de lettres, nulle science de nombres, nul nom de magistrat, ni de supériorité politique, nul usage de services, de richesse ou de pauvreté; nuls contracts, nulles successions, nulles occupations qu'oisyves, nuls vestements, nulle agriculture, nul métal... Combien Platon trouveroit-il la république qu'il a inventée esloignée de ceste perfection ! » Charmé de ses Cannibales, le philosophe s'écrie : « Tout cela ne va pas trop mal, mais quoy ! ils ne portent point de hault-de-chausses ! »

Maculature, imprimeur ambulant des bavards. Je m'y attendois bien, histoire bavarde. Partout, l'an des méchancetés (Paris), 1762. In-12.

Magerus (M.). Education royale, ou Examen de conscience (par Fénelon). Amsterdam (Paris), 1734. In-8.

Magnes (Jacques) et Richard Bexeley. Le double Cocu, histoire du temps (par Bremond). Paris (Hollande), 1678. In-12.

Main morte, imprimeur des commandements secrets du comte d'Artois. Confession générale des princes du sang. A Aristocratie (Paris), 1790. In-8.

Malassis (Cl.). Les Sept Visions de Quévedo, trad. de l'espagnol (par de la Geneste). Cologne (Hollande), 1682. In-12.

Malekelkauw (Rodolphe). Présages de la décadence des empires (par P. Jurieu). Makelbourg (Hollande), 1688. In-12.

Malicieu (Maurice). Proumenoir de M. M. de Montaigne (par Mlle de Gournay). Chambéry, 1598. In-8.

   C'est la troisième édition (les deux premières : Paris, 1594 et 1595) d'un livre aujourd'hui fort recherché.

Malpigi. Mélanges de vers et de prose, par Talassa Astei (Mérard Saint-Just). Hambourg (Paris, Didot), 1799. In- 12.

Manon (Mademoiselle) marchande orangère. Le Déjeuné de la Rapée (par Lécluse). A la Grenoullière (Paris), 1775. In-12.

Marabou. Conte phrygien; l'Ane de Sylène. Lampedouse (Paris), 1758. In-12.

Marc-Antoine. Censure de la réplique de Savaron sur l'examen de son traité sur la souveraineté du roy (par Jean le Coq). Milan (Paris), 1617. In-8.

Marchand chapelier (Imprimé à la campagne, chez un). Combat à mort, ou Mort héroïque de Propret, tragédie comme les autres (par Grandval). (Paris) *s. d.* (vers 1730). In-8.

Marchands d'aniterges. Bibliotheca scatologica, à Scatopolis, 5850 (1850). In-8.

> Ce volume spirituel et curieux a été bien accueilli des bibliophiles. Il est le résultat des recherches de trois hommes instruits et graves qui ont voulu s'amuser un instant. On peut bien les désigner : M. Jannet, l'éditeur de la *Bibliothèque elzevirienne*, M. Payen, fort connu par ses travaux sur Montaigne, et le bibliophile Veinant, aujourd'hui décédé. Quelques curieux ont également fourni divers morceaux pour compléter cette facétie. La *Petite Revue* donne à cet égard divers détails (novembre 1865).

Marchands imagers (*Chez les*). Renversement de la Morale chrétienne par les désordres du monachisme. Hollande, avec la permission d'Innocent XI. In-4.

> Ce volume rare contient 51 caricatures accompagnées d'un texte français et hollandais ; il en existe deux éditions fort différentes à l'égard desquelles on peut consulter le *Manuel du Libraire.* Voir aussi M. Du Roure, *Analecta Biblion*, t. II, p. 392. Nous ajouterons quelques adjudications à celles qu'indique le *Manuel* : 48 fr. vente Essling ; 50 fr. Bignon ; 63 fr. H., en 1856 ; 63 fr. G. D., en 1843 ; 99 fr. Pixerécourt ; 102 fr. T. S., en 1851.

Marcou, Bonard et Piget. L'Apollon françois, ou le Parallèle des vertus héroïques de Louis le Grand avec les propriétés du soleil (par Bauderon de Senecey). Hollande, 1693. In-12.

> C'est une satire contre Louis XIV.

Marin (*N.*). L'Ordre hermaphrodite, ou les Secrets de la félicité. Au Jardin d'Eden (Paris), 1748. In-12.

> L'ordre de la Félicité, qui existait à Paris vers 1745, a donné

lieu à quelques publications : *Formulaire du cérémonial en usage dans l'ordre de la Félicité*, 1745; l'*Anthropophile, ou les Secrets et les Mystères de la Félicité*, à Hérotopolis (Paris), 1746. Voir la *Bibliographie des livres relatifs à l'amour*, etc., col. 639.

Maris (Chez les) de ces dames. Histoire queurieuse et terrible doou tems du monsieur du Malberoug, et qui interesse in brin l'onnour des femmes doou pays du Poussesse et iti de messieurs leus maris. A Poussesse (Paris), 1851. In-8.

> Facétie curieuse sur un épisode peu connu de la guerre de la succession d'Espagne, publiée à 120 exemplaires par M. Louis Paris.

Marmelstein. La Conduite de la France depuis la paix. Cologne (Hollande), 1683. In-12.

Marteau (Pierre). A Cologne. — Il n'est aucun typographe imaginaire dont le nom ait été aussi souvent employé que celui-ci. Pendant la seconde moitié du règne de Louis XIV surtout, les presses de Hollande multiplient les écrits politiques, les libelles, les satires dont on lui impose la responsabilité. Il perd beaucoup de sa vogue à mesure que le dix-huitième siècle s'avance, et il finit par s'éteindre en Allemagne.

Parfois il a été pris pour un personnage réel. Nous lisons, pour nous en tenir à un seul exemple, dans le catalogue Deville et Dufour (Bohaire, 1841, n° 327), qu'en 1696, Pierre Marteau fit reparaître sous un nouveau titre le *Julien l'Apostat* publié en 1688.

> Nous n'avons pas cherché à signaler tous les livres qui portent cette indication. Nous nous en tenons à ce qu'il y a de plus curieux en ce genre. Les volumes imprimés chez le soidisant Pierre Marteau sont presque tous dans le petit format in-12, adopté par la librairie hollandaise du dix-septième siècle. Il est donc inutile de reproduire cette indication à chaque article.

Marteau (*Pierre*). 1660. — Recueil de diverses pièces servant à l'histoire d'Henri III.

> Il existe d'autres éditions de 1662, 1663, 1666. Il en est de même pour un grand nombre des ouvrages que nous allons signaler.

1662. — Journal des choses advenues pendant le règne de Henry III (par L'Estoile).

1663. — Mémoires de Bassompierre. 2 vol.

— Recueil de pièces servant à l'histoire moderne.

1664. — Recueil de quelques pièces nouvelles et galantes.

> On a lieu d'attribuer à Daniel Elzevier l'impression des trois éditions successives de ce volume. Un exemplaire de l'édition de 1667, aux armes de Colbert, s'est payé 250 fr. à la vente De Bure, en 1853, n° 1120.

1665. — Histoire du Traité de la paix conclue sur la frontière d'Espagne.

— Mémoires du maréchal de Bassompierre. 2 vol.

> Ces mémoires, publiés par l'académicien Claude de Male-ville, ne donnent pas le véritable texte original. Il est question d'en mettre au jour une édition sincère.

1666. — Intérêts et Maximes des princes (par M. de Rohan).

— Voyage d'Espagne (par Aarsen de Sommerdyck).

> Il existe plusieurs éditions de cette relation qui eut du succès. Voir le *Manuel du Libraire*, Pieters, *Annales des Elzevier*, et le catalogue Leber, n° 6220.

— Histoire du cardinal de Richelieu, par Aubery. 2 vol.

1667. — Le Berger fidèle, trad. de Guarini (par l'abbé de Torche).

8

1667. — Comédie galante de M. de B. (Bussy).

Il est fort douteux que Bussy soit l'auteur de cette satire ordurière, dirigée contre la comtesse d'Olonne. Il existe sous ce titre deux productions fort différentes l'une de l'autre. Voir le *Manuel du Libraire* (article Bussy), et le catalogue Soleinne, n° 3832.

— Mémoires pour l'histoire du cardinal de Richelieu, recueillis par Aubery. 5 vol.

— Recueil de quelques pièces servant à l'Histoire de la reyne Christine.

1668. — Ambassades du maréchal de Bassompierre en Espagne et en Suisse ; ses négociations en Angleterre.

— La Boussole des amants.

— Carte géographique de la Cour.

Satire fort outrageante pour quelques dames d'un rang élevé. Elle a été attribuée, mais à tort, à Bussy-Rabutin ; le prince de Conti paraît y avoir pris part. Réimprimée dans le tome Ier de l'*Histoire amoureuse des Gaules*, édition de la *Bibliothèque elzevirienne*.

— Catéchisme des Courtisans.

Opuscule hardi, réimprimé en partie dans l'*Histoire amoureuse des Gaules*. Il est inséré dans les *Variétés historiques et littéraires* publiées par M. Ed. Fournier, t. V, p. 75-95.

— La Politique des Vénitiens (par de La Haye).

1669. — Le Chat d'Espagne, nouvelle.

— Le Chien de Boulogne, ou l'Amour fidelle (par l'abbé de Torches).

— Lettres d'amour d'une religieuse (portugaise). Autre édition, 1678.

Il y aurait de nombreuses observations bibliographiques et littéraires à faire à l'égard de ces lettres célèbres, mais elles ne seraient pas ici à leur place. Bornons-nous à signaler la notice de M. de Souza, dans l'édition de 1825, reproduite en tête du volume publié en 1853 par M. Jannet.

— Lupanie, histoire du temps.

Nous avons déjà fait mention de ce livret.

— Onguent pour la brûlure, poëme (par Barbier d'Aucourt).

Ce poëme, dirigé contre les Jésuites, a reparu avec le nom peu usité de Jean-Pierre du Marteau, Cologne, 1582 (pour 1682). Il est inséré dans le *Cabinet jésuitique*, dont nous avons déjà parlé.

— Les Secrets des Jésuites, trad. de l'italien.

C'est une traduction des *Monita secreta*, attribués au général de l'ordre Acquaviva, mais dont l'authenticité est fort douteuse.

— Traité de la politique de la France (par Hay du Chastelet).

1670. — L'Apothicaire de qualité, nouvelle (par de Villiers).

— Le Calvaire profané, poëme (par J. Duval).

— Censure, ou Discours touchant la couronne de Pologne.

Ce livret est la traduction d'un discours latin d'André Olszocoski, évêque de Culm. Il renferme aussi, mis en français, un autre discours composé en latin par le secrétaire de Chavagnac, envoyé auprès de la diète de Pologne par le prince, depuis Charles V, duc de Lorraine.

— Colloque amoureux, ou Dialogues familiers (en vers).

— Don Juan d'Autriche (par Courtin).

— Le Moine sécularisé (par J. Dupré).

— Pasquin ressuscité, traduit de l'italien.

Il existe d'autres éditions.

1670. — Roger Bontemps en bonne humeur.

1671. — Le Cardinal Mazarin joué par un Flamand.

Il y a peut-être quelque chose de vrai dans ce pamphlet; il s'agit d'une ruse dont Mazarin fut la dupe : on lui avait promis de livrer Ostende aux Français. Voir le catalogue Leber, n° 4524.

— Cinq Réponses aux Lettres d'une religieuse (portugaise).

— De l'Estat de la France (par Hay du Chastelet). Autre édition, 1672.

— Dialogue où les fables de l'antiquité sont expliquées.

— Les Œuvres cavalières de M. B. D. R.

— Recueil des Actions et paroles de Philippe II.

— Traité de la Monarchie universelle.

1673. — Observations de Ménage sur la langue françoise.

— La Religion des Hollandois (par Stoupe).

1674. — Mémoires servant à la justification de M. de Proie, commandant de la place de Naerden.

— Mémoires du temps (par le marquis de Fresne).

1675. — Journal amoureux d'Espagne.

Il existe plusieurs éditions de ce petit volume assez recherché; une d'elles porte le nom de Barbin, l'éditeur à la mode à l'époque de Boileau.

— Mémoires de M. L. D. M. (la duchesse de Mazarin).

Barbier se trompe en attribuant ces mémoires à la duchesse; ils ont été, dit-on, rédigés par Saint-Réal, et ils se trouvent dans le tome III de ses Œuvres. M. Léon de Laborde, dans le très-curieux volume de notes qu'il a jointes à son travail sur le Palais Mazarin (1847), porte sur cet écrit un jugement des moins favorables. « On ne s'est pas donné la peine de cacher la fraude ; ce fut l'œuvre d'un manœuvre sans esprit et sans style. Ce volume est rempli d'erreurs et de circonstances scandaleuses revêtues d'un style digne d'un laquais. En dépit de sa vulgarité, il eut cependant assez de succès pour qu'une seconde édition fût nécessaire en 1677. » M. Amédée Renée, dans son curieux ouvrage sur *les Nièces de Mazarin*, se montre moins sévère. Voir plus loin aux années 1679 et 1701.

1676. — Histoire de l'état de l'Empire ottoman, trad. de l'anglois.

— L'Infidélité convaincue, ou les Aventures d'une dame de qualité.

— Mémoires amoureuses (*sic*), contenant les amours des grands hommes de ce temps.

— Mémoires touchant les Ambassadeurs (par Wicquefort).

— Mémorial de ce qui s'est passé touchant les cinq propositions (de Jansénius), (par Gerberon).

— Relation de ce qui s'est passé dans les armées du Roi.

1677. — Le Berger fidèle (de Guarini), traduit en vers françois.

— Le Comte de Soissons et le Cardinal de Richelieu rivaux.

— L'Heureux Esclave, nouvelle (par Brémond).

— Mémoires de ce qui s'est passé en Suède en 1645-1655, par Linage de Vauciennes.

1677. — Réflexions sur le IV° et le V° chapitres de la Politique de la France.

1678. — Le Gouvernement du duc d'Ossune à Milan.

— Mémoires sur l'Origine des guerres depuis cinquante ans.

— Le Suisse désintéressé.

— Suite des Particularités arrivées à la cour d'Espagne.

1679. — Abrégé de l'Histoire d'Allemagne (par Rocoles).

— Apologie, ou les Véritables Mémoires de Marie Mancini, écrits par elle-même.

C'est la rédaction, revue par Brémond, des mémoires que Marie Mancini fit imprimer en Espagne sous le titre de *la Vérité dans son jour, ou les Véritables Mémoires*. Cette édition originale est extrêmement rare; elle a été signalée pour la première fois, ce nous semble. par M. Léon de Laborde. Leber, qui ne possédait que l'édition hollandaise, *suivant l'imprimé à Madrid*, signale à tort ces Mémoires comme apocryphes. Le fait est que la princesse les écrivit pour rectifier les assertions contenues dans les *Mémoires* publiés sous son nom en 1675, et dont nous avons déjà parlé.

— Congé des troupes de Hollande (en vers).

C'est une satire que deux défenseurs de la France crurent devoir réfuter. Voir le *Bulletin du Bibliophile*, 12° série, p. 593.

— Recueil de pièces sur la question : Si l'électeur de Brandebourg, etc.

1680. — Les Amours des dames illustres de France. (Il y a plusieurs éditions.)

— L'Empereur et l'Empire trahis.

— Mémoires pour servir à l'Histoire des controverses sur la grâce.

1680. — Le Procès du vicomte de Stafford.

1681. — L'Amour marié, ou la Bizarrerie de l'amou dans le mariage.

— La Défense du cœur contre l'amour, par S. d'Alquié.

— Moyens sûrs et honnêtes pour la conversion des hérétiques. 2 vol.

> Voir sur cet ouvrage Du Roure, *Analecta Biblion*, t. II, p. 345.

— La Politique du clergé de France (par Jurieu).

— Recueil de relations remarquables des cours de l'Europe.

— Vie de Gaspard de Coligny.

> Cet ouvrage, imprimé à Amsterdam, a reparu en 1686 et en 1691. Ce n'est toutefois qu'une production sans valeur sortie de la plume du trop fécond Gatien de Courtilz. Il ne faut pas la confondre avec une autre *Vie de Coligny* publiée à Leyde en 1643 par les Elzevier.

1682. — Annales galantes de Lorraine.

> Volume rare qui manque dans les catalogues les plus riche en ce genre.

— Aristippe (par Balzac).

— L'Art de prêcher (par de Villiers).

— Les Aventures d'Achille, prince de Numidie.

> Le héros de ce roman peu connu, et qui manque aux catalogues les plus riches en livres de ce genre, est le comte de Candale. Analysé dans la *Bibliothèque des Romans*, année 1778.

— Dissertation sur l'autorité du roy en matière de régale.

— Les Entretiens de la grille, ou le Moine au parloir.

> Ce livre est peu connu ; nous ne le trouvons pas indiqué par les bibliographes.

1682. — Histoire de la république de Venise, par B. Nani.

— Lettres où il est prouvé que les comètes ne sont point le présage d'un malheur (par Bayle).

— Réponse de quatre gentilshommes protestants (par Bayle).

— La Demoiselle à cœur ouvert, ou l'Hypocrisie découverte.

1683. — Les Actions héroïques de l'empereur Charles V.
— La Beste insatiable, ou le Serpent crevé.

Voir sur ce libelle l'*Histoire de Colbert*, par M. P. Clément, p. 410.

— Charles le Hardi.

— Conduite de la France depuis la paix de Nimègue.

— Conférence de la religion.

— Entretiens des voyageurs sur la mer (par Flournois). 2 vol.

— Examen du Traité de controverse du P. Maimbourg.

— Les Imaginaires et les Visionnaires (par Nicole).

— Lettre de l'évêque d'Aleth à l'archevêque de Paris.

— Lettre sur un livre intitulé : *Considérations sur les affaires de l'Église*.

— Mémoires concernant divers événements remarquables (par G. de Courtilz).

— Le Nouveau Turcq des chrestiens.

Une autre édition sans lieu ni date, *le Nouveau Grand Turcq*, 32 pages, figure au catalogue Leber, n° 4563. C'est une satire contre Louis XIV.

— La Princesse Colonne, histoire galante.

1683. — Réponse au livre de M. de Meaux touchant la communion.

— Réponse au livre intitulé : *La Conduite de la France.*

— Substance d'une lettre écrite par un officier à un pacha.

1684. — Avertissement aux protestants.

— Conquestes amoureuses du grand Alcandre dans les Pays-Bas (par G. de Courtilz).

> Il s'agit d'intrigues galantes à Versailles et à Saint-Germain.

— Croisade des protestants, ou Institution des chevaliers de Saint-Paul.

> Livret très-rare, à l'égard duquel il faut consulter le catalogue Leber, n° 4464. Il expose le projet d'un ordre de chevalerie dirigé contre le catholicisme.

— Entretiens de Philalèthe (*sur la Déclaration du clergé*).

— État de la France à la mort de Louis XIII.

— Examen des méthodes proposées par l'Assemblée du clergé.

— La France sans bornes.

— Histoire de Charles IX, par Varillas.

— Lettre au cardinal Cibo au sujet de la régale.

— Moyens justes et efficaces pour ramener à l'Église catholique.

— Le Pater noster de Colbert, en vers burlesques.

— Stances et sonnets sur la mort de Colbert.

1685. — Avis aux Jésuites sur leur procession de Luxembourg.

1685. — Introduction à l'Histoire des États de l'Europe, traduit de Puffendorf.

— Mémoires du duc d'Orléans.

— Nouveaux Intérêts des princes de l'Europe.

— Réflexions politiques (par Ancillon.)

— Tableau des piperies des femmes mondaines. In-12. (Il y a des exemplaires datés de 1687.)

> Livret écrit avec verve. En dépit de quelques histoires qu'il raconte, telles que celle de Messaline, il pourrait être placé dans la *Théologie morale.* Les bibliophiles le recherchent de plus en plus. L'exemplaire Nodier, payé 49 fr. en 1844 (n° 995), s'est élevé à 170 fr. en 1863 à la vente H. de Ch., n° 693.

— Véritables motifs de la conversion de l'abbé de la Trappe.

1686. — La Cour de France turbanisée.

> Ce volume, d'un prix médiocre, offre un frontispice curieux gravé par Romain de Hooghe.

— Abrégé de politique, par Constant de Rebecque.

> Ce livre est signalé comme étant un des premiers où se trouve l'exposition des principes du gouvernement représentatif; 27 fr. vente Nodier en 1827.

— Don Carlos, nouvelle galante (par Saint-Réal).

— Conquestes du marquis de Grana (par G. de Courtilz.)

> On trouve dans des catalogues d'anciens livres peu édifiants imprimés en Hollande : *La Généalogie du marquis de Grana.*

— Les Dames dans leur naturel (par G. de Courtilz.)

> Livret rare; c'est le même que celui qui porte le titre des *Vieilles amoureuses.*

1686. — Histoire des événements d'Angleterre et des troubles d'Ecosse.

— Plaintes des protestants opprimés en France (par P. Claude).

— Sentiments chrestiens touchant des questions de controverse.

— Le Vrai Intérêt des princes.

1687. — Deux Traités concernant les affaires d'Angleterre.

> C'est la reproduction d'un volume publié en 1683. Le *Manuel du Libraire* l'indique sans signaler aucune vente.

— Elite des poésies héroïques.

— Histoire de la décadence de la France.

— Histoire de l'emprisonnement de Charles IV, duc de Lorraine.

— Histoire des quatre derniers ducs de Bourgogne.

— Les Ivrognes, comédie burlesque.

> Voir le catalogue Soleinne, n° 1512. Les personnages de cette singulière pièce bachique, composée par un Flamand, ne font que *pinter* et *chasser le renard*.

— Mémoires de M. L. C. D. R. (le comte de Rochefort).
> Rédigés par G. de Courtilz.

— Mémoires du marquis de B. (Beauveau).

— Suite des Mémoires du marquis de Beauveau.

— Nouvelles lumières politiques.

— Pétrone (traduit par Nodot).

— Recueil de pièces concernant les affaires d'Angleterre.

1687. — Rome anti-chrétienne (par Jurieu).

— Scatabronda, coumedia noubelo.

Volume imprimé à Cahors. M. Champollion-Figeac indique comme auteur un certain abbé Favre. Une émulation d'enchères comme il s'en présente parfois des exemples, a fait monter, en 1830, à la vente de Charles Nodier, un exemplaire de ce livret au prix fort exagéré de 140 fr.; mais à une autre vente du même amateur, en 1844, on ne dépassa pas le chiffre, fort respectable d'ailleurs, de 59 fr.

Il existe des réimpressions médiocres de bien peu de valeur.

Traité de la liberté de conscience.

— Traité de la puissance du Pape.

1688. — Avis salutaire sur la puissance des rois.

— Contes mis en vers par D. (Dupont?)

— Don Carlos, nouvelle (par Saint-Réal).

— L'Esprit de la France et les Maximes de Louis XIV.

— Explication de l'histoire prophétique du monde.

— La France galante (par Vanel).

— Les Intrigues politiques de la France.

— Lettre contenant la réfutation des subtilitez des Jésuites.

— La princesse de Phalzbourg, nouvelle historique.

— Le Roi prédestiné par l'esprit de Louis XIV.

Livret rare. Le *Manuel* n'en indique qu'une seule adjudication à la vente Mac-Carthy, en 1816.

— Trois Lettres touchant l'état de l'Italie.

1689. — Le Taureau banal de Paris.

Il existe d'autres éditions datées de 1691 et 1712. Il s'agit surtout des aventures du comte de Monrevel.

1689. — Les Amours de Messaline, ci-devant reine d'Albion.

Il y a deux éditions, sous cette date, de ce libelle qui s'annonce comme l'œuvre d'une personne de qualité, confidente de Messaline. La seconde édition (4 ff. et 184 p.) est indiquée comme corrigée sur l'original anglais et augmentée. L'avant-propos dit que la première traduction avait été faite avec tant de précipitation qu'il s'y était glissé une infinité de fautes. L'éditeur affirme que la fiction n'a aucune part dans cette histoire, qui n'en est pas moins un tissu de plates calomnies. On y trouve le récit des galanteries de la reine avec le nonce, avec Louis XIV, qui, pris pour dupe, a un rendez-vous avec la nourrice du petit prince de Galles. L'ouvrage eut cependant de la vogue ; il obtint diverses éditions ; une traduction allemande parut en 1690, sous la rubrique de Leyde.

— Discours merveilleux de la vie de Catherine de Médicis (par Henry Estienne).

— Histoire de la vie du cardinal de Richelieu, par A. Aubery. 2 vol.

— Défense de l'Eglise contre le livre de M. Claude. 2 vol.

— Histoire du duc de Mercœur. Autre édition en 1697.

— Journal amoureux de la cour de Vienne.

46 fr. vente La Bédoyère. Il existe d'autres éditions : 1689 et 1711.

— Moyens asseurez pour redresser les affaires des Espagnols.

— Ramas de poésies vieilles et nouvelles.

— Le Satyrique françois expirant (par Pradon).

— La Source des malheurs de l'Angleterre.

1690. — La Défense des censures du pape Innocent IX (par Gerberon).

— Dialogue des grands sur les affaires présentes.

1690. — Entretiens de Rabelais et de Nostradamus (*sur la politique du temps*).

— Entretiens de Tartufe et de Rabelais sur les femmes, par de la Dailhière.

> Le nom de l'auteur est supposé. Voir sur cet ouvrage une note au *Bulletin du Bibliophile*, 14ᵉ série, p. 1758.

— La France calomniatrice.

> Histoire secrète du règne de Charles II et de Jacques II.

— Réponse au Mémoire des raisons qui ont obligé le Roi de prendre les armes.

— Le Véritable Tableau de la France attaquée par les puissances.

— Le Salut de la France, à Mgr le Dauphin.

1691. — Découverte d'un espion françois à Hambourg.

— Histoire de l'Inquisition (par Marsollier).

— Mémoires de J. de Saulx, comte de Tavannes.

— Mémoires pour servir à l'histoire du prince de Condé.

— Le Secret de La Haye, ou Entretien du duc d'Alençon et de la reine de Navarre.

1692. — L'Amitié, poëme (par de Villiers).

— Les Amours d'Anne d'Autriche.

> Voir au sujet de ce livret plusieurs fois réimprimé le catalogue Leber, nº 2189, et l'ouvrage de M. Paul Lacroix : *l'Homme au masque de fer*, 1837, p. 53. D'après l'auteur, le cardinal de Richelieu, irrité contre le frère du roi, Gaston, qui lui a donné un soufflet, introduit un jeune seigneur, le C. de R., auprès d'Anne d'Autriche, afin que la couronne de France ait l'héritier dont la prive l'impuissance de Louis XIII. On a dit que les initiales désignaient le comte de Rochefort.

1692. — Le Divorce royal, ou la Guerre civile dans la famille du grand Alcandre.

Il s'agit de la rivalité de Mmes de Montespan et de Maintenon. Ce livret est rare.

— Entretiens de Cléandre et d'Eudoxe sur les *Lettres provinciales* (par le P. Daniel).

— L'Héraclite françois.

— L'Heureux Esclave (par Brémond).

— Histoire abrégée du Kouakérisme.

— Les Larmes de l'Angleterre.

— Le Marquis de Louvois sur la sellette.

Satire en vers. En voici un qui peint l'impérieux ministre :
« Les ordres n'étoient rien si je n'eusse dit oui. »

— Le Médiateur équitable contre les sept sages de France.

— L'Ombre du marquis de Louvois consultée par Louis XIV.

1693. — La Confession réciproque en dialogues entre Louis XIV et le Père La Chaise.

Voir sur cet ouvrage le *Manuel du Libraire* et Du Roure, *Analecta Biblion*, t. II, p. 378.

— L'Esprit de Luxembourg en conférence avec Louis XIV sur la paix.

— Les Héros de la France sortant de la barque à Caron.

On lit au bas de la dernière page : *Fin de la première partie ;* la seconde n'a pas paru.

— Histoire du P. La Chaize. (Il existe plusieurs éditions.)

— Mémoire concernant la campagne de 1692.

1693. — L'Ombre de Charles V, duc de Lorraine, consultée sur les affaires de l'Europe.

— Recueil de sonnets en bouts-rimez proposés à la gloire du Roy.

— Tableau de la vie et du gouvernement de Richelieu, Mazarin et Colbert.

> Autre édition, 1694. Ajoutons aux adjudications indiquées au *Manuel du Libraire* celles de 28 fr. J. C. en 1840, et 36 fr. Renouard. C'est un livre curieux. On y trouve le *Paris ridicule* de Claude le Petit et un piquant virelay du même auteur.

1694. — Les Bornes de la France réduites à la paix des Pyrénées.

— Cérémonies nuptiales de toutes les nations (par Gaya).

— Les Galanteries de Néron et de ses favoris (par Pétrone). 2 vol. in-12.

— Réfutation (en allemand) des libelles de J. C. Albin que les jurisconsultes sont de mauvais chrétiens).

— Histoire des amours du maréchal de Luxembourg.

> Nous avons déjà mentionné une autre édition (article *Batamard*).

— La Politique nouvelle de la cour de France.

1695. — La Chasse au loup de monseigneur le Dauphin.

> Voir Du Roure, *Analecta Biblion*, t. II, p. 395. Les *Amours de Mgr le Dauphin avec la comtesse Du Roure*, Cologne, P. Marteau, 1699, sont un ouvrage tout différent.

— Le Courrier de Pluton (satire contre Louis XIV).

> Lettres écrites par des morts à des vivants. Diane de Poitiers s'adresse à Mᵐᵉ de Maintenon, Ravaillac au Père La Chaise, le duc d'Albe au clergé de France.

— L'Esprit du cardinal Mazarin.

1695. — La France en décadence.

— La France ruinée sous le règne de Louis XIV (par de Bois-Guilbert).

> Volume recherché et qui a paru à plusieurs reprises sous divers titres. Voir le *Manuel du Libraire*, le *Dictionnaire des Anonymes*, nᵒˢ 3588, 11,768 et 11,785; les catalogues M. (Moreau), 1846, nᵒ 432, et Leber, nᵒ 5398. Les Œuvres de Bois-Guilbert (ou plutôt Boisguillebert), revues avec soin par M. E. Daire et précédées d'une bonne notice biographique, sont insérées dans le premier volume de la *Collection des principaux Économistes* publiée par l'éditeur Guillaumin.

— Les Illustres Infortunez, ou Aventures des plus grands héros de l'antiquité.

— Le Louis d'or politique et galant.

> Petit roman ingénieux ; on l'a parfois confondu à tort avec *le Louis d'or à Mᴵᴵᵉ de Scudéry*, par Isarn.

— Luxembourg apparu à Louis XIV. Autre édition, 1718.

> Cette pièce satirique en prose est analysée dans la *Bibliothèque du théâtre françois*, t. III, p. 293. Voir aussi le catalogue Soleinne, nᵒ 3755.

— Le Passe-temps de Versailles, ou les Amours de Mᵐᵉ de Maintenon.

> C'est le même ouvrage, sauf quelques différences, que *la Cassette ouverte do l'illustre Créole*, et *les Amours de Mᵐᵉ de Maintenon*, deux livrets imprimés, sous la rubrique de Villefranche, en 1691 et 1694. Voir le catalogue Leber, t. I, p. 341.

— Pensées morales de Louis XIV.

— Le Tombeau des amours de Louis le Grand.

> Il existe sous cette date et avec le nom de Pierre Marteau deux éditions, l'une en gros, l'autre en petits caractères.

1696. — La France galante, ou Histoire amoureuse de la cour.

' Il existe diverses éditions de ce libelle, qui avait paru sous le titre de *Conquestes amoureuses du grand Alcandre*, Cologne, 1690. Voir le catalogue Leber, nos 2200 et 2216.

— Les Galanteries d'une religieuse mariée à Dublin.

— Le Grand Alcandre frustré.

Il existe une autre édition sous la rubrique de Montauban, 1707, attribuée à Gatien de Courtilz.

— La Peste du genre humain, ou la Vie de Julien l'Apostat.

Cette violente diatribe contre la cour de Rome et contre Louis XIV est l'objet d'une notice dans les *Mélanges extraits d'une petite bibliothèque*, par Charles Nodier, 1828, p. 133.

Le *Bulletin du Bibliophile* a publié (1844, p. 1264) une lettre de cet académicien adressée à Barbier (l'auteur du *Dictionnaire des Anonymes*); il s'exprime en ces termes : « L'acrimonie du style, l'habitude de certains tours oratoires qui ne manquent pas d'une certaine chaleur quoique empreinte d'une mysticité lourde et pédantesque, me portent à attribuer cet écrit à Jurieu. »

— Relation véritable et curieuse d'un voyage fort périlleux accompli par terre et par eau.

C'est une satire. Elle est indiquée comme imprimée *à Padoue, à une demi-heure de Rome*. Changement sans exemple dans le domicile de Pierre Marteau.

— Réponse aux *Lettres provinciales* (par le P. Daniel).

— Le Retour de Jacques II à Paris, comédie.

Voir une note du catalogue Soleinne, n° 3761, et la *Bibliothèque du théâtre françois*, t. III, p. 306.

1697. — Description de la Pologne et du duché de Lithuanie (en allemand).

1697. — Éloges de MM. Arnauld et Pascal, composez par M. Perrault.

— Histoire secrète du duc de Rohan (par Fauvelet du Toc).

— Nouvelles Lettres escrites des Champs-Elysées.

— Paix (La) particulière de la Savoie (en allemand).

— Parallèle de Louis le Grand avec les princes qui ont esté surnommez grands.

— Pologne (La) troublée par le choix d'un nouveau roy (en allemand).

1698. — L'Amour en fureur, ou les Excès de la jalousie.
    Ouvrage déjà indiqué à l'article Pierre Le Jeune.

— Cinquième et sixième Lettres sur la morale des Jansénistes.

— Esprit du clergé de France.

— Histoire abrégée de la paix de l'Église.

— Histoire des intrigues amoureuses du P. Peters, confesseur de Jacques II.
    Ce libelle calomnieux est un des plus rares de ceux qui portent le nom de Pierre Marteau,

— La Religion des Moscovites.

1699. — L'Heureux Esclave (par de Brémond).

— Histoire galante et véritable de la duchesse de Chatillon.
    Il s'agit d'une des plus grandes dames de la cour de Louis XIV, sœur du maréchal de Luxembourg. « Il y a ici plus de vérité et de mesure que dans les *Amours des Gaules*, mais ce n'est pas de l'histoire. » (Leber.)

1699. — Lettre au marquis de L. C. sur l'empoisonnement arrivé à la cour du Danemark.

— Lettre d'un théologien à l'évêque de Meaux.

— Mémoires de J. B. de La Fontaine, inspecteur des armées du Roy (par G. de Courtilz).

Nous retrouvons cet ouvrage avec la date de 1701.

— Solutions de problèmes importants pour la paix de l'Église (par Quesnel).

1700. — Critique de Télémaque (par Gueudeville).

— Durand commenté, ou Accord de la philosophie et de la théologie.

— Entretiens de Marphorio et de Pasquin sur le testament de Charles II.

— Instruction sur la grâce, par feu Arnault.

— L'Homme d'État détrompé, par Experto Ruperto (en allemand ; pamphlet politique).

— Lettre d'un théologien à M. Delcourt.

— La Platonisme dévoilé (par Souverain).

L'auteur de ce livre n'a point d'article dans la *Biographie universelle*. C'était un ministre protestant du Poitou, qui, déposé comme favorable à l'arminianisme, passa en Hollande et de là en Angleterre, où il mourut vers 1699. Son livre ne fut publié qu'après sa mort. L'avant-propos dit que l'auteur n'a pas eu le temps de l'achever. Voir sur cet ouvrage fort oublié aujourd'hui, Du Roure, *Analecta biblion*, t. II, p. 414.

— Relation de l'amour de l'empereur du Maroc pour la princesse de Conti.

Il existe deux éditions, l'une en petits caractères, de 140 pages, l'autre de 256 pages. Voir le catalogue Leber, n°s 2226 et 2227. Il y a un fond de vérité dans ce récit; l'empereur Muley-Ismaël eut la singulière idée d'épouser la princesse de Conti. (Voir à cet égard une brochure de M. L. Thomassy : *De la Politique maritime de la France sous Louis XIV*, 1841, 32 p. in-8°.) De nos jours, n'a-t-on pas vu le roi d'Abyssinie, Théodore, prétendre à la main de la reine d'Angleterre ?

1701. — Annales de la cour et de Paris pour les années 1697 et 1698 (par Gatien de Courtilz). 2 vol. in-12.

L'auteur chercha en vain à garder l'anonyme ; il fut arrêté et passa neuf ans à la Bastille. Des révélations hardies irritèrent des personnages influents qui surent se venger.

— Caractères de Théophraste, traduits du grec par La Bruyère. 2 vol.

— Considérations et remarques sur la succession du duc d'Anjou. In-12.

Divers pamphlets allemands sur le même sujet n'ont pas assez d'intérêt pour être mentionnés en détail.

— Entretien de M. Colbert avec Bouin (sur la succession d'Espagne).

— Les Illustres Aventurières dans les cours des princes (par de Saint-Réal).

Écrit relatif aux nièces de Mazarin, réimprimé avec des retranchements et des différences dans les œuvres de Saint-Réal et de Saint-Évremond.

— Investiture du duché de Milan, donnée par l'empereur Léopold.

— Mémoires de M. d'Artagnan (par G. de Courtilz). (Rouen), 1702. 3 vol. in-12.

1702. — Le Critique ressuscité, ou Fin de la Critique de Télémaque (par Gueudeville).

1702. — L'État de la Moscovie à notre époque (en allemand).

— La Guerre d'Italie, ou Mémoires du comte D. (par de Grandchamp). In-12.

— L'Heureuse Campagne des armées impériales (en allemand).

— Histoire secrète des amours du Père La Chaise.

> C'est un roman. La partie politique de la vie du célèbre confesseur de Louis XIV, publiée peu de temps avant, est tout aussi dénuée de vérité historique. Le tout, réimprimé sous le titre d'*Histoire du Père la Chaise*, forme les deux premiers volumes du recueil connu sous le titre bizarre de *Jean danse mieux que Pierre; Pierre danse mieux que Jean*. Cologne, 1719.

— Lettres écrites d'Anvers par un officier françois sur les affaires de l'Europe.

— Œuvres galantes d'Ovide, traduites en français (par J. Barrin).

— Les Pourtraicts de la cour pour le présent.

— Réflexions sur la lettre du roi de France au cardinal de Noailles sur la victoire de Lazzara.

— Regrets de la Grande-Bretagne sur la mort de Guillaume II (en allemand).

1703. — L'Abbé en belle humeur, nouvelle galante.

— Défense du droit de la maison d'Autriche à la succession d'Espagne.

1704. — Choix d'histoires curieuses, par Tranquillo (en allemand).

1704. — L'Esclave éclairée, histoire amusante, par H. M. S. (en allemand).

— Lettres historiques et galantes de Mme Du Noyer. 7 vol. Autre édition.

— La Pallas britannique, ou la Reine Anne (en allemand).

— L'Origine des Jésuites, traduit du françois (en allemand).

— Voyage en Moscovie d'un ambassadeur (le baron Mayerberg). 1704.

> C'est un abrégé de l'édition originale en latin et in-folio qui est fort recherchée.

— Le Voyageur en délire, ou Réflexions politiques. Coblentz (en allemand). Un autre des très rares exemples de la présence de Pierre Marteau hors de la ville de Cologne.

1705. — Les Troubles de la Hongrie et de la Transylvanie (en allemand).

— Les Vieilles Amoureuses, nouvelle galante. 1705.

> Il s'agit de Mme de Lionne, de la marquise de Cœuvres, du duc de Saux, etc. Ce libelle fait partie de diverses éditions de l'*Histoire amoureuse des Gaules*.

1706. — Boileau aux prises avec les Jésuites.

— Catéchisme du roi très-chrétien (en allemand).

— La Guerre d'Espagne, ou Mémoires du marquis de *** (par Gatien de Courtilz).

— Lettres curieuses d'un officier autrichien au sujet de la guerre des paysans en Bavière (en allemand).

1706. — Nouvelle Relation de l'autre monde, ou Entretiens politiques des morts. 3 vol.

— Le Passe-temps royal de Versailles.

Relatif à Mme de Maintenon. Ouvrage qui avait déjà paru sous un autre titre avec quelques modifications. Nous en avons déjà parlé.

— La Roussoline de Rodez, par M. Baucher.

1707. — Dialogues de Pasquin et de Marforio sur les affaires de Pologne (en allemand).

— L'État du Siége de Rome (par Freschot). 3 vol.

— La Fausse Vestale, ou l'Adroite Chanoinesse.

Nous avons signalé une édition de la même année au nom d'Adrien Lenclume.

— Instrumentum pacis, ou Traité de paix entre l'homme et la femme (en allemand).

— Tableau véritable de tous les potentats engagés dans la guerre actuelle (en allemand).

1708. — L'Amour dégagé, ou les Aventures de Dom Fremol.

— La Chancellerie saxonne et suédoise, ou les Secrets d'État révélés (en allemand).

— Histoires galantes et héroïques des cours de Saxe et d'Angleterre (en allemand).

1709. — Les Coups imprévus de l'amour et du hasard.

— Les Délices et les galanteries de l'Isle de France. 2 vol.

On a payé 129 fr. à la vente Solar un bel exemplaire de cet ouvrage qui renferme, entre autres récits, *les Aventures du marquis de Barbezieux avec la princesse de Monaco ; les Aventures galantes du prince de Monaco à Strasbourg ; le Voyage d'Anet, où l'on verra quelques aventures du grand prieur de France et de Fanchon Moreau, actrice de l'Opéra.*

— La Louange de l'avarice, traduite de l'hollandois, avec des augmentations (en allemand).

— La Flandre galante.

1710. — Confession véridique de M. Fouquet (en allemand).

— Dialogue entre le maréchal de Turenne et le prince d'Auvergne sur les affaires de l'Europe.

— L'Étudiant amoureux (en allemand).

— Lettre d'un gentilhomme de la cour de Saint-Germain.

— Lettre touchant M. de Thou pendant son ambassade de Hollande.

— Nouvelles françoises contenant plusieurs histoires galantes, par M. H. de B.

— Pensées sur l'origine des divers ordres des nobles, des bourgeois et des paysans en Allemagne. Imprimé par le fameux Ubiquiste Pierre Marteau (en allemand).

1711. — Le Billet perdu, ou l'Intrigue découverte.

— Entretiens sur divers sujets (par de la Croze).

— Explications des passages les plus difficiles du Nouveau Testament, par Théophile Amelius (P. Zorn). Autre édition, 1714.

— Lettre au chevalier Banks contre le pouvoir absolu.

1711. — Réflexions sur les mœurs du siècle (par J. F. Bernard).

— Rencontre de Bayle et de Spinoza dans l'autre monde.

1712. — L'Adamiste, ou le Jésuite insensible.

Le titre de cet ouvrage le fait rechercher, mais la lecture est peu agréable. C'est une attaque contre des quiétistes qui changeaient, dit-on, les noms de chaque partie du corps, afin de devenir insensibles aux idées que ces noms représentent. Il ne s'agit nullement de la secte des hérétiques qui croyaient faire témoignage d'un degré élevé de perfection en imitant la nudité d'Adam. Il en existait le siècle dernier dans le canton de Berne (*Nouvelles Annales des Voyages*, t. XX). Nous trouvons au catalogue du *British Museum* un pamphlet intitulé : *A nest of Serpents discovered, or a Knot of old heretics called the Adamites.*

— L'Enfant sans souci divertissant son père Roger Bontemps. In-12.

C'est l'édition de 1686 que nous avons citée à l'article *l'Enjoué* ; le titre est rajeuni.

— Mémoires du chevalier de Saint-George.

— Mémoires du duc de *** sur divers événements.

— Les Morts ressuscitez, nouvelle.

— Lettres curieuses sur la conduite de la guerre avec la France (en allemand).

— Le Prince de Machiavel (traduit en allemand).

— Les Promesses du roy de France au Prétendant.

— Questions proposées en faveur du Prétendant.

— Le Siècle d'or de Cupidon.

Le *Manuel du Libraire*, 4e édition, qualifie ce livret de fort libre ; la cinquième édition adoucit ces termes et se borne à dire : « Un peu libre. » Un exempl. 41 fr. vente Renouard, en 1854, n° 1975.

1713. — L'Avant-Coureur de la paix.

— Les Douleurs de l'Europe au sujet du discours de la reine d'Angleterre (en allemand).

— Entretiens familiers de deux médecins sur des questions à la mode.

> Cet ouvrage peu connu est relatif au procès en impuissance du duc de Gèvres.

— Mémoires du comte de Grammont.

> Première édition, devenue rare ; elle est curieuse par suite de la quantité extraordinaire de mots qui ont été imprimés en lettres italiques.

— Nouveaux Dialogues des dieux (par Rémond de Saint-Mard).

— Nouveaux Entretiens de Marphorio et de Pasquin sur la paix.

— Projets du cardinal Mazarin pour la monarchie de l'Europe (en allemand).

— Réflexions sur le journal *la Clef du cabinet des princes*.

— Rencontre de Bayle et de Spinoza dans l'autre monde.

— Réponse du marquis de *** à la lettre sur *les Soupirs de l'Europe*.

— Vie du célèbre chevalier de Saint-George, le Prétendant (en allemand).

1714. — Véritable Clef par laquelle on peut avoir l'intelligence de l'*Histoire badine du Congrès d'Utrecht*.

1715. — Le Prince sans fard, instruction pour l'éducation d'un jeune prince.

1716. — L'Amour à la mode, ou le Duc du Maine, par Mme D.

— Satire de M. Boileau sur l'équivoque, suivie de quelques autres pièces.

1718. — Amours d'Antiochus et de Stratonice, par Lefebvre.

— Description du royaume de Sardaigne.

— Le Rasibus, ou le Procez fait à la barbe des capucins.

Il y a plusieurs éditions de ce livret, et il en a paru en 1760 une traduction allemande.

1721. Amours de Célie avec le comte Bonarelli.

— Relation historique de la peste de Marseille en 1720.

1724. — Lettre sur le droit d'un prince protestant à nommer aux bénéfices ecclésiastiques (en allemand).

1725. — Aventures de J. Pignatta, échappé des prisons de l'Inquisition.

— Dialogues sur la philosophie de Wolf (en allemand).

— Les Moines en belle humeur. 2 vol.

1728. — Les Amours d'Horace.

1729. — Aventures du baron de Fœneste, par d'Aubigné. 2 vol.

Cette édition, publiée par Foppens à Bruxelles, contient des écrits qui ne sont pas dans les éditions antérieures, mais elle a été faite avec beaucoup de négligence.

1730. — Les Amours d'Anne d'Autriche.

Nous avons déjà cité d'autres éditions.

1731. — Le Catholicon de la basse Germanie, satyre en vers. In-8.

Ce volume, peu commun, contient dix-huit satires et deux poëmes. L'auteur attaque violemment les moines, les abbés, les chanoines, les couvents, les juges, etc.

— Lettres d'une Turque à Paris écrites à sa sœur au Sérail.

1733. — Histoire de l'Inquisition (par Marsollier).

1737. — Promenades du bois de Schrelien. 2 vol.

1739. — Lettres persanes. Cologne, 1739. 2 vol.

C'est une supercherie. Ce volume contient les *Lettres turques* de Saint-Foix.

1741. — Le nouveau Protée, ou le Moine extraordinaire (en allemand).

1747. — Essai sur le Caractère du grand médecin, ou Eloge de Boerhaave (par Maty). In-8.

— Le Royaume des Morts troublé et tranquillisé, satire dans le genre de Lucile (en allemand).

— Lettres d'une Demoiselle entretenue à son amant.

1751. — Lettres de la Fillon (par Coustelier).

Cette femme était une entremetteuse fort connue à Paris à l'époque de la Régence. Elle eut part à la découverte de la conspiration contre le Régent par l'ambassadeur d'Espagne, Cellamare, ce qui augmenta sa célébrité.

1758. — L'Ile de France, ou la Nouvelle Colonie de Vénus. In-8.

1759. — Le Momus françois.

— Recueil de frivolités galantes. *Aimez-vous la muscade ? On en a mis partout* (Boileau).

1760. — Relation de Phihuhu, émissaire de l'empereur de la Chine en Europe, trad. du chinois. In-12.

> Opuscule de 29 pages, écrit dans un sens irréligieux et attribué au roi de Prusse Frédéric II.

1761. — Le Momus françois, ou les Aventures du duc de Roquelaure.

— Lettres de Gellert et de Rabener (en allemand). Leipzig. In-8.

1763. — Nouvelles monacales, ou les Aventures du frère Maurice. 2 vol. in-12.

> La seconde partie de ce volume peu connu est intitulée *Momus moine*. Une note de M. de Paulmy, inscrite sur l'exemplaire de la bibliothèque de l'Arsenal, dit que ce livre existe en italien et qu'il a été traduit « par un gueux de moine de Venise ».

1765. — Sybilla trig-andriana, auth. H. Kornmanno. In-8.

> On a réuni sous ce titre divers ouvrages d'un écrivain assez singulier qui vivait au commencement du XVIIe siècle : *De virginitate, virginum statu et jure*, etc.

1768. — Le Livre de l'Oiseau bleu. (Stuttgart.) In-8.

1778. — De l'Organisation de l'armée prussienne (en allemand). Leipzig. In-8.

1783. — La Morale enjouée, recueil de fables, contes, épigrammes, par R. A., marquis de Culant. 1783. In-8

1788. — Discours et Dialogues (par F. Bernritter, en allemand). In-8.

1807. — Observations sur l'intérêt que trouve la Russie dans la guerre actuelle. In-8.

1834. — Don Juan, fantaisie dramatique en 7 actes, par un poëte allemand (en allemand). Paris. In-8.

Éditions sans date portant le nom de Pierre Marteau.

Amours des Dames illustres. (Vers 1737.) 2 vol.

Année (L') galante, ou les Intrigues secrètes du marquis de L. (de l'Etorière).

> Il existe plusieurs éditions de ce livret. Le héros était un personnage fort à la mode vers 1760. Eugène Sue a donné son nom à un roman.

Bibliothèque d'Arétin. (Vers 1680.) 2 vol.

> Un exemplaire en maroquin, 400 fr. vente H. de Ch. en 1863.

Le Catéchisme des Partisans, composé par Colbert. (Vers 1683.)

> C'est une satire en vers. Il va sans dire qu'elle n'est pas du grand ministre auquel on a trouvé spirituel de l'attribuer.

Comédie galante de monsieur D. B. (de Bussy). In-12 de 34 pages.

Commentaires de Dom Calmet sur les prophéties de l'auteur de Barbe-bleue. Cologne. In-8 de 40 pages.

> Cette facétie irréligieuse est du grand Frédéric ; elle ne se trouve pas dans l'édition de ses *OEuvres*, Berlin, 1787, mais elle figure dans l'édition d'Amsterdam, 1790, t. IV. Voir Quérard, *Supercheries littéraires*, t. I, p. 194.

Entretiens dans le royaume des ténèbres entre Mahomet et Colbert.

La France galante, ou Histoire amoureuse de la cour sous le règne de Louis XIV. (Vers 1737.) 2 vol.

> C'est l'édition la plus complète des divers libelles qu'on annexe au livre de Bussy-Rabutin. Voir le catalogue Leber, n° 2200.

Héritiers de Pierre Marteau, à Cologne.

Cabinet d'Amour et de Vénus. 2 vol. in-18.

> C'est un recueil de pièces libres. Un exempl. relié en maroquin, 142 fr. vente Auvillain en 1863, n° 1432.

Défense de la foy catholique contre les illusions d'un écrit de M. Delcour. 1703.

Entretien du maréchal de Luxembourg avec l'archevêque de Paris sur la prise de Namur. 1695.

Histoire du docteur Faust, traduite de l'allemand (par Cayet). 1712.

> Il existe plusieurs éditions de ce livre à l'égard duquel on peut consulter Du Roure, *Analecta biblion*, t. II, p. 97. L'œuvre célèbre de Goëthe a rappelé l'attention sur cette légende, et elle a provoqué divers ouvrages où se montre une érudition bibliographique étendue.

Interprétation du Songe de Louis XIV. 1706.

> Les songes attribués à Louis XIV et à des personnes de la cour furent l'objet de divers écrits. Un médecin réfugié, J. Mussard, publia en 1690 et en 1691, à Amsterdam, trois ouvrages : *Explication de quelques songes prophétiques qu'il a plu à Dieu d'envoyer à quelques dames refugiées ; Remarques curieuses sur plusieurs songes de Louis XIV, de la reyne d'Angleterre et de Mme de La Vallière; Brièves remarques sur le songe de la reyne d'Angleterre et sur celui de Mme de La Vallière*. Signalons aussi le *Songe de Louis XIV, le 22 aoust, jour de la prise de Menin*, Cologne, s. d. (1706). In-12.

Les Lamentations des Dames de Saint-Cyr depuis la prise de Namur. 1696.

Mémoires sur les progrès du jansénisme en Hollande. 1697.

Les Maris à la mode. Cologne, 1700. In-12.

Martin. La Légende de Charles, cardinal de Lorraine, et de ses frères, par François de l'Isle (Regnier de la Planche). Reims, 1576. In-8.

> Cette attaque vigoureuse contre les Guises a été sans doute imprimée à Genève. On lui a donné la rubrique de la ville dont le cardinal était archevêque. Réimprimé dans le tome VI des *Mémoires de Condé.*

Mathieu (H.). Le Politique désintéressé. Cologne (Hollande), 1676. In-12.

Mathieu (P.). Entretiens entre Louis XIV et Mᵐᵉ de Maintenon sur les affaires présentes et la conclusion de leur mariage. Marseille (Hollande), 1710. In-12.

Mathieu (Simon). De la Lecture de l'Ecriture sainte contre les paradoxes de M. Mallet. Anvers (Amsterdam), 1680. In-12.

Maubal (P.). Lettre d'un Sicilien à un de ses amis, contenant une agréable critique de Paris et des François. Chambery (Amsterdam), 1710. In-12.

Maurino (Antonio). L'Alcoran de Louis XIV, ou le Testament politique de Mazarin, trad. de l'italien (par G. de Courtilz). Rome (Hollande), 1691. In-12.

Martel (Jean), à Paris. Nouvelle Lumière politique pour

le gouvernement de l'Église (par J. Lenoir). Hollande, 1676. In-12.

> Edition elzévirienne. Des exemplaires avec les douze premières pages réimprimées portent le nom de *Pierre Marteau*, Cologne. Il y a aussi d'autres éditions. Voir Barbier, *Dictionnaire des Anonymes*, et le *Manuel du Libraire*.

Mère (La) des vidangeurs. Le Nouveau Merdiana, à Merdianopolis, rue de la Torchette. In-18.

Mermillion (Maurice). Les Nouvelles et anciennes Reliques de M. Jean Du Vergier de Hauranne, extraites de ses ouvrages (par F. Pinthereau). Melphe (Hollande), 1680. In-12.

Messaline. L'École des Filles. Cythère (Hollande), s. d. In-12.

Metzker (P.). Le Portrait de Mlle D. L. V. (de La Vallière). Fribourg (Hollande), 1688. In-12.

— Anti-Volkna, ou Notes d'un publiciste sur le système prussien. Londres (Hollande), 1761. In-8.

Meyer (Jean). L'Anti-Machiavel (par Frédéric II, publié par Voltaire). Londres (La Haye), 1741. In-8.

— Les Journées amusantes, par Mme de Gomez. Londres, 1754. 8 vol. in-12.

Michel (Antoine). Les Caractères des Passions, par de La Chambre. Amsterdam, 1658-63. 4 vol. in-12.

> Edition imprimée par les Elzevier.

— Les Heures françoises. Amsterdam, 1690. In-12.

> Livret dont on ne connaît que deux ou trois exemplaires ; un d'eux, 140 fr. à la vente Pixerécourt, n° 1945, figure au catalogue Leber, n° 4474. M. J. Chenu a fait exécuter en 1852 une jolie réimpression à 110 exemplaires dont un sur vélin (il a été adjugé 300 fr. à la vente des livres de cet amateur en

1863). L'auteur des *Heures* dit que la France, en 1678, trouva bon d'abandonner honteusement la Sicile ; il souhaite qu'elle ait l'occasion de chanter impunément le cantique des trois nourrissons de Daniel au milieu de l'incendie universel qu'elle a allumé. Après une narration des événements accomplis en Sicile depuis le couronnement de l'empereur Henri V jusqu'à la mort de Pierre d'Aragon, vient un récit de la Saint-Barthélemy. On a voulu voir dans cet écrit une menace de représailles de la part des descendants des victimes de la Saint-Barthélemy, en butte à des persécutions nouvelles.

— Mémoires et Instructions concernant les droits du roi de France. Amsterdam, 1665. In-12.

Michel (Pierre). Relation d'un Voyage en Angleterre (par Sorbière). Cologne (Hollande), 1666. In-12.

— Carte géographique de la Cour. Cologne, 1667. In-12.

Cette *carte* est un libelle très-injurieux pour quelques dames de la cour. Elle a été fort souvent attribuée à Bussy, quoique ce chroniqueur affirme qu'elle est du prince de Conti. On peut supposer qu'ils y ont travaillé tous deux. Elle a été réimprimée, sous le titre *Carte du pays de Braquerie,* à la suite de l'*Histoire amoureuse des Gaules,* édition Jannet; elle se trouve aussi dans le tome IV de l'édition des *Historiettes* de Tallemant des Réaux publiée par M. Paulin Paris.

— Revue des troupes d'Amour (par Desjardins). Cologne (Hollande), 1667. In-12.

— La Campagne de la Reine, ou Lettres galantes écrites à des Dames. Cologne (Hollande), 1668. In-12.

— Zelotyde, histoire galante, par Le Pays. Cologne, 1666. In-12.

— La Politique des Vénitiens. Cologne (Hollande), 1669. In-12.

— L'Art de connaître les Femmes, par le chevalier Plante-Amour (F. Brueys). 1749. In-8.

Michel le Plagiaire. Tours industrieux et subtils de la Maltôte. Paris, à l'enseigne du Banqueroutier. (Hollande), 1708. In-12.

Michel (Aux dépens de). Les Amours de Zeokinizul (Louis XV), roi des Kofirans. Amsterdam. In-12.

Michiels (Antoine). Essais de Montaigne. Amsterdam, 1659. 3 vol. in-12.

> Cette édition de Montaigne est regardée par les bibliographes les plus accrédités comme ayant été exécutée par Foppens à Bruxelles, quoique divers amateurs aient voulu en faire honneur aux presses elzéviriennes. Voir Pieters, *Annales des Elzevier*, le *Manuel du Libraire*, et l'excellente *Notice bibliographique sur Montaigne*, par M. J.-F. Payen, 1837, p. 25-27. Le prix des beaux exemplaires tend toujours à s'élever : 175 fr. H. D. L., en 1862 ; 320 fr. H. de Ch.

— Histoire du roi Henry le Grand, par Péréfixe. Amsterdam, 1661. In-12.

— Histoire d'aucuns Favoris (par P. Du Puy). Amsterdam, 1660. In-12.

— Relation de ce qui s'est passé à la disgrâce du comte d'Olivarez. 1660. In-12.

Migeot (Gaspard). Nouveau Testament, trad. en françois (par le Maistre de Sacy, Arnauld, etc.). Mons (Amsterdam), 1667. In-8. — Autres éditions. (Bruxelles), 1678, etc. In-8

— Constitutions du monastère de Port-Royal. Mons (Hollande), 1665. In-12.

Lucien, de la traduction de Perrot d'Ablancourt, seconde partie. 1676. In-12.

— Relation du Voyage de l'isle de la Vertu. Mons (Paris), 1739. In-12.

Minet. Le Miaou, ou Très-docte et sublime Harangue miaulée par le sieur Raminagrobis le 29 décembre 1733, jour de la réception à l'Académie françoise. A Chatou, au Chat qui écrit. (Paris), 1734. In-8.

Minos. La Peyronie aux Enfers, ou Arrêt de Pluton contre la Faculté de médecine (par C. M. Giraud). Paris, 1748. In-8.

Mirgail (J.) et D. Schapacaca. Les Phrénétiques Amours et fantastiques poésies de M. J. Tripon, docteur ès lois et avocat à Condom, enrichis d'annotations par la Borde-blanque. 1609. In-8.

> Facétie en vers devenue introuvable. Un exemplaire est indiqué dans un recueil porté au catalogue La Vallière, n° 2922.

Miroir (Les frères). Pourquoi les Femmes s'intéressent pour les Jésuites. A Toilette, à l'enseigne du Blanc d'Espagne, 1762. In-12.

Miroton. Le Chansonnier gaillard. A la Villette (s. d.). In-18.

Moette (Ch.). Les Galanteries des rois de France (par Vanel). Suivant la copie imprimée à Paris (Hollande), 1738. In-12.

Mokpap (J.). La Ligue, ou Henry le Grand. Genève (Evreux), 1723. In-12.

> Première édition de la *Henriade.*

Moines (Chez les). Le Petit-Neveu de Grécourt, recueil de contes. Gibraltar (Paris), 1782. In-18.

Momus. Le Livre fait par force, ou le Mystificateur mystifié. Mystificatopolis (Paris), 1784. In-8.

— La Farce magique du Carnaval, ou la Mort de Jérosme. Lacédémone (Paris), 1755. In-8.

Momus. Nani, ou la Folle du village, parodie de Nina. Paris, 1787. In-8.

Monarchophile. Prières civiques à l'usage des vrais amis de la constitution monarchique. Regiopolis (Paris), 1791. In-8.

Monkee (*J.*). La Vie du sultan Gemmes, frère de Bajazet II. Leyde, 1683. In-12.

Monloisir (*Frères*). Mon Radotage (par Marchant). A Bagatelle (Paris), 1759. In-8.

Monloisir (*Narcisse*). Galimatias poétique, par Messageot. Paphos (Paris), 1770. In-8.

Montansier (*La*). Essais historiques sur la vie de Marie-Antoinette (par Brissot de Warville). Versailles, hôtel des Courtisanes. (Paris), 1789. In-8.

> Odieux libelle dirigé contre Marie-Antoinette ; imprimé à Londres par les soins d'ignobles aventuriers qui spéculaient sur le scandale. Voir le catalogue Leber, n° 2282. Il existe une autre édition en deux volumes in-18.

Montespan (*Jean de*). Recueil de pièces héroïques et historiques pour servir d'ornement à l'Histoire de Louis XIV. A Gizors, à l'enseigne de l'Édit de Nantes. (Hollande), 1693. In-fol.

> C'est une réunion de treize gravures dirigées contre Louis XIV, avec des vers français et hollandais. L'ouvrage est rare.
> Il s'en trouve un exemplaire à la bibliothèque Leber, n° 6023.

Montfort (*Louis*). Les Nouveaux Désordres de l'Amour, nouvelle galante. Liége (Hollande), 1686. In-12.

— Le Duc de Monmouth, nouvelle historique. Liége (Hollande), 1712. In-12.

Montfort (*Louis*). Les Esprits, ou le Mary fourbe, Liége, 1686. In-12.

> Ce petit roman est l'histoire du châtelain de Coucy et de la dame de Fayel, *bourgeoisement écrite*, à ce que dit Lenglet Dufresnoy.

— Alix de France, nouvelle historique. Liége, 1686. In-12.

Montos (*Jean*). Les Jésuites de la maison professe en belle humeur. Lions, à l'enseigne de saint Ignace. (Hollande), 1696. In-12.

Moore (*A.*). Vénus populaire, ou Apologie des maisons de joye, trad. de l'anglois. Londres (La Haye), 1727. In-12.

> C'est une traduction d'un ouvrage attribué à B. Mandeville : *A modest Defense of public stews*, dont il existe diverses éditions.

Mordant. Longchamp. Verac (Paris), 1789. In-8.

Mordant Mâche-avale. Journal mordant, ou Mémoire historique, politique, foirant, récréatif et amusant, pour servir à l'histoire des Pays-Bas, dédié aux chieurs, par un ami de la chaise percée (Victor et Charles Delecourt). Etronopolis, l'an présent. (Bruxelles), 1820. In-18.

Mornini. Aventures de Pomponius, chevalier romain. Rome (Hollande), 1728. 2 vol. in-12.

> Il existe une autre édition ; voir *Pasquinetti*. C'est une satire contre le Régent. Elle est passablement écrite, et ses allusions malignes l'ont fait rechercher autrefois. L'édition de 1728 contient une clef plus complète que celle qui est dans le *Ducatiana*, 1738, mais l'ouvrage s'explique assez lui-même.

Moromon, imprimeur du Diable. Épître du diable au pape sur la suppression des règles dans les couvents de filles. Aux Enfers, 1790. In-8.

Morphew (*J.*). Histoire burlesque de la présente guerre. Londres (Hollande), 1713. In-12.

Mortier (*Jean*). La Vie et faits mémorables de Chr. van Galen, évêque de Munster. Leyde, 1679. In-12.

— Les Imposteurs insignes. Amsterdam, 1696. In-12.

— Roger Bontemps en belle humeur. Amsterdam, 1709. 2 vol. in-12.

Un exemplaire mar. rouge, 49 fr. vente Chedeau.

— Histoire de l'estat de l'Empire ottoman. 1696. In-12.

— Nouveau Catéchisme des francs-maçons (par Travenol). Jérusalem (Paris), 5449 (1749). In-12.

— Mémoires de Mlle de Fanfiche (par G. de Bonneval). Amsterdam (Paris), 1750. In-12.

— Observations sur l'Esprit des lois (par de la Porte). Amsterdam (Avignon), 1750. 2 vol. in-12.

— Histoire de Don Quichotte. Amsterdam, 1696. 5 vol. in-12.

— Relation de l'Ambassade à la cour de Siam. Amsterdam, 1686. In-12.

— Histoire de la Révolution d'Irlande. Amsterdam, 1691. In-12.

— Morale du monde. Amsterdam, 1640. In-12.

— Le Roman bourgeois, par Furetière. 1714. 2 vol. in-12.

— Nelohu-Kina, ou Anecdotes secrètes et historiques (par d'Auvigny). Amsterdam, 1736. In-12.

— La Clavicule de la science hermétique. Amsterdam, 1751. In-8.

Mortier (*P.*). Essai critique de la Littérature françoise (par de la Porte et Fréron). Amsterdam (Avignon), 1757. 5 vol. in-12.

Morus (*Thomas*). Code lyrique, ou Règlement pour l'Opéra (par Querlon). Utopie (Paris), 1743. In-12.

Mouchar (*Jean*). Résolution claire et facile sur la question de la prise des armes. Reims (Bâle?), 1577. In-8.

— Vive Description de la tyrannie et des tyrans. Reims (Bâle?), 1577. In-8.

Moucheur de chandelles de la Comédie-Italienne (*Le*). Histoire d'une cause célèbre traitée au temple de la Gloire. Paris, 1764. In-8.

Muscat (*Pierre le*). Médailles sur la Régence, avec tableaux symboliques. Sipar, 1706. In-12.

> Attribué par Barbier à Mahudel.

Museau Cramoisi (*Chez frère*). Nouvelles de l'ordre de la Boisson. (S. d.) In-12.

> Opuscule de 24 pages.

Nafeild (*Jean*). Martyre de la royné d'Escosse (par Adam Blackwood). Edimbourg (Paris), 1587. In-8.

> Il existe diverses éditions de cet ouvrage recherché; nous en connaissons deux de 1588 et 1589 avec le nom de Nafeild. Un exempl. relié en *mar.* de celle de 1588, 153 fr. Vente Veinant.

Naif. Mes dix-neuf ans, ouvrage de mon cœur (par Du Rozoi). A Kusko, 1762. In-12.

Néaulme (*E.*). Histoire naturelle de l'âme (par La Mettrie). La Haye (Paris), 1745. In-12.

> Il y avait à La Haye un éditeur du nom de Néaulme, mais cette fois on lui attribua ce qu'il n'avait point fait.

Neelson (*J.*). Relation de la conduite de la cour de France. Cologne (Hollande), 1665. In-12.

Neuf Sœurs (*Chez les*). L'Académie bocagère de Valmus, poëme par B. de N. (Neuflieu). Au mont Parnasse (Douay), 1789. In-8.

Nicaise le Plat. Le Joujou des demoiselles. Londres (Hollande), 1755. In-12.

Nicolaï (*Joseph*). Difficultez sur l'instruction pastorale de Mgr l'archevêque de Cambray. Nancy (Amsterdam) 1703. In-12.

— Histoire du cas de conscience signé par quarante docteurs de Sorbonne. Nancy (Amsterdam), 1705.

Nicolas (*Jean*). Christianissimus christianandus, ou le Moyen de réduire la France à un estat plus chrestien. Suivant la copie imprimée à Londres (Hollande), 1678. In-12.

Niergue (*Guillaume*). Deux Dialogues du nouveau langage italianisé (par Henry Estienne). Genève, 1579. In-8.

> Ces deux dialogues offrent de précieux détails, mais ils ont le tort d'être indigestes et très-verbeux; aussi M. Léon Feugère, qui a donné des éditions nouvelles de deux autres ouvrages d'Estienne, n'a t-il pas osé remettre celui-ci sous presse. Aux adjudications qu'indique le *Manuel du Libraire*, ajoutons celle de 81 fr. (exemplaire relié en maroquin) vente H. de Ch.

Nourse (*Jean*). Mémoires du baron de Poellnitz. (Paris), 1747. 5 vol. in-12.

— Institution d'un prince (par Duguet). (Paris), 1740. 4 vol. in-12. Autre édition. 1750.

— Droit de la nature et des gens, par Puffendorf. (Paris), 1740. 3 vol. in-12.

Nourse (Jean). Abrégé de l'Essai de Locke sur l'entendement humain. (Paris), 1741. In-12.

— Traité de la faiblesse de l'esprit humain, par Huet. (Paris), 1741. In-12.

— Lettres de M. Van Hoey, ambassadeur à la cour de France (publiées par Lenglet-Dufresnoy). (Amsterdam), 1743. In-12.

— Recueil de pièces tirées des registres des États généraux de Hollande. (Hollande), 1743. 2 vol. in-12.

— Négociations et pièces secrètes pour servir à l'Histoire des Provinces-Unies (par Lenglet-Dufresnoy). (Paris), 1744. In-12.

— Anecdotes de la cour de François Ier, par Mlle de Lussan. (Paris), 1748. 3 vol. in-12.

— Lettre d'un patriote suédois à un ami en Hollande. (Amsterdam), 1748. In-12.

— Le Marchand de Londres, tragédie, trad. de Lillo (par Clément). (Paris), 1748. In-8.

— Satyres du prince Cantemir. (Paris), 1749. 2 vol. in-12.

— Réflexions sur l'origine des animaux (par de La Mettrie). (Berlin), 1750. In-12.

— Histoire de Tom Jones (trad. par de La Place), 1750. 4 vol. in-12.

— Le Diable boiteux, par Le Sage. (Paris), 1751. In-12.

— Histoire de la Jamaïque, trad. de Sloane. (Paris), 1751. 2 vol. in-12.

Nourse (Jean). Lettres de Ninon de Lenclos au marquis de Sévigné. (Paris), 1751. In-12.

> Correspondance supposée; elle est attribuée à un écrivain fort peu connu, Damours. Malgré sa médiocrité, ce recueil a obtenu des éditions assez nombreuses; il a été traduit en anglais, en allemand et en hollandais,

— Œuvres philosophiques de La Mettrie. (Berlin), 1751. In-12.

— Mes Pensées (par La Beaumelle). (Amsterdam), 1752. In-12.

— Le Procès sans fin, ou l'Histoire de John Bull. Londres, 1753. In-12.

— L'Ami de la fortune (par Maubert). (La Haye), 1754. 2 vol. in-12.

— Lettres de M. de B. (Bury) à Voltaire, au sujet de son Essai sur l'histoire universelle. 1755. In-12.

— Civan, Histoire japonaise (par Mme Leprince de Beaumont). (Paris), 1758. In-12.

— Œuvres de Montesquieu. (Paris), 1757. 7 vol. in-12.

— Lettres de La Beaumelle à Voltaire. (Paris), 1763. In-18.

— Vie du fameux P. Norbert (par Chevrier). (Bruxelles), 1763. In-12.

> Il existe avec cette indication et cette date deux éditions différentes. L'ouvrage avait eu en 1762 deux autres éditions imprimées à La Haye, avec la rubrique de Londres. Voir la *Notice historique et bibliographique sur Chevrier*, par M. Grillet. Nancy, 1864, p. 149.

— Contes en vers (par Leriche). (Lyon), 1764. In-8.

Nourse (Jean). Le Sauvage en contradiction. (Paris),
1764. (Écrit dirigé contre J. J. Rousseau.)

— Lettres familières de Montesquieu. (Paris), 1768. In-12.

— L'Ordre naturel des sociétés politiques (par Lemer-
cier). 1768. In-12.

— Lettres de la duchesse de *** (par Crébillon fils).
(Paris), 1768. 2 vol. in-12.

— Le Pornographe (par Rétif de la Bretonne). 1769.
In-8. Seconde édition. 1770.

> Il y en a une troisième, 1774. Elle est beaucoup plus éten-
> due que les précédentes, et elle offre des corrections très-
> nombreuses. Rétif a dit de ce livre : « Il se vendit très-bien,
> mais jamais projet utile ne fut plus mal accueilli. A peine se
> trouva-t-il dans la capitale trois ou quatre têtes saines qui me
> rendirent justice... Le *Pornographe* est une grande conception
> dont je me tiens très-honoré; elle produira un jour des fruits,
> et on exécutera cet utile projet toujours trop tard. » En 1786,
> l'empereur Joseph a fait exécuter le *Pornographe* à Vienne.
> (*Monsieur Nicolas*, p. 2979.)
>
> Signalons aussi trois petits ouvrages dont l'intitulé offre une
> certaine singularité.

Chez l'éternel Jean Nourse. Œuvres complètes de C.
(Chevrier). (Bruxelles), 1774. 3 vol. in-12.

> Ce recueil contient divers ouvrages qui ne sont pas de Che-
> vrier Voir la *Notice* déjà citée.

Toujours à Londres, chez Jean Nourse. Almanach des
Gens d'esprit, par un homme qui n'est pas sot (par Chevrier). 1762. In-12.

Où? Chez le grand éditeur Jean Nourse. La Belle Ber-
ruyère, ou la Marquise de Fierval. (Paris), 1764. 2 vol.
in-12.

Novateur (Antoine). Antiphantosme du Jansénisme (par le P. Zacharie de Lisieux). Ipres (Paris), 1688. In-12.

Nytwers (Herman). La Monarchie des Solipses, trad. du latin de M. Inchofer. Amsterdam, 1722. In-12.

OEdipe, imprimeur des Quinze-Vingts. Manuel des Oisifs, contenant sept cents folies et plus, par le doyen des sages (Semillard des Ovilliers). Au Sphinx (Paris), 1786. 2 vol. in-18.

Olivier (Jacques). L'Amour en fureur, nouvelle. Cologne, 1684. In-12.

Orloger (Pierre l'). Le Saint déniché, comédie (par Danton). La Haye (Paris), 1732. In-12.

  Critique curieuse des prétendus miracles du diacre Paris.

Oronoko (Patrice). Relation apologique de la Société des francs-maçons (par Ramsey). Dublin (Paris), 1738. In-8.

Oudot (Jean). Débats et facétieuses rencontres de Gringalet et de Guillot Gorju. Troyes (Paris), 1687. In-12.

Oudot (Madame). Les Écosseuses, ou les OEufs de Pâques (par Caylus, Vadé, etc.). Troyes (Paris), 1739. In-8.

— Les Étrennes de la Saint-Jean (par les mêmes). Troyes (Paris), 1742. In-8.

Oudot (Monsieur ou madame). Canonisation de saint Cucufin, moine d'Ascoli, par le pape Clément XIII. Troyes (Paris?), 1767. In-8.

Ovide. Le Congrès de Cythère (par d'Algarotti). Cythère (Paris), 1749. In-12.

Owen (*G.*). Lettres de la marquise de Pompadour (composées par de Barbé-Marbois). Londres (Paris), 1771. 2 vol. in-12.

P... P..., *imprimeur des citoyens, malgré ceux qui ne le veulent pas.* Extrait du charnier des Innocents, ou Vie d'un plébéien immolé (P. M. Pasein). Bordeaux, 1789. In-8.

Pacifique (*Le*). Le Philosophe ami de tout le monde (par Coste d'Arnobat). Sophopolis (Paris), 1760. In-8.

Paff (*Benjamin*). Supplément aux Mémoires de Sully, nouvelle édition augmentée (par de Montempuis et Goujet). Paris, 1762. In-12.

Painsmay (*P.*) L'Anti-bon sens. Liège, 1779. In-8.

Pallavicini. Les Aventures de Pomponius, chevalier romain (par dom Labadie). 1724. In-12.

> Voir à l'article *Mornini*.

Palmier (*Antoine*). Histoire des Amours du maréchal de Boufflers. Paris (Hollande), 1696. In-12.

Pancrace Bisaigue. Le Paquet de mouchoirs, monologue (par Vadé). Calcéopolis (Paris), 1750. In-12.

Pantaléon de la Lune. Journée calotine, ou Deux Dialogues du général Aimon (par Bosc du Bouchet). Moropolis (Paris), l'an 7732 (1732). In-12.

Pantaléon-Phébus. Le Fond du sac, ou Restant des babioles de M. X. (F. X. Nogaret). Venise (Paris), 1780. 2 vol. in-18.

— Contes dérobés (par le même). Venise, 1787. In-12.

Pasquin. Le Nouveau Parnasse satyrique, contenant divers madrigals et épigrammes. Calais (Hollande), 1684. In-12.

> Ce petit volume fort rare, mal imprimé, sur mauvais papier, et qui a tout l'air d'une production des presses allemandes, est décrit en détail dans le *Manuel du Libraire*. Il ne semble pas avoir passé en vente publique. Il en a été fait à Bruxelles une réimpression en 1863.

Pasquin ressuscité. Le Rasibus, ou le Procès fait à la barbe des capucins, par un moine défroqué. Cologne (Hollande), 1680. In-12.

Pasquinetti (Antonio). L'Art de désopiler la rate (par Panckoucke). Venise (France), 178875 (1788). 2 vol. in-12.

Pasquinetti (Francesco). Histoire de Don Ranuccio d'Alèthès (par Porée). Venise (Rouen), 1736. 2 vol. in-12.

Passefin (Bonaventure). L'Enfer révolté, ou les Nouveaux appelants de l'autre monde (par Grécourt). A Précantibur (Hollande), 1754. In-12.

Patinet (Jean). Jean danse mieux que Pierre, Pierre danse mieux que Jean. Tétonville (Hollande), 1719. 5 vol. in-12.

> Satire contre le P. La Chaise et les Jésuites, en forme de dialogue entre le P. Bouhours et le P. Ménestrier.

Paupier (P.). Cléodamis et Lelex, ou l'Illustre Esclave (par Menin). La Haye (Paris), 1746. In-12.

— Traité des charges de servitude d'État (par Briquet). La Haye (Paris), 1747. In-12.

Pecker (Charles de). Relation du voyage de Brême, en vers burlesques (par Clément). Leyde, 1677. In-12.

> Nous avons déjà parlé de ce livret, dont il existe des exemplaires au nom de divers imprimeurs imaginaires; celui que nous signalons figure au catalogue Chedeau, n° 685 ; vendu 47 fr., relié en maroquin.

Pellet. Les Abus dans les cérémonies et les mœurs (par Dulaurens). Genève (Hollande), 1767. In-8.

Perlo (*Jean-Louis*). Le Directeur politique aux sept Sages de France. Amsterdam, 1692. In-12.

Satire politique.

Perro Mignon. Vert-Vert (par Gresset). A Nevers, à l'enseigne de la Guimpe, 1736. In-12.

Perronne (*M.*). Le Grand ballet, ou le Bransle de sortie dansé par le cardinal Mazarin. Basle, 1651. In-8.

Peterlin. Rome amoureuse, trad. de l'italien. Amsterdam, 1690. In-12.

Peters (*Le Père*). Les Héros de la Ligue, ou la Procession monacale conduite par Louis XIV. Paris (Hollande), à l'enseigne de Louis le Grand, 1691. In-4.

> Recueil de 24 figures grotesques représentant le roi, Mme de Maintenon, Louvois, le Père La Chaise et autres personnages signalés comme persécuteurs des protestants. Ces caricatures ont été reproduites avec des dimensions réduites dans les prétendus *Mémoires de Maurepas*, publiés en 1792 par le compilateur Soulavie. M. Léon de La Borde parle avec détail de cet ouvrage dans son *Histoire de la Gravure en manière noire*, et il donne la liste des gravures. Elles se trouvent aussi dans le *Musée de la Caricature* (1834), livraisons 33 et suiv. M. Charles Leblanc, dans son *Manuel* (malheureusement inachevé) *de l'Amateur d'estampes*, désigne comme graveur Jamb Cole, mort en 1723. Le *Manuel du Libraire* signale quelques adjudications, mais on pourrait en indiquer bien d'autres : 130 fr. vente Saint-Mauris; 110 fr., exemplaire Caillard, La Bédoyère, en 1839; 98 fr. Renouard en 1853; 50 fr. H. de Ch.; 75 fr. (exempl. relié en veau) vente faite en janvier 1865.

Petit (*Jean*). La France intrigante, ou Responce aux manifestes de quelques princes. Villefranche (Hollande), 1676. In-12.

11

Petit (Jean). Le Justin moderne, ou Détail des affaires de ce temps. Villefranche (Hollande), 1677. In-12.

— La Mauvaise foy et violences de la France. Villefranche (Hollande), 1677. In-12.

— Le Cabinet des princes. Bruxelles (Hollande), 1672. In-12.

Petit (Pierre). Réflexions sur les Mémoires (*de Wicquefort*) sur les Ambassadeurs, par F. de Galardi. Villefranche (Hollande), 1677. In-12.

— Le Pot aux roses des François découvert. Cologne, 1677. In-12.

Petit Jean (Pierre). Conférence tenue entre Michel l'Ange, capuchin, et Pierre de La Valade, ministre de Fontenay. Fontenay-le-Comte, 1617. In-8.

Petit Jean. Mémoires pour servir à l'Histoire (1596-1636), tirez du cabinet de messire Léon du Chastelier-Barlot. Fontenay, 1643. In-8.

Petit Maître (Mathurin), imprimeur des Petites-Maisons, dans la rue des Écervelés. Le Calendrier des Fous (par Coquelet). A Stultomanie, l'an depuis qu'il y a des fous 7737 (Paris, 1737). In-12.

Philadelphe (Timothée). Apologie pour les Églises réformées de France, par Théophile Misathée. 1625. In-8.

Philalèthe. Les Mystères des pères Jésuites (par A. Rivet). Villefranche, 1634. In-8.

— La Télémacomanie (par Faydit). Eleuthérople (Rouen), 1700. In-12.

— Mémoires sur divers sujets, par J. E. D. Philarèthes (J. E. d'Argent). Chrysinople (Paris), 1764. In-8.

Philalèthe. La Turco-Fédéromanie, ou Considérations sur les dangers d'une alliance de la Pologne avec la Porte, par Apatomachos Wyiansnicki. Eleutheropolis, s. d. In-8.

Philanthrope. Discours politique sur les avantages que les Portugais pourraient retirer de leur malheur (par A. Goudar). Lisbonne (Paris), 1756. In-12.

— Valerie, ou la Rentrée du parlement, comédie. En France (Paris), 1788. In-8.

— Relation du tremblement de terre de Lisbonne (par Goudar). La Haye (Paris), 1756. In-8.

Philarèthe. Recueil précieux de la Maçonnerie adomhiramite. Philadelphie (Paris), 1787. In-12.

Philarithmus. Gercelle, allégorie pour servir à l'histoire de ce temps-là (par Labarie). Villemanie, 1751. In-12.

Phileuthère. Examen de deux grandes questions (succession d'Espagne). Londres (Hollande), 1701. In-12.

— Trois Lettres sur la succession d'Espagne. Londres, 1702. In-12.

Pierre de Touche. Relation véritable de ce qui s'est passé à Constantinople avec M. de Guilleragues, ambassadeur de France. Chio (Hollande), 1682. In-12.

Pierre et Henry. Histoire secrète de Henry IV, roi de Castille. Villefranche (Hollande), 1696. In-12.

Pierre et Jean. Mémoires pour servir au rétablissement des affaires de France (par de Bois Guilbert). Villefranche (Hollande), 1697. In-12.

Pierre François. Histoire de la Vie de F. Dusson. Amsterdam, 1697. In-12.

Pierre Jean Jacques. Joseph, ou l'Esclave fidèle, poëme (par Morillon). Bréda, 1705. In-12.

Voir à l'article *Fleury.*

Pilon (André). Histoire secrette du voyage de Jacques II. Cologne (Hollande), 1696. In-12.

Pinceau (Paul). Caractères de la famille royale. Ville-franche (Hollande), 1702. In-12.

— Nouveaux caractères. Villefranche, 1703. In-12.

Il y a diverses éditions de ces *Caractères*, qui furent l'objet de la curiosité publique. Voir Du Roure, *Analecta Biblion*, tom. II, p. 418.

Pince-Filleux. Langrognet aux Enfers. A Antiboine, à la Plume de fer, 1760. In-12.

Opuscule de 20 pages, écrit par l'abbé Talbert. C'est une satire mordante contre M. de Boynes, président du parlement de Besançon; elle fut condamnée au feu. Nodier lui a consacré quelques pages dans ses *Mélanges extraits d'une petite Biblio-thèque* (p. 143). Un exemplaire relié en maroqin, 60 fr., vente Chedeau.

Plaignant (Jérémie). La Campagne des Allemands de 1690, opposée à leur intérêt et à celui de leurs alliez. Cologne (Amsterdam), 1691. In-12.

Plantier (Jérémie). Les Amours de Messaline, ci-devant reine d'Albion. Cologne (Hollande), 1689. In-12.

— Suite des Amours de Messaline. Cologne (Hollande), 1691. In-12.

Plantin. La Vie et les Amours de Charles Louis, électeur palatin. Cologne, 1692. In-12.

Plantin (Les héritiers). Les Aventures d'Euphormion,

trad. du latin (de J. Barclay, par Drouet de Maupertuy).
Anvers (Amsterdam), 1711. 3 vol. in-12.

Platon. Themidore (par Godard d'Ancourt). Au Purgatoire, à trois lieues au delà des nues. (Paris), 1776. In-12.

Pleyn de Courage (*Jean*). Histoire de la vie de la reine
Christine. Stockolm (Hollande), 1667. In-12. Autre édition.
1677.

Pocemius et Miserinos. L'Intérieur du Directoire, vaudeville. Paris, 1799. In-18.

Poignard (*G.*). La Mort de Bucéphale, tragédie pour rire
(par J. Rousseau). A Bucéphalie, au Grand Phœbus (Toulouse), 1786. In-8.

> Cette facétie a été réimprimée en 1840 dans le *Théâtre bur-
> lesque*. Paris, Foullon, 2 vol. in-32.

Politique (*Le*). Testament politique du marquis de Louvois (par G. de Courtilz). Cologne (Hollande), 1695. In-12.

Ponthommes (*Les frères*), *à l'enseigne du Roi d'Égypte*.
Fauvillane, ou l'Infante jaune, conte (par C. G. de Tessin).
Badinopolis (Paris), 1741. In-12.

Porphyre. Étrennes des Esprits-forts. Londres (Hollande),
1756. In-12.

> Il est facile de voir que le nom du prétendu éditeur est celui
> du célèbre philosophe néoplatonicien, mort l'an 304, et qui
> avait écrit sur le christianisme divers ouvrages aujourd'hui
> perdus.

Portier (*Chez le*) *des Chartreux*. Contes théologiques. Imprimerie de la Sorbonne, 1783. In-8.

> Ces contes, dont la réunion est attribuée au chevalier de
> Busca, officier d'artillerie, forment un recueil très-peu édi-
> fiant où l'on trouve des écrits signés de noms qui sont parfois

restés fort peu connus. Une autre édition, 1793, in-18, est accompagnée de figures qui sont très-grossièrement exécutées, quoique le frontispice du livre les qualifie de jolies.

Portier (*Le*) *des Picpus.* La Capuchonade, par frère Clément, religieux picpus (M. A. Reynaud). A la Guillotière (Paris), 1760. In-12.

Powell (*S.*). Essai sur la félicité de la vie à venir, par L. C. de Villette. Dublin (Paris), 1748. In-12.

Pra-Potchikakika. Télésis, tragédie chinoise. Péquin, 1751. In-12.

Prieur (*Le*) *de l'abbaye Saint-Germain-des-Prés.* Les Sept Péchés capitaux, par un ex-ci-devant soi-disant jésuite. 1789. In-8.

Brochure dirigée contre le clergé.

Princes fugitifs (*Imprimé par ordre et sous la direction des*). La Destruction de l'aristocratie, drame (par G. Brizard). Chantilly (Paris), 1789. In-8.

Printall (*Hiérosme*). Le Temple du Goût (par Voltaire). Londres (Paris), à l'enseigne de la Vérité, 1733. In-12.

Printall en anglais signifie *imprime tout.*

Procureur (*Veuve*). La Femme docteur. Liége (Hollande), 1730. In-12.

Cette comédie est du Père Bougeant, jésuite. Elle se rapporte aux querelles du jansénisme, et elle eut un succès qu'attestent de nombreuses éditions. Voir la *Bibliothèque du Théâtre françois*, t. III, p. 314, Du Roure, *Analecta Biblion*, t. II, p. 439, et le catalogue Soleinne, n° 3770.

— Suite de la Femme docteur, comédie nouvelle. Liége (Hollande), 1732. In-8.

Promet (*Pierre*). Les Articles de la trêve faite entre les

Etats-Généraux et le roy très-chrestien. La Haye, 1684. In-12.

Prudent (*Pierre*). Le Saint déniché, comédie (par Danton). Bruxelles (Paris), 1732. In-12.

Pyne. La Légende joyeuse. Londres (Paris), 1749. In-18.

Il y a plusieurs éditions de ce recueil d'épigrammes libres et de petits contes. La plupart ont un texte gravé. Une donne pour enseigne du libraire : *Au Cornichon.* De fait, il existe un Horace latin gravé à Londres par John Pine, 1732-1737, 2 vol. in-8, mais cet Anglais est resté tout à fait étranger au recueil mis au jour en France.

Quentel (*Gervinus*). Morale pratique des Jésuites. Cologne, 1669. In-12.

Imprimé par Daniel Elzevier. Voir Pieters, *Annales*, p. 343. Il existe une autre édition publiée la même année. Voir *Waudret* (*veuve*).

Béroalde de Verville. Le Moyen de parvenir. Nouvelle édition, corrigée de diverses fautes qui n'y étoient point et augmentée de plusieurs autres. *A Chinon, de l'Imprimerie de François Rabelais, s. d.,* pet. in-12 de 544 pp. mar. rouge, dos orné, fil., dent. int., tr. dor. (*Rel. anc.*).

Edition bien imprimée, et avec des caractères qui dénotent une impression hollandaise du commencement du XVIIIe siècle.

Vaue (A. U. Caineau). A la Basse-Courtille (Paris), 1765. In-12.

Receleur (*Chez le*). Le Fagot d'épines, couplets piquants. Paris, an IX. In-18.

Redmayne (*William*). Histoire de la dernière conspira-

tion d'Angleterre (par J. Abbadie). Londres (Hollande),
1696. In-12.

— La Conduite du comte de Peterborow en Espagne.
Londres (Hollande), 1708. In-12.

Regnault (Barbe). La Monstre d'abus, composé en latin
par maistre Jean de la Daguenière, docteur en médecine et
médecin ordinaire des bandes d'annières. Et mise en nostre
langue françoise par le more du Vergier, recteur extraordinaire de l'Université de Mateflou et protecteur des gens
de la Haiouléa. Paris, avec privilége (Genève?). In-8.

Reine d'Amathonte (La). Étrennes libertines pour 1743
(par Legrand et autres). Cythère (Paris), 1743. In-12.

Renouard (Varius, veuve de). Retour des pièces choisies,
ou Bigarrures (par Bayle). Emmerick (Rotterdam), 1687.
2 vol. in-12.

Revels (F.). Histoire du prince Charles et de l'Impératrice
douairière. Cologne (Hollande), 1676. In-12.

Reycends. Angelina, ou Histoire de D. Matheo, trad. de
l'italien (par Calon). Milan (Paris), 1752. In-12.

Rheinkow (Isaac). Les Délices du cloître. Amsterdam
(vers 1720). In-12.

Ribabinschelveboriniche, *imprimeur du roi*. Colifichets
poétiques, par Buomonolofalati. A la Chine (Paris), 1741.
In-12.

Cet ouvrage sans valeur est de F. C. Gaudet.

Ribotteau. L'Orgueil de Nebucadnetzar abattu de la main
de Dieu. Londres (Hollande), 1707. In-8.

Violente satire contre Louis XIV. Fort rare.

Richard-sans-Peur. Très-humbles Remontrances des habitants du village de Sarcelles au roy, au sujet des affaires du parlement. Rotterdam (Paris?), 1732. In-12.

Richebourg (*F. de*). Les Sonnettes, ou Mémoires du marquis de ***. Berg-op-Zoom, 1751. In-12.

> Il y a plusieurs éditions de cet ouvrage; l'auteur fut mis à la Bastille. Voir la *Bibliothèque des livres relatifs à l'amour*, 1864, col. 380. Le manuscrit original de ce roman figure au n° 178 de la Description raisonnée d'une collection d'anciens manuscrits (Techener, 1862); il renferme des passages qui ont été, et pour cause, retranchés à l'impression. Le rédacteur de la *Description* s'exprime en ces termes :
>
> « Quant aux Sonnettes, nous nous dispenserons de citer « l'épisode qui a fourni ce titre singulier. Cependant nous ne « pouvons passer sous silence la dédicace adressée à M. Le D. (Le Dru), *qui a inventé la manière de poser les sonnettes*, etc. « C'est la moitié de l'enseigne de ce malin serrurier qui dut sa « réputation et sa fortune à une bouffonnerie. Voici les pre-« mières lignes de l'épître dédicatoire :
>
> « Monsieur, ce n'est ni l'intérêt, ni la flatterie, qui vous « dédie cet ouvrage. Je ne vous connois que par l'ingénieuse « enseigne qui vous a acquis une réputation si brillante et si « bien méritée. Toute l'Europe retentit de votre nom autant « que de vos sonnettes. L'art de les placer vous doit sa per-« fection; par la force de votre génie, jointe à un grand nom-« bre d'expériences, vous êtes venu à bout de les placer dans « le lieu le plus difficile. »

Richemont (*Pierre*). Le Maréchal de Luxembourg au lit de mort, tragi-comédie. Cologne (Hollande), 1695. In-12.

> Voir sur cette comédie satirique la *Bibliothèque du Théâtre françois*, t. III, p. 293-302, et le catalogue Soleinne, n° 3754. Il existe quatre éditions sous cette date. Cet écrit offre des particularités curieuses et que l'histoire peut recueillir ; il ne faut cependant les admettre qu'avec quelque réserve.

Rickhoff. Le Télémaque travesti. Amsterdam, 1736. In-12.

Rigaut (*L.*). Mémoires et Négociations de la cour de Savoie (par F. de la Chapelle). Basle (Paris), 1704. In-12.

Rit-toujours. Quatre Pots-pourris, ou Préservatifs de la mélancolie. A Nevor, vis-à-vis la fontaine de Jouvence, cette année (Rouen, vers 1783). In-18.

Robert (J.). Les Souvenirs de Mme de Caylus (publiés par Voltaire). Genève, 1770. In-8.

— Élisabeth de France, sœur de Louis XVI, tragédie. Paris (Nuremberg), 1797. In-8.

<blockquote>Cette pièce, que le catalogue Soleinne qualifie d'intéressante, est de Gamot, et c'est la seule qu'on connaisse de cet auteur.</blockquote>

Robert Leblanc. Traité où on examine si un protestant peut se sauver dans la religion romaine. Londres (Hollande), 1675. In-12.

Robert Roger. Le Théâtre sacré des Cévennes (par Misson). Londres (Amsterdam), 1707. In-8.

<blockquote>Ouvrage intéressant et recherché. Voir le *Manuel du Libraire*, à l'article *Théâtre*.</blockquote>

— Plaintes et Censures des calomnieuses accusations contre... le Théâtre des Cévennes. Londres (Hollande), 1708. In-12.

Rodrigue (M.), *imprimeur de l'Éminence cardinal patriarche.* Lettre du roi de Portugal qui ordonne le séquestre de tous les biens des Jésuites de son royaume. Lisbonne (Paris), 1761. In-8.

Roger Bontemps. Nouveaux contes à rire. Cologne (Hollande), 1702. In-12.

— L'École des Filles. Fribourg, 1668. In-12.

— Le Jaloux par force. Fribourg, 1668. In-12.

— Stances en forme de Remontrance faite d'un cavalier

protestant à une dame catholique, avec une lettre, s'il est utile ou non de se marier. Fribourg, 1668. In-12.

> Petit volume fort rare. Il figure au catalogue Millot (1861), n° 472.

— La Chapitromachie, poëme héroï-comique (par de Lacombe). Hesdin (Paris?), 1753. In-12.

Roland le Fendant. Response de Pierre de La Cognée à une lettre escrite par Jean de la Souche. Lyon, 1594. In-8.

Roland Pape. L'Anti-Coton, où il est prouvé que les Jésuites sont auteurs du parricide exécrable commis en la personne du roy (par César de Plaix). Franckenthal (Bâle), 1611. In-8.

Roseau (Herman). Tableau raccourci de la Vérité défendue des droits du roy Charles II aux Pays-Bas. Charleville (Hollande), 1672. In-12.

Rottenberg (Frans). La Fameuse Comédienne, ou Histoire de la Guérin, auparavant femme et veuve de Molière. Francfort (Hollande), 1688. In-12.

> M. Bazin, dans un article sur Molière (*Revue des Deux-Mondes*, 15 janvier 1847), appelle cet ouvrage : « livret ordurier, plat verbiage. » Voir le *Dictionnaire des Anonymes* de Barbier, n° 6625, et le catalogue Soleinne, 5e partie, n° 755. L'ouvrage a reparu avec quelques changements et des corrections de style sous le titre de : *les Intrigues de Molière et celles de sa femme*, sans lieu ni date. L'édition de 1688, imprimée d'après un manuscrit très-fautif, offre des noms propres souvent défigurés et une orthographe parfois singulière. M. Paul Lacroix avait émis, dans le catalogue Soleinne, la pensée que cette *Histoire* pouvait être attribuée à La Fontaine : « le laisser aller du style, la finesse de certains traits, la grâce du récit, ne sont pas trop indignes du bonhomme. » Plus tard, en 1863, M. Lacroix, en publiant un volume fort curieux d'*Œuvres inédites de La Fontaine*, a cru pouvoir y comprendre *la Fameuse Comédienne*. Il signale et discute les opinions

émises à l'égard de l'auteur, et il expose les motifs qui le font
pencher pour l'immortel fabuliste. « Une comparaison littérale
« avec le poëme des Amours de Psyché, malgré la différence du
« genre, nous amènerait à conclure que les deux ouvrages
« sont sortis l'un et l'autre de la même plume. »

Un paragraphe relatif au duc de Bellegarde et au comédien
Baron, qui est dans l'édition de 1688, ne se retrouve pas dans
celle sans lieu ni date, in-12 de 88 pages; mais il a été conservé dans une édition de 1688 *sur l'imprimé à Paris* et dans
une autre de Francfort, 1697. M. Lacroix l'a rejeté.

Roue (Chez la). Dialogue entre Cartouche et Mandrin, à
la Barre. 1755. In-12.

Roulin (P.). Réflexions importantes, ou Avis fidèle d'un
bon Anglois sur l'état des affaires. Villefranche (Bruxelles),
1678. In-12.

Ruault. Contes mis en vers par un petit-cousin de Rabelais. Londres, 1775. In-18.

Ces contes, au nombre de quatre-vingts, sont de Daquin de
Château-Lyon, qui se prétendait descendant de l'auteur de
Pantagruel, et qui, à l'âge de soixante-et-dix ans, publiait
une pièce de vers intitulée : *l'Apparition de Marat*, qu'il
signait *Rabelais-Daquin.*

Rusé, Maufranc et Compagnie. Souvenirs de la Mission,
par Simplicien Thomas (L. A. M. de Musset). Trévoux (Paris?), 1827. In-8.

Ruther (N.). Le Petrone almand (*sic*) sur la suite fu-
neste 'des intrigues de la cour de Vienne. Cologne (Hollande), 1706. In-12.

Sabellus. Monuments de la Vie privée des douze Césars.
Caprée, 1780. In-4.

Il existe diverses éditions de cet ouvrage, auquel on joint
les *Monuments du culte secret des dames romaines.* La première édition fut imprimée chez Leclerc, à Nancy, qui, en

1770, avait également imprimé le *Meursius*. Il fut mis à la Bastille, mais les officiers du régiment du Roi le prirent sous leur protection et lui firent rendre la liberté (Voir Noël, *Collections lorraines*, p. 387). L'édition qui porte sur le titre : *Imprimerie du Vatican*, offre l'addition de beaucoup de notes ; les figures des *Dames* sont plus grandes, plus détaillées ; l'ordre des chapitres est complétement changé.

Saint-Amour (*Timothée de*). Conversations sur diverses matières de religion (par C. Le Cène). Philadelphie (Amsterdam), 1687. In-12.

Saint-Saturin (*Denys de*). Lettre à M. Bossuet touchant les sentiments à l'égard de M. Fénelon (par Gerberon). Toulouse (Amsterdam), 1698. In-12.

Sainte-Foy (*Théodore de*). Réflexions critiques sur la controverse de l'Église (par D. de la Roque). Philadelphie (Amsterdam), 1686. In-12.

Salary. Le Grand Alcandre frustré. Montauban, 1719. In-12.

Sambix (*Jean*). La Cléopâtre (par La Calprenède). 1648-58. 12 tom. en 6 vol., in-8.

— Moyse sauvé, par Saint-Amant. Leyde, 1654. In-12.
    Ce volume, ainsi que les suivants, entre dans la collection elzévirienne, bien qu'ils n'aient pas été, pour la plupart, exécutés chez ces typographes célèbres.

-- Mémoires de M. de Montrésor. Cologne, 1663. In-12.

— Testament, ou Conseils d'un bon père à ses enfants, par P. Fortin. Leyde, 1665. In-12.

— Lettres et poésies de la comtesse de Bregy. La Haye, 1668. In-12.

— Le Bouclier de la France (par E. Le Noble). 1691. In-12.

Sambix (Jean). Le Nestorianisme renaissant (par Rivière). 1693. In-12.

— Recueil de pièces concernant les lettres écrites à l'abbé de la Trappe (par de Sainte-Marthe). Cologne (Tours), 1693. In-12.

— Mémoires de Brantôme. Leyde, 1665-66. 9 vol. in-12.

Quoique cette édition ne soit ni correcte ni complète, et quoiqu'elle n'ait point été imprimée par les Elzevier, on la joint à la collection de ces typographes, et les beaux exemplaires, fort recherchés, se payent cher. 200 fr. vente Giraud, maroquin rouge; 131 fr. v. t. d. Chedeau.

— Histoire des Amours d'Henry IV. Leyde. In-12.

— Histoire du Ministère du cardinal de Richelieu. Leyde, 1652. 2 vol. in-12.

— L'Imitation de Jésus-Christ, trad. en vers par Corneille. Leyde, 1657. In-12.

Texte latin imprimé en caractères italiques en regard de la traduction. Format plus grand que celui des éditions elzéviriennes habituelles.

— Le Roman comique, par Scarron. Leyde, 1655. In-12.

— Les Exilés de la cour d'Auguste, par Mme de Villedieu. Leyde, 1703. In-12.

— Recueil de diverses Poésies des plus célèbres auteurs. Leyde, 1653. In-12.

— Les Odes d'Horace, en vers burlesques (par H. Picou). Leyde, 1653. In-12.

Production pitoyable, mais que sa grande rareté rend précieuse aux yeux des bibliomanes qui veulent la placer dans une collection elzévirienne. On peut ajouter aux adjudications que cite le *Manuel du Libraire* celle de 100 fr. B. D. G. en 1823, 68 fr. H. de Ch. et 159 fr. Auvillain en 1863; 104 fr.

exempl. non rogné Sensier en 1827. Un autre exempl. avec toutes ses marges est indiqué au catalogue de M. de la Cortina de Madrid comme provenant du cabinet de M. A. Bertin et comme ayant été payé 1,150 réaux, 287 fr. 50 c., prix qu'on pourrait regarder comme excessif.

— L'Odyssée d'Homère, en vers burlesques (par H. Picou). Leyde, 1653. In-12.

Ouvrage tout aussi mauvais que le précédent, mais que nous croyons encore plus rare; 61 fr. maroquin rouge, Montaran en 1849. Il n'a paru que les deux premiers livres, et c'est déjà trop.

— Bertrand de Cigarral, comédie de (Th.) Corneille. Leyde, 1652. In-12.

— Contes et Nouvelles en vers de La Fontaine. Leyde, 1668. In-12.

Il a paru deux autres éditions avec le nom de Sambix, 1669 et 1673. Elles sont toutes recherchées.

— Mémoires d'un favori de M. le duc d'Orléans (par de Bois d'Almay). Leyde, 1668. In-12.

Samuel Le Noir. Nouveau Recueil de lettres galantes d'Abeilard et d'Héloïse. Anvers (Paris?), 1722. 2 vol. in-12.

Sans crainte et sans artifice, distributeur des mouches cantharides nationales, rue de l'Emétique, quartier des remèdes surs. Les Mouches cantharides nationales. 1790. In-8.

Sansonius (Jean). Le Courrier du Temps, apportant ce qui se passe de plus secret. Amsterdam (Paris), 1649. In-4.

Sans-Pain (Veuve). La Fâcheuse Loterie de Pantalon-Pasquinet. A Cochona, rue Misère, 1706. In-12.

Sans peur. Têtes à prix, suivies de la liste des personnes avec lesquelles la reine a eu des relations de débauche. 1792. In-8. 28 pages.

> Un de ces ignobles et atroces libelles qui attestent les fureurs d'une fatale époque.

Satyre (*Chez la*). Les Philosophes manqués, comédie. A Criticomanie, 1760. In-8.

Savius (*J.*). L'Hexameron rustique, par Orasius Tubero (La Mothe Le Vayer), Francfort. 1606 (1706). In-12.

Savoret (*Charles*). Facétieuses pensées de Bruscambille. Cologne (Rouen), 1709. In-12.

Savouret (*Pierre*). Vie de M. Hale, chancelier. Amsterdam, 1688. In-12.

Sayer (*Robert*). Les Métamorphoses de Melpomène et de Thalie. Londres (Paris), 1772. In-12.

Scagen (*G.*) Thuana. Cologne (Rouen), 1694. In-12.

— Scaligerana. Cologne (Rouen), 1695. In-12.

Schelling. Dissertation sur le formulaire (par Maultroit). Utrecht (Paris), 1778. In-8.

Schelten (*Henry*). Lettres de M. de B. (Bouy), secrétaire de M. le C. D. R. (cardinal de Richelieu) (par de Courtilz). Amsterdam (Rouen), 1701. 2 vol. in-12.

— L'Esprit de Guy Patin (par Lancelot). Amsterdam (Paris), 1709. In-12.

— Le Prince infortuné, ou Histoire du chevalier de Rohan. Amsterdam (Rouen), 1713. In-12.

— Polissoniana, ou Recueil de turlupinades (par Cherrier). Amsterdam (Rouen), 1722. In-12.

> Ce livret, que son titre semble vouer à la proscription, ne mérite pas la mauvaise réputation dont il paraît digne. M. Leber l'a réhabilité dans son catalogue : « C'est le plus plein, le

plus court et surtout le meilleur de tous les recueils de quo-
libets. C'est d'ailleurs un des moins communs et peut-être le
plus innocent de la famille. Un amateur de drôleries cherche-
rait bien inutilement ce qu'il aurait cru y trouver. » Viollet
Le Duc dit de son côté avec raison que le *Polissoniana* est
un dialogue, ou plutôt un défi entre plusieurs amis à qui
fera le plus de pointes, à qui dira le plus de billevesées, de
bêtises, mais il y en a d'excellentes, et on trouve réuni dans
ce livre à peu près tout ce qui a été dit de mieux en ce genre.
Il a été refondu en partie dans *l'Art de désopiler la rate*. Les
éditions du *Polissoniana* renferment un autre ouvrage du
même genre : *l'Homme inconnu, ou les Équivoques de la
langue*. Il a été donné à Bruxelles, en 1863, une réimpression
tirée à 110 exempl. et portant la même rubrique que l'impression originale : Amsterdam, Henry Desbordes, M.DCC.XXII.

Scheurleer (*J. B.*). Opérations de l'armée du roi en 1748
(par de Puységur). La Haye (Gand), 1749. In-8.

Schlebusch (*Jean*). Lettre d'un ecclésiastique touchant
l'obligation d'assister aux paroisses. Cologne (Liége), 1708.
In-12.

Schmidt (*J. P.*). Recueil de pièces fugitives (de Voltaire
et autres). Londres (Hollande), 1744. In-12.

Schoute (*Nicolas*). Maximes politiques (par Juste-Lipse).
Cologne, 1682. In-12.

Schoutten (*Nicolas*). Recueil de pièces publiées dans l'affaire des évêques... Cologne, 1669. In-12.

— Les Provinciales. Cologne, 1669. In-12.

— Réponse au livre intitulé : l'Abbé commandataire.
Cologne, 1673. In-12.

— Nouvelle Défense de la traduction du Nouveau Testament imprimé à Mons. Cologne, 1680. 2 vol. in-12.

Schoutten (*Nicolas*). Traité de la Régale (par Dubuisson). Cologne, 1680. In-12.

— Recueil de pièces concernant le monastère de Charonne. Cologne, 1681. In-12.

— Des vraies et des fausses idées qu'enseigne l'auteur de *la Recherche de la Vérité* (par Arnauld). Cologne, 1683. In-12.

— Dissertation sur les Miracles de l'ancienne loi (par Arnauld), 1685. In-12.

— Réflexions philosophiques (sur le système de Malebranche, par Arnauld). 1685. In-12.

— Phantosme du Jansénisme (par Arnauld). Cologne, 1686. In-12.

— Tradition de l'Église romaine sur la Prédestination (par Quesnel). Cologne, 1687. 4 vol. in-12.

— Traité des Dispenses (par H. Loyens). 1687. In-12.

— Défense des versions de l'Écriture sainte (par Arnauld). 1688. In-12.

— Lettres du prince de Conti sur le libre arbitre et la grâce. 1689. In-12.

— Nouvelle Hérésie enseignée par les Jésuites (par Arnauld). 1689. In-12.

— Les Chimères de M. Jurieu, par Pelisson. Cologne, 1690. In-12.

— Courte Instruction pour tous les catholiques (par Gerberon). 1690. In-12.

— Question curieuse, si M. Arnauld est hérétique (par Quesnel). 1690. In-12.

Schoutten (*Nicolas*). Lettres du prince de Conti (publiées par Quesnel). 1691. In-12.

— Le Père Bouhours convaincu d'imposture (par Arnauld). 1691. In-12.

— Histoire de la vie et des ouvrages d'Arnauld (par Quesnel). 1695. In-12.

— La Théologie morale des Jésuites (par A. Arnauld). 1699. In-12.

— Du Gouvernement des diocèses (par Drapier). Basle (Rouen), 1707. In-12.

— Histoire du maréchal de La Feuillade, nouvelle galante (par de Courtilz). Amsterdam (Rouen), 1713. In-12.

Scot (*Robert*). La Vie du général Monk, trad. de l'anglois de Th. Gumble. Londres (Hollande), 1672. In-12.

> L'ouvrage original avait paru à Londres en 1671. Il est écrit dans un sens royaliste. Le *Retrospective Review*, t. XIII, p. 265-297; t, XIV, p. 153-186, lui a consacré un fort bon article.

Scott (*J.*). L'Expédition secrète, comédie, comme elle a été représentée sur le théâtre politique. Londres (Paris), 1758. In-8.

> Livret de 35 pages, relatif au jugement de l'amiral Byng (*Buse*) par une Cour martiale composée des capitaines *Coucou*, *Prudence*, *Nouveau*, etc.

Selon (*N.*). Véron, ou le Hibou des Jésuites opposé à la corneille de Charenton. Villefranche (Hollande), 1678. In-12.

— La Messe trouvée dans l'Escriture (par L. Jausse). Villefranche, 1678. In-12.

> Le jésuite Véron avait publié une traduction du *Nouveau Testament* où un passage des *Actes des apôtres* (ch. XIII, 2)

était traduit : « Luy disant la messe au Seigneur. » Les protestants s'élevèrent contre cette interpolation. Il y a d'autres traductions qui présentent de semblables libertés prises avec le texte.

Sermat. Lettre de M. (de Lescheraine) touchant le titre d'Altesse royale du duc de Savoie. Cologne (Paris), 1701. In-12.

Serotin Luna. Almanach nocturne (par Neufville-Montador). Nuitz, au Vesper (Paris), 1739-1742. In-12.

Sévère Mordant. La Tragédie de Zulème, petite pièce nouvelle (par Cailleau). A Satyricomanie, rue du Bon-Conseil (Paris), 1762. In-12.

Seyffert (G.). La Dernière Guerre des bêtes (par Mlle Fauque). Londres (Genève), 1758. In-12.

Silence. L'Étoile flamboyante, ou la Société des francs-maçons considérée sous tous ses aspects (par Th. H. de Tschoudy). A l'Orient (Paris), 1766. In-12.

— L'Adoption, ou la Maçonnerie des femmes (par Guillemain de Saint-Victor). A la Fidélité, 100070075 (La Haye, 1775).

Silène (Le Vieux). Éloge de l'ivresse (par Sallengre). Bacchopolis, l'an de la vigne 5555. In-12.

Simon l'Africain. Le Lion d'Angélie, histoire amoureuse et tragique. Cologne (Hollande), 1676.

Le libraire J. Gay a donné, en 1862, une réimpression de ce livre (in-18, XXIV et 162 pages), tirée à 117 exemplaires dont 2 sur vélin. Elle contient une notice sur Blessebois et ses ouvrages ; nous en avons déjà parlé.

Indiquons en passant une singulière erreur qui s'est glissée dans la *Biographie universelle;* à l'article *Blessebois*, on indique, parmi les divers ouvrages de cet auteur, *Scipion l'Africain*, in-12. Il y a là deux bévues amalgamées.

Simon l'Africain. Hattigé, ou les Amours du roy de Tamaran. Cologne, 1676. In-12.

> Roman attribué à de Brémond et relatif à Charles II et à la duchesse de Cléveland. Barbier a donné, dans le *Dictionnaire des Anonymes*, la clef des noms déguisés. Nodier a consacré (*Mélanges tirés d'une petite Bibliothèque*, p. 96) quelques pages à cet écrit, qui est recherché en Angleterre, et dont un exemplaire s'est payé 1 liv. st. 15 sh. à la vente Stanley.

Sincère (Le). La Vérité et l'Innocence victorieuses (par Clémencet). Cologne (Paris), 1758. 2 vol. in-12. Cet ouvrage concerne l'histoire de Port-Royal.

— La Voix du sage et du peuple (par Voltaire). Ansterdam (*sic*), 1750. In-12.

Sincère (Georges le). Amours d'Eumène et de Flora. Cologne (Hollande), 1706. In-12.

Sincère (Guillaume le). Critique des ouvrages de Desfontaines. Le Faux Aristarque reconnu. Amsterdam (Paris), au mont Parnasse, 1733. In-12.

Sincère (Henry le). Lettre d'un Gascon à un religieux, pour servir de critique à l'*Histoire du Congrès d'Utrecht*. Brunswich (Hollande), 1713. In-12.

— La Balance de la religion et de la politique. Philadelphie (Hollande), 1697. In-12.

Sincère (Jacques le). Histoire du cardinal Porto-Carrero, archevêque de Tolède. (Hollande), 1710. In-12.

— Parallèle de Philippe II et de Louis XIV (par Quesnel). Cologne (Hollande), 1709. In-12.

— Les Délices du cloître. Cologne (Hollande), 1761. In-12.

Sincère (Jacques le). L'Amour raisonnable. Paris, 1712.
In-12.

— La Clef du cabinet des princes. 1704 (Luxembourg).
(Journal qui, imprimé ensuite à Verdun et en d'autres endroits, a vécu jusqu'en 1776.)

— Relation véritable du succès de la Démission de la
reine de Suède. Rome (Hollande), 1687. In-12.

Sincère (Jean le). Arlequin janséniste. Cracovie (Rouen),
1732. In-12.

— Panegerique (*sic*) de Louis le Grand. Cologne (Hollande), rue de la Contre-Vérité, à l'enseigne de l'Ironie,
1699. In-12.

— Apologie de Cartouche. Cracovie (Paris), s. d. In-12.
Livret anti-janséniste.

Sincère (Louis le). Ève ressuscitée. Cologne (Hollande),
1683. In-12.

Ce livret raconte une « avanture plaisante », mais en termes
décents. Son titre lui donne du prix. L'exemplaire Nodier,
relié en maroquin et payé 51 fr. en 1844, a été revendu
150 fr. H. de Ch. en 1863. Un autre v. t. d. 52 fr. vente
Auvillain.

— L'Adamite, ou le Jésuite insensible. Cologne, 1683.
in-12.

— Les Francs-Fripons et le Mercure au gibet. Cologne
(Hollande), 1684. In-12.

— Recueil de pièces touchant le culte qu'on rend, à la
Chine, à Confucius. Cologne (Hollande), 1700. In-12.

— La Nécessité d'une ligue protestante. Cologne (Hollande), 1702. In-12.

— Entretien de Pasquin et de Marforio sur la campagne

de l'éclyse (*sic*) du soleil. Barcelonne, à l'enseigne de Iacques Desloges. (Hollande), 1708. In-4.

— La Marmite rétablie par les miracles du père Marc d'Aviano. Cologne, 1684. In-12.

Sincère (Pierre). La Vie voluptueuse des Capucins. Cologne (Hollande), 1755. In-12.

Il existe six ou sept éditions de ce misérable libelle.

— Lettres sur l'état présent des Églises réformées en France. Au Désert (Hollande), 1683. In-12.

— Mémoires du chevalier Hasard, trad. de l'anglais. Cologne (Hollande), 1703. In-12.

— La Femme docteur (par le P. Bougeant). Avignon. In-12.

Sincère, libraire réfugié au puits de la Vérité. Le Vol plus haut, ou l'Espion des principaux théâtres. Memphis (Paris), 1784. In-8.

Satire violente attribuée à Mayeur de Saint-Paul.

Sitzman (Vidua). Antiquités westphaliennes, pour servir de preuve que les soldats de la garde d'Hérode et de Pilate étoient des Westphaliens (par Mittelstedt). Collibus Usipetum, 1734. In-8.

Facétie un peu lourde et peu connue.

Slebus (D.). Mémoires historiques pour servir à l'histoire des inquisitions (par L. E. Dupin). Cologne (Paris), 1716. 2 vol. in-12.

Smetius (Regnier). La Fausse Clélie (par Subligny). Nymègue, 1680. In-12.

— Le Facétieux Réveil-matin. Nimègue, 1678. In-12.

Supposts (Les Trois). Recueil de la Chevauchée faite en la ville de Lyon en novembre 1578. In-12.

> Facétie très-rare, réimprimée à Lyon en 1829 et insérée dans le second volume de la *Collection de dissertations sur l'histoire de France*, publiée par M. Leber. Il s'agit des *suppots de l'imprimerie* ou ouvriers typographes. On les appelait aussi les *suppots du seigneur de la Coquille*. Le *Manuel du Libraire*, 5e édition, tom. IV, col. 1171, énumère divers ouvrages qui se rattachent à ces fêtes.

Supposts (Les) de Carême. Exil de Mardygras, ou Arrest donné en la ville de Saladois. Lyon, 1603. In-8.

> Facétie fort rare; un exemplaire s'est payé 229 fr. à la vente Cailhava en 1845.

Sweitzer (Pierre). La Thoison d'or. Recueil des statutz et ordonnances de l'ordre. Cologne (Hollande), 1689. In-12.

Swift (Le Docteur). L'Art de méditer sur la chaise percée, par l'auteur de *Gulliver* (J. Swift). Dublin (Paris), 1743. In-8.

> Il existe plusieurs éditions de cette facétie piquante. Voir la *Bibliotheca scatologica*, pag. 11.

Sylphe, imprimeur de la démocratie. Nouvelle Assemblé des notables du royaume en présence des favoris de leur épouses. Paris, 1790. In-8.

Tansin Pas-Saint. L'Avocat du diable, ou Mémoires sur la vie et la légende du pape Grégoire VII (par l'abbé Adam). Saint-Pourçain (Paris), 1743. 3 vol. in-12.

> Ce livre, dirigé contre la papauté, est, circonstance singulière, l'œuvre d'un curé de Paris.

Tapage (Jean), demeurant chez madame Carillon. Le Facétieux Réveille-matin des esprits mélancoliques. Vaudemont (Rouen?), 1715. In-12.

> Recueil assez hétérogène de morceaux pris de divers côtés.

dans Tabarin, Bruscambille, etc. Ce Réveil-matin n'a d'autre ressemblance que celle du nom avec un autre ouvrage portant le même titre et que nous avons déjà signalé.

— Sermon en faveur des cocus. Amsterdam, 1717. In-12.

Taragon. Fictions, Discours, Poèmes lyriques de Félix Nogaret. Memphis, au Fou qui vend la Sagesse (Paris), 5787 (1787). In-8.

Tartouille. Dialogues sur la peinture. Aux dépens de l'Académie, 1773. In-8.

> Cet ouvrage ne fut tiré qu'à 100 exemplaires, qui furent presque tous saisis par la police. La bibliothèque du Musée en possède une copie manuscrite (note du catalogue J. Goddé, 1850, n° 827).

Taxor (Genest). Le Protestant pacifique. Amsterdam, 1684. In-12.

Telin. Prédictions pour l'année 1741 et les suivantes. Paris, 1741. In-8.

> Satire en vers.

Tenaille (Paul de la). Nouveaux Entretiens sur les sciences secrètes, ou le Comte de Gabalis (par de Villars). Cologne (Hollande), 1684. In-12.

Testefort (G.). Recueil faict au vray de la Chevauchée de l'Asne en 1565. Lyon. In-8.

> Facétie en prose et en vers. Une réimpression à 100 exemplaires a été faite à Lyon en 1829.

Théophile (P.). Avis sur le plaidoyé de M° P. de la Martelière contre les Jésuites, par Paul de Gimont (Jean Boucher). Paris, 1612. In-8.

Thespis. Les Gorges-chaudes de Thalie, petit théâtre facétieux (par Cailleau). Athènes (Paris), rue des Farceurs, à la Marotte, s. d. (vers 1780). In-12.

> Le catalogue Soleinne, n° 3478, indique les neuf pièces qui composent ce recueil.

Thibaut des Mures. La France-Turquie. Orléans (Genève), 1576. In-8.

— Lunettes de christal de roche, par lesquelles on voit clairement le chemin tenu pour subjuguer la France. Orléans (Genève?), 1576. In-8.

> Ces deux écrits sont rares et curieux. Le premier est une satire en faveur des princes et des seigneurs irrités contre Henri III; le second est une déclamation violente qui accuse Catherine de Médicis de nombreux empoisonnements.

Thomas Franco. Les Princesses malabares, ou le Célibat philosophique. Andrinople (France?), 1734. In-12.

> Ce livre, attribué à Lenglet-Dufresnoy ou à un nommé Quesnel, fut condamné au feu par arrêt du Parlement du 31 décembre 1734. Il expose des idées anti-religieuses. Les noms sont anagrammatisés : *Ema*, Ame; *Rasoni*, Raison; *Gélise*, Église; *Quotalice*, Catholique, etc.

Thomas le Véridique. La Candeur bibliographique, ou le Libraire honnête homme (Em. Flon, à Bruxelles). Bibliopolis, à l'enseigne de la Vérité (Bruxelles), 1776. In-8.

Thomson. Psaphion, ou la Courtisane de Smyrne (par Querlon). Londres (Hollande), 1749. In-12.

Thurm (Daniel). Le Suisse désintéressé. Cologne (Hollande), 1678. In-12.

Ti-pe-to-to. Advis donné par le sieur Briscambille aux protestants révolté (*sic*). A l'Enclose, s. d. (vers 1620). In-12.

Tircis galant. Code de l'Amour, ou Décisions de Cythère. A Cythère. In-12.

Toinnette (Chez la). L'Art de péter. A Moncuq, à l'enseigne du Gros-Prussien (s. d.). In-18.

Tonson (J.). La Critique de la Femme docteur. Londres (Paris), 1731. In-12.

Tourterelle (Jean). Les Dames galantes, par Brantôme. Leyde, 1666. 2 vol. in-12.

Tout le monde. Origine des Cabriolets. A l'île des Chimères (Paris), 1755. In-12.

— Pantin et Pantine, conte. Paris, à la Folie, l'an du Bilboquet 35. In-12.

Tranchant (Eugène). Histoire de la décadence de la France. Liége (Hollande), 1689. In-12.

Tranche-Poirée. Pasquinade et diverses pièces de prose et de poésie (par J. Duhamel). Strasbourg en Auvergne, près de Maubeuge en Dauphiné (Paris), 1716. In-12.

Trofil. OEuvres de Poisson. La Haye, 1680. In-12.

Tromp (B.). L'Élève de Terpsichore, ou le Nourrisson de la satyre. Amsterdam, 1718. In-12.

Trop-tôt-marié. L'Imperfection des femmes. A Ménage, 1699. In-12.

— *(Martial)*. La Bonne Femme. A Montefiasque, s. d. In-12.

Trostolle (Julien). Rencontres et Fantaisies du baron d Grattelard. Paris, 1623. In-8.

> Ce libraire supposé se retrouve sur le titre de quelques autres livrets faisant partie de la collection tabarinique, mais c'est un nom qui n'a rien de sérieux; c'est aussi celui de l'un des personnages de la *Farce des Bossus*.

Trotteur (René le). Cartouche, comédie, par Legrand. Bruxelles (Paris), 1722. In-8.

Troyel (Abraham). Examen de l'Avis aux réfugiés. La Haye, 1691. In-12.

— L'Homme de cour, par Gracian. La Haye, 1685. In-12.

— Histoire du ministère de Mazarin. La Haye, 1681. In-12.

— Merovée, fils de France, nouvelle. La Haye, 1679. In-12.

— La Religion des Jésuites. La Haye, 1689. In-12.

— Histoire de l'Empire d'Allemagne, par Rocoles. 1681. In-12.

— Les Amours de Néron. 1695. In-12.

True-Man (John). Lettres sur l'Éducation des princes, par C. de Fontenay. Edimbourg (Paris), 1746. In-12.

T'Serstevens. Dissertation sur la validité des ordinations (par Le Courayer). Bruxelles (Nancy), 1723. 2 vol. in-12.

Turban (Veuve). Le Passe-temps du boudoir. Recueil de contes en vers. Gibraltar, 1787. In-12.

Tuvache (Nicolas). Lettre sur l'origine, l'habit et la manière de vivre des Capucins. Cologne, 1742. In-12.

Urbain le Joyeux. Le Facétieux et agréable Chasse-chagrin. Gaillardeville, 1679. In-12.

Uuriel B-t. Recueil de Pièces choisies rassemblées par les soins du Cosmopolite. Ancône (au château de Veretz). 1735. In-4.

    Il s'agit ici d'un livre célèbre et qu'un duc d'Aiguillon fit imprimer à son château de Veretz en Touraine ; il n'en fut tiré que sept exemplaires, selon quelques bibliographes ; d'autres parlent de douze exemplaires. Peut-être y en eut-il plusieurs en sus. C'est un recueil de contes et d'épigrammes libres ; Grécourt, Vergier, J.-B. Rousseau, y figurent pour une bonne part. Le volume en question a passé dans différentes ventes, mais ce sont fréquemment les mêmes exemplaires qui se montrent à diverses reprises successives. Ajoutons aux adjudications que signale le *Manuel du Libraire :* 280 fr. vente Lefébure, en 1797 ; 430 fr. Châteaugiron ; 315 fr. Nodier ; 301 fr. Baudelocque, en 1850 ; 425 fr. H. de Ch. , en 1863. En Angleterre, nous trouvons *le Cosmopolite* aux ventes Hibbert, en 1827, et Hanrott, en 1834, adjugé à 12 liv. st. 12 sh. et à 11 liv. st. 15 sh. C'est sans doute le même exemplaire.

Le catalogue Chedeau (mars 1865) mentionne un exemplaire qui n'a point été mis aux enchères, mais qui a, dit-on, trouvé de gré à gré amateur aux environs de 800 fr. Consulter d'ailleurs les notes des catalogues Pixerécourt, n° 906, et Nodier, n° 565, ainsi que la *Bibliographie des livres relatifs à l'amour*, col. 89. Voir aussi une notice bibliographique jointe à une réimpression de ce *Recueil*, donnée à Leyde (Bruxelles ?) en 1865, pour une société de bibliophiles et tirée à 163 exemplaires, dont trois sur vélin. On y trouvera une remarque qui n'a pas encore été faite, c'est qu'il y a deux tirages différents. Dans l'un (exemplaire de la bibliothèque de l'Arsenal, de la vente H. de Ch., etc.), la dédicace est adressée à madame de Miramion. Dans l'autre (exemplaire Méon, passé chèz M. Chedeau, etc.), elle est adressée à S. A. S. Mademoiselle. Du reste, dans les deux tirages, même texte, même nombre de pages et mêmes caractères.

Uytworf. Cupidon dans le bain, ou Aventures amoureuses de personnes de qualité, par Me D. (Durand). La Haye, 1698. In-12.

Va-de-bon-cœur. La Capitale des Gaules (par Fougeret de Montbron). En France (Paris), 1760. In-8.

Vado (Bernard à). Lettre de Mgr l'évêque de Condom. Cologne (Amsterdam), 1682. In-12.

Va-du-Cul, gouverneur des singes. Péripatétiques résolutions du docteur Bruscambille aux perturbateurs de l'Estat. Paris, 1619. In-8.

Vaillant (Jacques). Les Galanteries de la cour de Saint-Germain. Londres (Hollande), 1729. In-12.

Vaillant (Paul). Histoire des guerres d'Italie, par Guichardin (trad. par Favre). Londres (Paris), 1738. 3 vol. in-8.

Valé (J. de). Défense de l'Église romaine contre les calomnies des protestants (par Gerberon). Cologne (Hollande), 1688. In-12.

— Entretiens de Dieu-Donné et de Romain (par Gerberon). Cologne (Hollande), 1691. In-12.

— Le Juste discernement de la créance catholique (par Gerberon). Cologne (Hollande), 1691. In-12.

Vanbel (Raphaël). Satires du sieur D. (Despréaux). Cologne (Hollande), 1672. In-12.

Van Bulderen (H.). Testament politique de Colbert. La Haye, 1694. In-12.

— Mémoires de Jean de Witt. La Haye, 1709. In-12.

Van den Berg (Jean). L'Intrigue monastique, ou l'Amour encapuchonné. La Haye, 1739. In-12.

Van den Deck. Poésies héroïques et morales, par *** (Sanlecque). Harlem (Lyon), 1696. In-12.

Van den Kieboom. Histoire du prince Apprius, trad. du persan (composée par de Beauchamp). La Haye (Hollande), 1722. In-12.

— L'Art de connaître les femmes. La Haye, 1730. In-8.

— Les Vertus du beau sexe. La Haye, 1733. In-12.

— Description galante de la ville de Soissons. La Haye, 1729. In-12.

Van der Hoee. L'Apothéose du beau sexe. Londres (Hollande), 1742. In-12.

Van der Kloot (Isaac). Les Amours de Sainfroid et d'Eulalie. La Haye, 1729. In-12.

> C'est, sous d'autres noms, le récit de la célèbre affaire des jésuites Girard et de la Cadière. Réimprimé en 1743 (39 fr. mar. vente H. de Ch.) et en 1760.

Van der Kracht. Traité de la dissolution du mariage (par Bouhier). Luxembourg (Dijon), 1735. In-8.

> Il existe plusieurs éditions de cet ouvrage curieux. Voir Du Roure, *Analecta Biblion*, tom. II, p. 444.

Van Duren. Histoire de Port-Royal (par Clémencet). Amsterdam (Paris), 1755. 10 vol. in-12.

— Vraies Centuries de Nostradamus. Anvers (Rouen), 1792. In-12.

> C'est un écrit relatif aux troubles de la Révolution.

Van Dole. Pensées diverses (par A. Pecquet). La Haye (Paris), 1738. In-12.

— Galanteries angloises. La Haye, 1700. In-12.

— Le Diable confondu, ou le Sot Astaroth. La Haye, 1740. In-12.

— Histoire et Aventures de dona Rufine, courtisane de Séville. La Haye, 1743. 2 vol. in-12.

Van Dyck (A.). Traité d'alliance entre les Provinces-Unies, l'Espagne, l'Empire et le duc de Lorraine. Cologne (Hollande), 1678. In-12.

— Mémoires de M. D. L. R. (de La Rochefoucauld). Cologne (Bruxelles), 1663. In-12.

— Recueil des Préliminaires de la paix. Cologne, 1678. In-12.

Van Dyck (Christophe). Recueil historique contenant diverses pièces. Cologne (Hollande), 1666. In-12.

Van Dyck (Isaac). Nouveau Journal du siége de Vienne. Villefranche (Hollande), 1683. In-12.

— Histoire amoureuse de France. Amsterdam. In-12.

— Lettres d'une Religieuse portugaise. Amsterdam, 1669. In-12.

  Il existe deux éditions sous cette date.

— Satyres du sieur D. (Despréaux). Amsterdam, 1669. In-12.

Van Dyck (Verve [pour veuve] *Jochem).* Histoire de la raison humaine. S. d. In-12.

Van Ellinckhuysen (Jacob). La Cour de France démasquée. La Haye, 1690. In-12.

Van Es (Jean). Les Nonnes galantes (par d'Argens). La Haye, 1740. In-12.

Van Gelder (Jean). Apologie, ou les Véritables Mémoires de Marie Mancini. Leyde, 1678. In-12.

Van Gelder (Veuve). Les Amours de Bonne Sforza, reine de Pologne. Leyde, 1682. In-12.

Van Grogenstein (Christophe). Le Messager de la vérité, contenant un remède contre toute espèce de maux, par D. J. B. D. F. X. C. Augsbourg (France), 1723. In-12.

Van Lonn. Recueil de pièces choisies (publiées par La Monnoye). La Haye (Paris), 1714. 2 vol. in-12.

Van Rhyn (*H.*). Défense de deux brefs du pape aux évêques de Flandre (par Gerberon). Douay (Delft), 1697. In-12.

— Lettres d'un théologien à ses amis. Anvers (Delft), 1700. In-12.

— Traité de l'ancienne manière de prier debout, par J. L. Lorrain. Delft (Rouen), 1700. 2 vol. in-12.

Varrentrapp (*F.*). Le Paysan parvenu (par Marivaux). Francfort, 1778. 2 vol. in-12.

Vasse (*Les Frères*). Ah! quel conte! (par Crébillon fils). Bruxelles (Paris), 1751. In-12.

Velasco (*Don Juan*). Les Larmes de saint Ignace. A Arevalo en Castille (Paris?), s. d. (1761). In-12.

Vendu (*Dominique*). Sermon pour la consolation des cocus. Roanne, 1833. In-12.

Vénérables (*Chez les*). Lettres iroquoises (par J. H. Maubert). Irocopolis (Leyde), 1752. 2 vol. in-12. Une autre édition, Londres, s. d., au Berceau de la Vérité.

Verhoeven (*Jean*). Recueil des Contes de La Fontaine. (Hollande), 1669. In-12.

> Edition recherchée comme toutes les éditions originales de nos classiques français.

Vérité (*La*). Théâtre satyrique et bouffon, par M. C. (A. C. Cailleau). Criticomanie (Paris), 1766. In-12.

Vérité (*Eugène*). Lettre d'un chanoine (J. Le Noir) à un évesque au sujet de la Régale. Cologne (Hollande), 1680. In-12.

Verneuil (Jacques). La Terre australe, description de ce pays inconnu, par Sadeur (G. de Foigny). Vannes (Genève), 1676. In-12.

> Voir Quérard, *Supercheries littéraires*, t. IV, n° 177. Bayle avait d'abord cru que le nom de Sadeur était celui d'un voyageur véritable. G. de Foigny était un moine apostat qui se réfugia à Genève, où sa conduite devint un objet de scandale.

Verney (P. A.). Ecole du Gentilhomme (par Maubert de Gouvert). Lausanne (Paris), 1753. In-12.

Vero (J. B.). Vie de César Borgia, par Thomasi. A Monte-Chiaro (Amsterdam), 1671. In-12.

> Le traducteur français de cet ouvrage pourrait bien, d'après M. Paul Lacroix, être le protestant Freschot. On joint ce volume à la collection elzevirienne.

Verologue. L'Apothéose des écrivains vivants. Au Parnasse (Paris), 1740. In-12.

Vesper. Almanach de nuit. Aux Etoiles, rue du Croissant (Paris), 1740. In-12.

Veuve de Jean Félix. L'Esprit familier de Trianon, ou Apparition de la duchesse de Fontanges. Paris (Hollande), 1695. In-12.

> Ajoutez aux adjudications que cite le *Manuel du Libraire* celle de 90 fr. vente Cailhava en 1862, n° 847 (exempl. relié en maroquin).

Veuve (La) de l'auteur. La Nazarde à Jules Mazarin (en vers). Paris, rue de l'Orphelin, 1649. In-4.

Veuve de Poilras. De l'Usage des romans, par Gordon de Percel (Lenglet-Dufresnoy. Amsterdam (Paris), 1734. 2 vol. in-12.

Veuve (La) et les héritiers de l'auteur. Coq à l'asne, ou

Lettre burlesque de Voiture ressuscité (par Sarrazin). Paris, 1649. In-8.

Veuve (Veaufleury). Dissertation sur les cornes antiques et modernes. Paris, 1785. In-8.

Veuve Galante. Le Dessert des petits soupers. Bruxelles. In-12. (Recueil de chansons.)

Veuves Sulamites. Description historique de la Forêt-Noire, située dans la province du Merryland. Aux Petits-Appartements de Salomon, l'an du monde 100,700,700,000. In-8.

> C'est un livre imité de l'anglais. Voir la *Bibliographie des livres relatifs à l'amour*, etc., col. 561.

Vil... (Chez le marquis de). Les Enfants de Sodome à l'Assemblée nationale. 1790. In-18.

> Pamphlet ordurier rare. Un exempl. dans la collection révolutionnaire détaillée au catalogue Pixerécourt, p. 387.

Vilebard (Jacques). Le Jésuite sécularisé. Cologne (Hollande), 1682. In-12.

Virchaux. Le Livre fait par force. Hambourg, 1789. In-8.

Vitwerf (Maynard). Aventures de don Antonio de Riga. Amsterdam, 1744. In-12.

Vaillant (Paul). L'OEconomie, ou la Règle de la vie humaine (trad. de Dodsley). Londres (Paris), 1751. In-12.

> L'auteur de cet ouvrage moral, qui a obtenu une grande vogue, dit l'avoir traduit de l'indien, sur le manuscrit d'un vieux bramine. La première édition anglaise est de 1751·

— Bagatelles morales (par Querlon). Londres (Paris), 1754. In-12.

— La Pr.ade, ou l'Apothéose du docteur Pr.pe (Procope), poëme (par Giraud). Londres (Paris), 1754. In-12.

— Azor, ou le Prince enchanté. Londres (Paris), 1750. 2 vol. in-12.

Vlam (Barthélemy). Observations sur la prééminence des chats (par Moncrif). Amsterdam, 1767. In-8.

Volcke (J.). Les Vrais Centuries de Nostradamus. Cologne (Hollande), 1689. In-12.

Van der Linden (Ernestus). C. Germanici (Th. F. Oldenburgeri) ad Justum Sincerum epistola politica. Cosmopoli, 1669. In-12.

Vryman (Dirick). Traité de la loy de Dieu. Anvers (Genève), 1559. In-8.

Voss (C. F.). Discours de l'empereur Julien contre les chrétiens (trad. par d'Argens). Berlin (Genève), 1769. In-8.

Voss et Decker. Œuvres complètes de Frédéric II, roi de Prusse (publiées par Laveaux). Berlin (Strasbourg), 1788. 15 vol. in-8.

Vourst (De l'imprimerie du) et se vend chez Coroco. Maranzakiniana (rédigé par Grécourt). (Paris), 1730. In-24.

> Nodier a consacré, dans ses *Mélanges d'une petite Bibliothèque*, un article à ce livret, qui est très-rare, ayant été tiré à fort peu d'exemplaires pour l'amusement de la duchesse de Bourbon-Condé et de sa société. C'est une caricature des ana qu'on publiait à cette époque. Un exemplaire relié en maroquin, 111 fr. vente Chedeau.

Vray Sage (Le). Code de la Nature (par Morelly). Partout (Hollande), 1755. In-8.

— Lettre d'Hipocrate à Damagète, trad. du grec. Cologne (Hollande), 1700. In-12.

> Ce pamphlet philosophique, attribué au comte de Boulainvilliers, a été réimprimé dans la *Bibliothèque volante*. Amsterdam, 1700. In-12.

Wahas Claus Barracaba, imprimeur du grand seigneur. Abdeker, ou l'Art de conserver la beauté. Constantinople (France), 1754. 4 vol. in-12.

Ward (Thomas). Mémoires pour servir à l'histoire de la Grande-Bretagne (trad. de l'anglais de C. Burnet). Londres (La Haye), 1725. 3 vol. in-12.

Wasse. Les Heureux Orphelins (par Crébillon fils). Bruxelles (Paris), 1754. In-12.

Warnaer (G.). La Clef du sanctuaire (trad. de Spinosa). Leyde, 1678. In-12.

> Cet ouvrage a paru sous divers titres et, c'est sous celui que nous indiquons qu'il est le plus rare. Voir le *Manuel du Libraire.*

Waudret (Veuve), à Mons. La Morale des Jésuites extraite fidèlement de leurs livres (par Perrault). 1669. 3 vol. in-12.

> Un des ouvrages les mieux imprimés qu'ait exécutés Daniel Elzevier, qui s'est bien gardé d'y mettre son nom.

Weitman (G.). Testament politique de Charles II, duc de Lorraine. Leipzig (Hollande), 1697. In-12.

Wesel (Jacques de). Épîtres choisies de Cicéron. Wesel, 1703. In-12.

Wetstein et Smith. Les Amours de madame d'Elbeuf. Amsterdam, 1739. In-8.

Wetstein (Les Frères). Recueil de ces Messieurs (par de Caylus, Duclos, etc.). Amsterdam. (Paris), 1745. In-8.

Wezel (Albert a). La Vérité à l'audience du roy très-chrestien. Amsterdam, 1689. In-12.

Wilcox (J.). Concubitus sine Lucina. Londres (Paris), 1786. In-12.

— Lucina sine concubitu. Londres (Paris), 1786. In-12.

Cet ouvrage a obtenu plusieurs éditions ; il a été réimprimé récemment à Paris (1865, in-12, xxxi et 165 pages), avec une introduction et des notes dues à M. J. Assezat. Il est originaire d'Angleterre, mais on ne connaît pas bien au juste quel est l'auteur. Abraham Johnson est un pseudonyme sous lequel on croit généralement reconnaître un polygraphe fécond et remuant ; les bibliographes anglais ne sont pas d'accord à cet égard. Remanié en français à diverses reprises, le livre n'est pas indigne d'attention ; les questions qui s'y rattachent sont judicieusement traitées par le nouvel éditeur. En somme, la *Lucina sine concubitu* est une critique des recherches de Réaumur sur l'éclosion des œufs au moyen de fours, à l'instar des anciens Égyptiens, mais c'est une satire peu méritée, puisque les fours ont fait leurs preuves.

William (*J.*). L'Albionide, poëme héroï-comique (par Chevrier). Aix (Paris), 1759. In-8.

Un des cinq poëmes composés à cette époque par Chevrier sur des sujets de circonstance, et qui, après avoir été publiés séparément, furent réunis en deux volumes. Voir la *Notice* de M. Gillet déjà citée, p. 142.

Wilson. Le vicomte de Barjac, par M. C. de L., auteur des *Liaisons dangereuses*. Dublin (Paris), 1784. In-12.

Il y a sur le titre une imposture imaginée par un éditeur peu délicat ; ce roman assez insignifiant est de Luchet.

— Mémoires de la duchesse de Morsheim (par Luchet). Dublin, 1786. In-12.

Winko (*J.*). Le Cocu content, ou le Véritable Miroir des amoureux. Amsterdam, 1702. In-12.

Winfeldt (*Balthazar*). Les Provinciales (par Pascal), édition polyglotte, en français, en latin, en espagnol et en italien. Cologne (Amsterdam), 1684. In-8.

Wolters (*J.*). Amourettes du duc de Nemours et de la princesse de Clèves. Amsterdam, 1698. In-12.

Wolf. Les Fourmis du parc de Versailles, fable allégorique. Londres (Paris), 1803. In-12.

Wommer (*H.*). Le Miroir des princes, ou le Dénouement des intrigues des cours de l'Europe. Cologne (Hollande), 1684. In-12.

— Le Prince assis sur une chaise dangereuse. Cologne (Hollande), 1689. In-12.

> Recueil de pièces satiriques en vers et en prose contre le confesseur de Louis XIV.

Wurtz. Défense des droits du roy Charles II en qualité de duc et souverain du Luxembourg. Cologne (Hollande), 1672. In-12.

Yleroh-Sivyod. Voyage pittoresque et industriel dans le Paraguay-Roux et la Palingénésie australe, par Thridace-Nasé-Théobrôme de Kaout-Tchouk. Au Meschacébé (Mons), 1835. In-8.

> Le nom de l'éditeur de cette facétie doit être lu au rebours : Hoyois-Dorely.
>
> Cet opuscule, écrit par M. Florent Delmotte, a été tiré à 50 exemplaires dont un sur vélin.

Young (*Édouard*). Lettres sur l'Esprit du siècle (par Deschamps). Paris, 1769. In-8.

Z. T. N. La Prophétie accomplie, ou le Tartufe moderne, drame en 4 actes. Paris (Nancy?), 1791. In-8.

> Voir le catalogue Soleinne, nᵒ 2399.

Zilikirokapouf. Ehohibal, bagatelle assez plaisante. Tanor (Paris), 1771. In-12.

Zwart. Le Prêtre châtré, ou le Papisme au dernier soupir. La Haye, 1767. In-8.

Cette cruelle facétie recommande la mutilation des ecclésiastiques catholiques; elle est annoncée comme traduite de l'anglais, mais nous n'avons pu réussir à rencontrer le texte original.

OUVRAGES EN LANGUES ÉTRANGÉRES.

———

Le plan de ce catalogue est le même que celui de la première section de notre travail. Les livres latins et italiens sont ceux que nous avons notés en plus grand nombre, et, pour ces derniers, nous renvoyons souvent au savant travail d'un bibliographe fort instruit et fort zélé, M. Gaetano Melzi (*Dizionario di opere anonime e pseudonime di scrittori italiani* : Milano, 1848-59, 3 vol. in-8).

Nous avons cru devoir traduire des noms allemands dont la signification calculée n'aurait été comprise que de bien peu de lecteurs si nous avions reproduit le texte original.

Nous savons que notre relevé, résultat de longues et patientes recherches, est bien loin d'être complet. Tel qu'il est, toutefois, nous avons l'espoir qu'il pourra être utilisé, lorsqu'un amateur dévoué voudra traiter à fond cette portion intéressante de la science des livres.

Achmet (*Ibrahim*), *stampatore del Divano*. La Seconda Cena di A. F. Grazzini. Stambul, dell' Egira 122.

> Édition très-correcte, imprimée à Florence en 1743. Grazzini est un des meilleurs conteurs italiens; il narre avec une grâce facile. Voir l'appréciation dont il est l'objet dans la *Revue d'Édimbourg*, n° 83, p. 194.

Aconius (Joh.). L. Lubieniecii Historia reformationis polonicæ. Freistadii, 1785. In-8.

Aldivivo Gigante. Il Teatro alla moda. Stampato in Broglio di Belisamia (Venise, 1733), all' insegna dell' Orso in peota.

> Satire spirituelle, écrite par B. Marcelli, et plusieurs fois réimprimée.

Altabalipa Leontino. Lo Scudo e l' Asta del soldato Monferrino. Cefalu (Venise), 1641. In-4.

> Cet ouvrage est de Vittorio Siri. Voir Melzi, I, 210.

Andrea (Geo. Filippo). Dell' Historia di regno di Napoli, d'incerto autore, libri otto. Francoforti al Meno, 1713. In-fol.

> Voir des détails étendus dans Melzi, II, 399.

Anonimo Stampatore del Divano (l'). Assetta, comedia di B. Mariscalco (F. Mariani). Marocco (Paris), 1756. In-8.

Aretis (Enea). Il Mal di Milza, astrologiche osservazioni... In Zibit (Lugano), 1786. In-12.

> Prédictions satiriques, par Pietro Verri.

Aspidius Trenæus. Cogitationes de primo et secundo Adamo (auct. S. Crellio). Amstelodami, 1700. In-8.

Barbagrigia. Commento di ser Agresto da Ficaruolo sopra la prima Ficata del Padre Siceo. In Baldacco, cum gratia e privilegio della bizarissima Academia de' Virtuosi, MDXXXIX. In-4.

> Une lettre, signée de ce prétendu imprimeur, adressée à Annibal Caro et à Molza, apprend que le premier a pris le nom d'Agresto et le second celui de Siceo. D'après les caractères, on a lieu de croire que l'ouvrage fut imprimé chez Antonio Blado, à Rome. On trouve toujours à la suite la *Nasea, o sia*

Diceria de nasi, di ser Agresto. Il y a d'autres éditions du XVIᵉ siècle, et quelquefois l'ouvrage est joint aux *Ragionamenti* de l'Arétin. Il a été récemment réimprimé en Italie dans une *Raccolta* d'opuscules rares et curieux.

Belzebub. Les Tours des sorcières et la Science du diable. Bagdad (Leipzig, en allemand), 1797. In-8.

Berges. Il Disinganno contrapposto..... *Colonia*, 1701. In-8.

> Querelles théologiques. (Melzi, I, 313.)

Bertocho. Reprehensione contro Manganello. In-8.

> Senza alcuna nota, di tre fogli, divisa in cinque capitoli, in terza rima (Melzi, II, 430). Opuscule très-rare dirigé contre un poëte qui avait dit beaucoup de mal des femmes.

Boccafranca (*F. M.*). La Secretaria di Apollo. Venetia, (Hollande), 1653. In-12.

— La Taliclea di Ferrante Pallavicino. Venetia (Hollande), 1653. In-24.

Bona Spes (*Veuve*). Spinosa II, ou Subiroth Sepim. Rome, 5770 (Berlin, 1787).

> Livre irréligieux.

Boosey. L'Esprit du temps, par E. M. Arndt. Londres, 1810. (Publié par Reimer, à Berlin. Cet ouvrage allemand a eu quatre éditions.)

Bottagriffi (*Ciro*) *e Compagnia*. La Barcaccia di Bologna, poema giocoso (par Goldoni). Sans indication de lieu, 1760. In-8. (Melzi, t. III, p. 1.)

Bouffleur (*Pierre*). Procédures de l'inquisition de Portugal contre les francs-maçons. Luxembourg (Breslau), 1756. In-8.

Buet (*B.*). Il Puttanismo moderno. Londra (Genève), 1669. In-12.

Ce volume, qu'il ne faut pas confondre avec le *Puttanismo romano*, porte pour nom d'auteur B. Sultanini, pseudonyme qu'on n'a pas découvert, ce me semble. N'y aurait-il pas là quelqu'un des méfaits de Ferrante Pallavicino ?

Chiradich (*Stefano*). Poesie da fuoco di diversi autori. 1651. In-12.

Nous avons déjà eu l'occasion de parler de ce volume rarissime. Melzi dit qu'il paraît avoir été imprimé en Italie, peut-être à Venise.

Christianus (*G.*). Satyra Menippea (aut. P. Cunæo). Lugd. Bat., 1632. In-12.

Cipetti (*Vinigano*). Il Divorzio celeste. Reganea (Venise), 1679. In-12.

Il existe plusieurs éditions de cet ouvrage de Ferrante Pallavicino. Voir Melzi, I, 323.

Clements (*H.*). Epistolæ obscurorum virorum, nova editio. Londini, 1742. In-12.

D'après le *Manuel du Libraire*, cette édition a été imprimée en Suisse. Nous n'avons pas à nous occuper de ce livre célèbre qui exerça une puissante influence dans la première moitié du XVI⁰ siècle. Voir Du Roure, *Analecta Biblion*, t. I, p. 287-312 ; Reiffenberg, dans le *Dictionnaire de la Conversation ;* un article dans le *Retrospective Review*, t. V, p. 56-70 ; un dans l'*Edinburg Review*, mars 1831, etc. On a souvent attribué la composition des *Epistolæ* à Ulrich de Hutten. Strauss, qui avait écrit la vie de ce grand agitateur, laisse la question indécise. Il y a d'ailleurs dans l'ouvrage plusieurs parties distinctes ; la première édition ne contient que quarante-et-une lettres ; la seconde en donne sept de plus, et, en 1517, on en ajouta soixante-et-dix. Il y a lieu de croire que Hutten fut le principal auteur de ces soixante-dix-sept lettres ; elles portent le cachet de son esprit énergique et pratique. Quant à d'autres lettres, qui se montrent pour la première fois dans l'édition de 1689, elles sont décidément apocryphes.

Conzulli (*Zacharia*). Antilunario di N. Ripardieri. Dublino (Lucca), 1711. In-4.

Cristiano (*Il*) *fedele*. Storia sopra il giansenismo. Concordia, nella via della Pace, all' insegno dell' Olivo. 3 vol. in-12.

> Cet ouvrage, mis à l'index', passe pour être du cardinal Cesoni, qui le fit imprimer en Hollande. (Melzi, III, 110.)

Croyant aux sorciers (*Gaspar*). La Mélancolie joyeuse (en allemand), 1775. In-12.

> Le lieu d'impression et le nom du typographe forment un chronogramme : ⸗
>
> AMberg grDrVC kt Von caspar Mc X engL aVber.

Culati (*Bernardo*). La Merdeide, canti tre (dell' abbate Penoncelli). In Cacherano, prezzo Fabriano Medardo Stronzono (Turin, 1804). In-8.

> D'après Melzi, *Dizionario di opere anonime*, l'auteur de ce poëme est l'abbé Penoncelli. Voir Vallari, *Storia della poesia in Piemonte*, t. II, p. 425.

Delmonte (*Claudio*). Il Mercurio postiglione. Villafranca (Hollande), 1677. In-12.

> Une traduction française indiquée à l'article *Guibert*.

Duglassius (*Philippus*). J. C. Scoti de obligatione Regularis. Coloniæ (Padoue), 1647. In-8. (Melzi, III, 220.)

Ebenezer, *à l'Hôtel de la Raison*. Horus, ou Considérations sur l'Apocalypse et les prophéties (par Waensch, en allemand). Halle, 1783. In-8.

Edelmannus (Henricus). P. B. Burgi de bello Suecico. Leodii, 1643. In-12.

Édition regardée comme d'impression elzévirienne. Voir Pieters, *Annales*, p. 317.

Edlin (Thomas). La Tinea, equivoca rusticale di A. Malatesti. Londra, 1757. In-8.

Recueil de cinquante sonnets composés en 1637, et qui étaient restés inédits.

Eggers (J. C.). Nouveau Chant révolutionnaire, par Freiligrath. Londres (Leipzig), 1848. In-8.

Egmont (Balthazar ab). Biblia vulgata. Coloniæ Agrippinæ, 1682. In-8.

— Th. A. Kempis. De Imitatione Christi. 1670. In-32. 1682. In-8.

Egmont (Cornelius ab). Orbis Phaeton, hoc est de vitiis... auct. H. Drexelio, 1631. In-24.

— De Vita et moribus Canonicorum, auctore D. Rikel. (Amsterdam), 1670. In-12.

— Bellarminus. De Arte bene moriendi. 1626. In-24.

— Concilii tridentini Canones. 1656. In-12.— Autre édition, 1687. In-24.

Egmond (Francesco). Conformita delle cerimonie chinesi coll' idolatria. Colonia, 1701. In-8.

Einter (Conradus de). Lucius Eroderanus. Elucidatio Augustinæ de divina gratia doctrinæ. Coloniæ (Milan), 1705. In-4.

Eredi di Cornelio Egmont. Apologia dei missionarj domenicani della China. Colonia, 1699. In-8.

— *Testamento politico d'un Academico.* Colonia (Pérouse). In-4.

Eredi del Vorm (Gli). Il Giudizio appassionato. Fustemberg, 1634. In-12. (Melzi, I, 39.)

Eredi della Santora. L'Asino in catedra. Coimbra (Venise), 1755. In-8.

> Satire publiée sous le nom de *Sostenta Facchino Coimbrese.* Elle est de l'abbé J. B. Vicini. (Melzi, III, 84.)

Etomagoro (Filipo). Il Zimbello, ovvero l'Italia schernita (di G. B. Livizzani). San Marino, 1641. In-12. (Melzi, III, 273.)

Eudoxus (Theodorus). De Transsubstatione. Sumpticio Vero (Claudio Salmasio) auctore. Hagiopoli, 1626. In-8.

> Volume attribué aux Elzevier, mais qui paraît sorti des presses des Hackes d'Amsterdam.

Fabi. Gli Amori di Carlo Gonzaga e della contessa Margherita della Rovere. *Ragusa* (Genève?), 1676. In-12.

> Ce livret, publié sous le nom de Giulio Capocoda, est attribué à Gregorio Leti.

Falciola (G.). Aventures plaisantes dans le monde des esprits. Rome (Leipzig, en allemand), 1797. In-12.

Faustus (J.). Epistola ex Elysio ad generalem Soc. Jesu. In campis Elysiis, typis Laurentii Costeri, 1705. In-12.

> Livret de controverse théologique, publié sous le nom de Jean Launoy, et attribué au dominicain J. Sery.

Fescennini. Aloysiæ Sigææ satira sotadica. Amstelodami, 1678. In-12.

Filantropici (Dai Tipi). Monacologia, ossia descriptione de' Frati. Eridania, anno IX. In-8.

Folgoni (Evario). Le strane ed innocenti correspondenze del conte d'Arco con la principessa d'Inspruck. *Nicopoli*, 1708. In-8. (Voir Melzi, III, 112.)

Franc-parleur (Jean-George). Nous traduisons ainsi le nom de *Freymund* donné à un typographe allemand indiqué sur le frontispice de divers écrits politiques publiés dans la seconde moitié du règne de Louis XIV.

Freisinn (Peter). Croquis satiriques pour les amis de la vérité. Philadelphie (Leipzig, en allemand), 1797. In-12.

Freisinn signifie *esprit libre*.

Friess (Wilhelmus). Ars salutis (auct. A. Coltellini). Coloniæ, 1649. In-12.

Friessen (Wilhelm.). De Controversiis tractatus generalis, per A. et P. de Walenburch. Coloniæ (Hollande), 1667. In-12.

Jolie impression, évidemment exécutée par Daniel Elzevier, selon Pieters (*Annales*, p. 340).

Frères (Les) hardis et sincères. Menippe ressuscité, ou l'Assemblée tumultueuse. A Veredicta, au Repentir, l'an 16000 (vers 1770). In-8.

Gabriel (J.). C'est lui qui sera ton maître. Rome (Leipzig, en allemand), 1797. In-12.

Pamphlet politique.

Galeno delle doglie. Lettera critico-apologetica. Ai bagni d'Albano, all' impresa del Disinganno, 1741. In-4. (Melzi, II, 86.)

Gelastinus Severus. Facetiæ facetiarum. Pathopolis (Hollande), 1657. In-12.

Genathianis (*Typis*). Erasmi Moriæ Encomium. Basileæ, 1676. In-8.

Genselius (*Georgius*). Slavi examen..... Coloniæ, 1642. In-12.

Cet écrit, publié sous le nom supposé de Beno Dunkhundurkhus, est une réponse à des critiques dirigées contre un livre d'Allatius. On n'en connaît pas exactement l'auteur. Voir Melzi, I, 339.

Giulino (*Gulielmo*). La Camilleta di Guttery. Parigi, 1586. In-8.

Livret fort rare ; dialogue sur la galanterie. Il ne paraît s'être montré à Paris qu'aux ventes Mac-Carthy et du fonds Debure, où il fut abandonné à bas prix. Un exemplaire figure au catalogue (n° 1510) d'une importante collection de livres consignée par M. Techener à Londres, et qui malheureusement a été détruite par un incendie le 29 juin 1865.

Glaesing. I Cardinali. Weimar, 1778. In-8.

Cet ouvrage eut deux autres éditions, à Londres (Florence), 1778, et Leipzig ou Francfort ; il fut écrit par le comte C. F. Risbaldo Orsino di Orbassano.

Grandhomme (*Jacques*). Sic adeunt Clerici bellum. Heidelberg, 1628. (En allemand, en dépit de ce titre latin.)

Grillomanus (*Chrysippus*). Disputatio de Cornelio et ejusdem natura, auct. Zach. Pertinax. Gremerstadii, sumptibus Lippoldi Ohrenkraetzers, 1627. In-4.

Griphi (*James*). Manuscrit venu de l'Allemagne méridionale. Londres (Stuttgart), 1820. In-8.

Gualth (B.). Responsio ad librum... Coloniæ, 1608, 1610, 1688. In-4.

> Ouvrage du cardinal Bellarmin contre George Blackwell, archiprêtre d'Angleterre et auteur de divers livres de controverse fort oubliés aujourd'hui.

Guardino di Boschi. Correspondance secrète de Pasquin. *Astura* (Leipzig, en allemand), 1708. In-12.

Hammer (Peter). Ce nom, en allemand, signifie Marteau. On le trouve sur le titre d'un assez grand nombre d'ouvrages publiés en langue allemande avec l'indication de Cologne. Nous allons en signaler quelques-uns en traduisant leurs titres. (Notons, en passant, qu'il existe un *duodrame* intitulé : Le libraire Paul Manuce et l'imprimeur Pierre Hammer, 1777. In-8.)

— Les Mœurs du siècle envisagées d'un regard perçant. 1710.

— Les Grandes Révélations égyptiennes, contenant les livres sacrés de Moïse, trad. de l'hébreu. 1725.

— Recueil des secrets des plus grands hommes de l'antiquité. 1725.

— Intrigues galantes et secrètes des princes de l'Europe. 1726.

— Essai d'une histoire pragmatique du sommeil, par C. Garrey (A. B. Graelich). (Wittenberg), 1768. In-8.

— Un mot adressé à l'époque actuelle, par un jurisconsulte chrétien. (Hambourg), 1768. In-8.

Hammer (*Peter*). Lettres d'un ecclésiastique polonais au sujet des dissidents. Zurich, 1772. In-8.

— Légendes de quelques saints musiciens, d'après Siméon Métaphraste. (Breslau), 1786. In-8.

— Le Tombeau de tous les despotes. (Heilbron), 1795.

— Le Caméléon, ou la Bête de toutes les couleurs. (Journal qui parut à Hambourg de 1795 à 1800.)

— Réflexions et Pensées sur divers sujets (par Klinger). 1802-1805. 3 vol.

— Hérode devant Bethléem (par Massmann). 1803. (Roman qui a obtenu diverses éditions.)

— Pérégrinations d'un Bohémien cosmopolite (par Schiede). Bâle, 1806.

— Lettres confidentielles sur l'intérieur de la cour de Prusse depuis la mort de Frédéric II. 1807.

— Lettre de d'Alembert à Frédéric au sujet du partage de la Pologne. 1808.

— Dessins d'après d'éminents personnages historiques et littéraires. 1811. In-8.

— Mémoires d'Alfieri, traduits de l'italien. 1812. 2 vol.

— Coups d'épines infligés à Napoléon et à Jérôme Bonaparte. 1814. In-8.

— Tableau de l'armée de l'Empire. 1796.

— Angélique. 1796. In-12.

— Les Secrets d'État découverts, ou les Intrigues des cabinets. 1797.

Hammer (*Peter*). Explication naturelle du surnaturel du Nouveau Testament. 1797.

— Nouveau tableau de Berlin en 1798. In-8.

— Histoire des Papes, depuis l'apôtre Pierre. 1798. In-8.

— Les pauvres Juifs pris pour dupes, par Melchisedech. (Hambourg), 1798. In-8.

— Le Prince au grelot. (Leipzig), 1799. In-12. Traduction libre d'un roman français un peu leste.

Nous pouvons aussi mentionner quelques ouvrages indiqués comme imprimés chez les Héritiers de Hammer.

— Trésors tirés de manuscrits trouvés dans des bibliothèques de couvents, ou quarante Traités sur la magie. 1734. In-8.

— Lettres sur les Traités relatifs au partage de la Pologne et de la France. (Zurich), 1793. In-8.

— Mémoires secrets de Gorani sur les cours et les mœurs de l'Italie. 1793. 3 vol.

Hæredes Cornelii ab Egmont. Augustiniana Ecclesiæ romanæ doctrina. Coloniæ, 1700. In-8.

> Ouvrage relatif au livre du cardinal Sfondrate: *Nodus prædestinationis.* Rome, 1697. On sait que cet ouvrage donna lieu à de vives controverses. Le cardinal de Noailles, Bossuet et d'autres prélats français le dénoncèrent au Pape par une lettre du 23 février 1697; mais Sfondrate trouva des soutiens à Rome, et le saint-siége ne prit aucune décision.

Hawkins (*G.*). Socrate, tragédie de Vittorio Alfieri. 1788. In-8.

> C'est une imitation satirique du style d'Alfieri (Melzi, I, 35). Il y a plusieurs autres exemples de suppositions de ce genre

inspirées par la malignité. Un feuilletoniste fameux, Geoffroy, avait, dans sa jeunesse, écrit une tragédie, *la Mort de Caton*, dont il ne sollicita jamais la représentation. De mauvais plaisants ou des auteurs humiliés imaginèrent une tragédie bien ridicule qu'ils firent imprimer sous son nom en 1804. On attribua dans le temps cette production à Cubières Palmezeaux.

Hecht (*Sebastiano*). Risposta alla lettera apologetica. Colonia (Genève), 1699. In-8.

> Deux autres écrits avec le même nom et la date de 1702 et 1703. Controverse théologique. Melzi, II, 457.

Hekel (*Federigo*). Osservazioni sulla cronologia degli Ebrei. Lipsia, 1737. In-8. (Melzi, III, 72.)

Héritiers (*Les*) *d'Aristote*. Les Péripatéticiens du dix-huitième siècle, ou Promenades de deux hommes éclairés. Athènes, dans la dernière année de la 642e olympiade (Altona, 1793).

Héritiers de Guillaume Tell. Songe patriotique d'un Suisse (en allemand). Villefranche (Lucerne), 1758. In-8.

Héritiers d'Ibrahim. Quelques remarques sur la conduite des princes allemands et de leurs ministres. Alexandrie (Altona), 1798. In-8.

Héritiers (*Les*) *de Machiavel*. La Morale des rois dans les temps antiques (en allemand). Schesian (Altona), 1172 (1793).

Héritiers de saint Thomas d'Aquin. Le Jansénisme, ou Épouvantail pour les enfants. (Munich), 1776. In-8.

Héritiers de Torquemada. Heures de solitude (par Schreiber). Madrid (Francfort), 1796.

> Pamphlet satirique qui a reparu sous divers titres.

Héritiers des Elzevier. Amusements de printemps et d'été pour les amis de l'esprit. Tobolsk (Osnabruck), 1799. In-8.

Hibernka (*Adunonier*). Il Corriero svagiliato di Ginifacio
Spironcini (Ferrante Pallavicino). Oranges, 1646. In-12.

> Il existe deux autres éditions avec les indications supposées
> de *Villafranca*, Giovanni Gibaldo, 1644, et *Norimberga*,
> H.-J. Stoer, 1646. Voir les détails que donne Melzi, t. 1, p. 451,
> d'après Poggiali, *Scrittori Piacentini*, p. 180.

Hiram, *Jakim et Boas*. Portefeuille d'un Franc-Maçon.
(Prague), 1784. In-12.

Hoburg (*Herm.*). Tractatus contra Calvinum (auct. Ba-
ronio). Coloniæ, 1660. In-4.

Hooper (*S.*). Histoire de la marquise de Pompadour (traduction allemande). Londres (Leipzig), 1759. In-8.

Horius (*Martinus*). De Libertatibus Ecclesiæ gallicanæ.
Leodii (Romæ), 1689. In-4.

Hythlodeus (*R.*). Dialogus quomodo Julius II, cœli fores
pulsando... Amauroti, de insula Utopia. In-8.

> Satire attribuée généralement à Ulrich de Hutten. On en
> connaît diverses éditions. Voir le *Manuel du Libraire*, III,
> 290.

Ilep (*G.*). Critique de la Raison pure, par un nègre (en
allemand). Leipzig, 1790. In-8.

Jacklino. Amor corriero. Monaco, 1658. In-4. (Volume
porté au catalogue Libri-Carruci, 1855, n° 1035.)

Jacobus Junior. Interpretatio numeri 666, authore Fr. Pot-
tero. Amstelodami (Daniel Elzevier), 1677. In-8.

> Charmante édition, qui paraît sortie des presses elzevi-
> riennes d'Amsterdam (Pieters, *Annales*, p. 353).

Jacobus Junior. Tractatus de ventriculo, auth. Glissonio. 1677. In-12.

Volume fort bien imprimé qu'on place dans les collections elzeviriennes. Un exemplaire avec toutes ses marges, 51 fr. vente Motteley, en 1824.

Jacson (Isac). Il convite borghesiano di messer Grappolino (T. Grapputo, Vénitien). Roma (Milano?), 1800. In-8.

C'est une nouvelle dans le genre badin. Voir le *Manuel du Libraire* et Gamba, *Bibliografia*, p. 228.

Jean le Baigneur. Description de Carlsbad. Villefranche, 1710 (en allemand). In-12.

Jepcopinselli (Flaminius). Disputatio notarum XL... Coloniæ Agrippinæ, 1698. In-4.

Cet ouvrage, qui parut aussi en 1699 avec un titre changé, *apud Servatium Nœchen, Coloniæ*, est relatif à l'ouvrage du cardinal Sfondrate : *Nodus prædestinationis* (Melzi, I, 315).

Jour et Nuit (Chez). OEuvres posthumes de l'auteur, publiées par Irenico Itenepsi. Petersbourg (Leipzig), 1793. In-8.

Kailin (Gio. Heberhardo). Avvertenze alla storia del probabilismo. Einsiedlen (Venezia), 1744. In-4.

— Dell' uso dell' opinioni in materie morali. Einsiedlen, 1744. In-8.

Kalckoeven. Grammaticus Pædicus. Coloniæ (Amsterdam), 1644. In-8.

Divers ouvrages du jésuite Inchoefer ont été publiés sous cette rubrique et sous le nom d'Eugène Lavanda.

Kinchio (Francesco). L'Arcadia in Brenta. Colonia (Venise), 1667. In-12.

Recueil de contes plusieurs fois réimprimés. L'auteur, Gio-

vanni Sagredo, se cacha sous l'anagramme de Ginnesio Ga-
vardo. Voir Gamba, *Bibliografia*, p. 169.

Kinckius (*J.*). Exempla virtutum et vitiorum, auct. J. N.
Erythræo (O. Rossi). Coloniæ, 1644. In-8.

Klert. Lettere (di L. Pappi) sull' Indie orientali. Fila-
delfia, 1802. 2 vol. in-8.

Knoch (*Federigo*). La Falsita scoperta. Frankfurt (Italie,
par A. F. Bertini), 1711. In-4.

— La Verita scoperta. Frankfurt, 1711. In-4. (Même
auteur.)

Kock (*Nicolas*). Il Trattato della pace conclusa... del conte
G. Gualdo. Bremen (Amsterdam, Elzevier, 1644). In-12.

Kracas. Il Conclave dell' anno 1774, dramma per musica.
Roma, all' insegna del Silentio. In-8.

> Nous avons déjà eu l'occasion de parler de cet écrit satiri-
> que, que l'on a attribué au prince Chigi. Une réimpression clan-
> destine fut faite à Florence, chez Joseph Molini, favorisé, dit-
> on, par un personnage d'un rang très-élevé. Il existe une
> autre édition, Milan, 1797.
>
> Cracas a été, nous le croyons, un imprimeur réel qui a tra-
> vaillé à Rome vers 1712 (Melzi, I, 300; II, 70, 276, 358, 472),
> lequel indique aussi (t. II, p. 223) un ouvrage pseudonyme,
> daté de 1789 : *Annotazioni sull obelisco Sallustiano*.
>
> On attribue à l'auteur du *Conclave* un *Memoriale alla S. di
> Pio VI*, in-8, centon pris dans Métastase.

Krafft (*H.*). Didymi Hermannvillani Aristarchus ad illustres Academicos Regiomontanos. Coloniæ, 1643. In-8.

Kreckkou (*Esurius Slagmnsius*). Satyra in Eubulum
Theosdatum conscripta per de Francimont (Th. F. Olden-
burgerum). Albipoli, 1669. In-12.

Kross (*Giacomo-Benjamin*). Sonetti pedanteschi di don

Polipodeo. 1769 et 1770. In-8. (Voir Melzi, II, 356, qui signale aussi : *Rime pedantesche di celebri autori calabresi.* Londres, 1780. In-8.

Kunrath (H.). Tractatus theologico-politicus (auct. B. Spinosa). Hamburgi (Amstelodami), 1670. In-4.

La Place (Pietro de). Relatione del stato delle cite di Norimberga, Augusta et Francforto. Colonia, 1668. In-12.

Last (Cornelio). Pietra del paragone politico. Cosmopoli (Hollande), 1662. In-24.

Le Grand (Petrus). Disquisitio anatomica de fœtu, authore G. Needham. Amstelodami, 1668. In-12.

> Volume qui paraît imprimé par Daniel Elzevier.

— Carmina puerilia et juvenilia P. Placcii. Amstelodami, 1668. In-12.

> Signalé comme une édition elzevirienne par Renouard et par Pieters.

— Tractatus de jure devolutionis, auctore P. Stockmans. Amstelodami, 1667. In-12.

> On peut annexer ce volume à la collection elzevirienne (Voir Pieters, *Annales*, p. 430).

— Grammatica gallica, studio Thomæ de la Grue. Amstelodami, 1664. In-12.

— Observationes medicæ, auth. P. de Marchettis. Amstelodami, 1665. In-12.

Liberus (R.). Mysteria Patrum Jesuitarum. Lanopropoli, 1663. In-12. (Attribué à Scioppius.)

Libraires orthodoxes (Chez les). Alinora, histoire roma-
nesque d'un monde étranger, par le sage Mu-Harid (en allemand). *Kikeriki* (Altona), 1795. In-8.

Liebemann (Barbario et Valerien). Hilarius Simplicissi-
mus. (Vers 1725.) In-8.

    C'est un écrit satirique qui paraît dirigé contre les gens de
loi.

Lorens. Relatione della corte romana. Leyda, 1662. In-12.

    Nous avons indiqué une rédaction française imprimée en
1663. Cette relation est adressée par un diplomate vénitien
au conseil *dei Pregadi.* Jointe à une autre pièce du même
genre, elle a reparu en 1672, sous la rubrique de Bruxelles,
avec le titre de *Thesori della corte romana.*

Loyal et Juste (Chez). Éclaircissements véridiques sur la
vie de Trenck. Dans la ville de Vérité (Vienne), 1792. In-8.
(Nous avons traduit de l'allemand les noms des imprimeurs
supposés.)

Luppert et C⁰. Le livre des secrets d'Albert le Petit.
(Leipzig), 1790 (en allemand).

Marcolini. Novella di messer Luigi da Porto. Venetia,
1540 (Venetia, Merlo, 1840). In-8.

    Cette nouvelle raconte l'histoire de Roméo et de Juliette,
devenue célèbre grâce au génie de Shakespeare. La première
édition parut vers 1534; il en existe plusieurs autres. Voir
Gamba, *Bibliografia,* p. 153.

Marteau (Petrus). Adisidæmonis Philoromani vindiciæ
adversus sycophantas Juvariences (auct. J. B. de Gasparis).
Coloniæ, 1741. In-12.

Meerbeecq (*Giovanni de*). Relationi del cardinale Bentivoglio. Brusselas, 1632. In-8.

Volume imprimé par les Elzevier. (Pieters, p. 188.)

Moïse et Compagnie. Fragments de la Chronique scandaleuse de Paris avant et pendant la révolution. *Jérusalem* (Vienne), 1803. In-8.

Mortier (*Petrus*). Appendix Augustiniana cum notis Phereponi (J. Clerici). Antuerpiæ (Amstelodami), 1703. In-fol.

Le protestant Leclerc se couvrit du voile de l'anonyme, et indiqua une ville catholique comme lieu d'impression de ce supplément à l'édition bénédictine des œuvres de saint Augustin.

Mosca (*Felice*). Tre Novelle di B. Scaramelli. Napoli, 1721 (Milano, 1821). In-8.

Livret tiré à 100 exemplaires. Ces nouvelles sont d'un auteur du seizième siècle; elles avaient paru à la suite d'un poëme devenu très-rare : *Due Canti di Scanderberg*, Carmagnola, 1585. Voir la *Bibliografia* de Gamba, p. 158.

Munich (*Constantinus*). Emblemata hieropolitica. Coloniæ (Hollande), 1649. In-12.

N. N. Concio et Cantio, pour le Jubilé luthérien (en allemand). Imprimé l'an 1618. In-8.

Napoléon l'Invincible (*Chez*). Relation de la campagne de soixante-deux jours en Autriche et en Bavière. A Austerlitz (Munich), 1806. In-8.

Nathan et Compagnie. Nathan le Sage, pièce de Lessing mise en vers burlesques. Berlin (Hambourg), 1804. In-8.

Nemesiano (*Ruggiero*). Paleologeide, ovvero Diana flagellata. Spitzberga, 1720. In-8. (Melzi, III, 225.)

Neminem (Prostrant apud). Nugæ venales, 1663. In-12.
Il existe diverses éditions de ce recueil facétieux.

Nomimeleus (Gelasius). R. Verdæi Statera... Lugduni,
1637. In-12.
Attribué à André Rivet, ou plutôt à Scioppius.

Nourse (Giovanni). Scelta di prose e poesie italiane.
Londra, 1765. In-8.

> Melzi signale, comme étant de Philippe Pananti, la traduc-
> tion d'une ode de Piron qui est dans ce volume, imprimé à
> Paris; le *Manuel du Libraire* en indique le contenu.

— Scelta di lettere familiare. Londra, 1779. 2 vol. in-8.
(Voir Melzi, III, 36.)

— La prima e la seconda Cena, novelle di Grazzini.
Londra (Parigi), 1756. In-8.

Orlando Pier di Coraggio. Lettere marocchine. Francfurt,
1786. In-8.

> Ouvrage du docteur Baldassare Zini, donné comme traduit
> de l'arabe.

Osca (Nicephorus). Annus sacer (edente J. M. Bergantini).
OEneponti (Venetiis), 1729. In-16.

Pamphile (Nicodème). Vin et huile versés sur les bles-
sures de la Papauté. Philadelphie (Iéna, en allemand). In-8.

Pasquino. Il Parlatorio delle monache. (Hollande), 1650.
In-12.

> C'est une violente satire contre les moines et les religieuses.
> Elle est jointe, traduite parfois en français, à un volume rare :
> le *Puttanisme de Rome*, Cologne (Hollande), 1669, où elle
> occupe les pages 145 à 255. Un exempl. relié en vélin, 81 fr.
> vente Auvillain, en 1864.

Pasquino. Baccinata, overro Batarella, per le Api Barberini. A Spese di Marforio, 1644. In-8.

Il y a une autre édition in-4, datée de 1642, *a spese di Pasquino e Marforio*. Melzi les signale comme imprimées en Allemagne; nous croyons que c'est plutôt la Suisse qu'il faut regarder comme la patrie de cette satire, sortie de la plume acerbe de Pallavicino.

Patrum crepitantum (È Societate). Oratio pro crepitu ventris, ab Em. Martino. Cosmopolis, 1768. In-32.

Mercier de Compiègne a publié une traduction peu exacte de cet opuscule. Il est mentionné, comme de juste, dans la *Bibliotheca scatologica*, 5850 (1850), p. 42; mais on peut ajouter que l'auteur était un Espagnol mort en 1736, et que sa facétie fut d'abord publiée en espagnol : *Oracion in defensa del pedo* (Seville, s. d., in-4). Il en existe une version italienne. Venise, 1771, in-8.

Pavone. Lettere di raggaglio di Rambaldo... Trente. (Lugano ou Milan), 1754. In-8. (Melzi, II, 410.)

Pavovele (Giovanni). Il Cardo, dialoghi di Ignazio Carletti. Leyda, 1728. In-8. (Voir Melzi, I, 176.)

Philadelphe (Théophile). Le Luthérien avant le Luthérianisme, ou la primitive Vérité évangélique, par Jérémie Héraclite Chrétien. Cologne, 1703. (Ouvrage plusieurs fois réimprimé.)

Philalethes. Apologia pro J. C. Vanino (auct. P. F. Arpe). Cosmopolis, 1712. In-8.

Cet écrit, en faveur d'un philosophe brûlé par suite de l'indépendance de ses opinions, est peu important. Renouard (*Catalogue*, 1818, t. I, p. 122) en donne une analyse. Voir, au sujet de Vanini, une notice de M. Cousin, insérée dans la *Revue des Deux-Mondes*, n° du 1er décembre 1843.

Philanthrope (Chez le). Rieggeriana. (Prague, en allemand), 1792. 2 vol.

Pickard (J.). Opere burlesche di Berni, di G. della Casa...
Londra (Italia), 1721-1724. 2 vol. in-8.

— Senofonte. Ephesio, trad. da Salvini. Londra, 1723.
In-8.

Pieux (Le) vivant bien. Discours d'un pieux théologien
suédois, au sujet du nouvel Evangile. Brandenbourg (en
allemand). (Nous traduisons le nom du typographe *Fromm
Leberecht.*)

Pluymer (J.). Pascasii Grosippi (Gasparii Scioppii) Para-
doxa litteraria. Amstelodami, 1669. In-12.

Pollet (Charles). Epistola di Abelardo ad Eloisa. Ginevra
(s. d.). In-8.

> C'est une production de l'abbé Joseph Greatti. (Melzi, III,
> 184.)

Ponziano da Castel Sambuco. Dialoghi di Decio Laberio.
Culicotidonia (Lugano), 1750. In-8.

> Ces dialogues sont de Rinaldo Brocci; ils concernent l'édi-
> tion qu'il donna, en 1750, des *Canti carnascialeschi.* (Voir
> Melzi, I, 278.)

Presidenti (Luigi). L'Egira toscana. Crema (Florence),
1801. In-8.

> Voir Melzi, II, 331.

Prosopio (Simona). Il Nember e la stoa difesi. Lideropoli,
1779. In-8. (Melzi, I, 410.)

— Le Venticinque Novellette di Don Tragino dalla Bastia.
In Britheniopoli, 1781. In-12.

> Par l'abbé J. B. Rodella de Brescia. Ces *novellette* pour-
> raient s'appeler des apologues, puisque, dans la majeure par-
> tie, ce sont des animaux qui sont en scène. Voir Gamba, *Delle
> nov. Ital.,* 2e édit., p. 204.

Prost (*Ægidius*). Tractatus probabilitatis, auctore N. Peguleto (G. Gualdo). Lovanii, 1708. In-4.

> Mis à l'index à Rome.

Puffendorf (*Peter*). An Essay upon wind with curious anecdotes of eminent Peteurs. Potsdam. In-12.

> Facétie imprimée à Londres à 50 exemplaires sur papier et douze sur vélin. C'est plus que de coutume. Un de ces douze exemplaires a été porté à 5 livres sterling à la vente Hibbert. On a attribué, mais sans aucune preuve, ce livret au célèbre Fox. Les auteurs de la *Bibliotheca scatologica* constatent qu'ils n'ont jamais eu le bonheur d'en rencontrer un exemplaire en France.

Quinza (*Francesco*). Del Collegio Petroniano delle balie latine... Siena, 1719. In-4.

> Melzi (III, 154) indique diverses éditions de cette facétie, due au spirituel Jérôme Gigli. C'est la description d'un établissement qui n'a jamais existé. L'auteur suppose que cette fondation a été faite au treizième siècle par le cardinal Petroni, pour que la langue latine redevînt, au bout d'un certain temps , à Sienne et de là en Italie, la langue usuelle et parlée. Divers obstacles s'étaient jusqu'ici opposés à l'exécution des volontés du cardinal , mais ils ont été levés; un grand édifice a été choisi, accordé par le gouvernement ; de jeunes noûrrices, qui ne parlent que latin , y ont été appelées de Pologne et de Hongrie ; elles y sont logées avec des nourrissons des deux sexes et des premières maisons de Sienne. L'installation du collége, l'ouverture des exercices ont été célébrées avec pompe ; les discours latins des administrateurs sont rapportés tout au long. Dans ce livre singulier rien ne paraît fiction, tout ressemble à la vérité. Le public, presque entier, y fut trompé; partout, en Italie et dans les pays où l'ouvrage parvint, on tint pour constant qu'il y avait à Sienne un collége latin destiné à ressusciter dans toute sa pureté l'ancienne langue du Latium.

15

Reason and Liberty. De la Religion, par Thomas Payne (traduction allemande). Londres (Leipzig), 1791. In-8.

Rind (Claudio). La Cicceide legitima. Parigi, 1692. In-12.

On connaît diverses éditions de cette satire dirigée par Lazzarelli da Gobbio contre B. Arrighini de Lucques.

Nodier la signale comme un chef-d'œuvre de verve cynique et bouffonne.

La première édition, avec l'indication de *Cosmopoli*, passe pour avoir été faite à Bâle. Voir Melzi, 1, 205.

Rossi Tumivieni. Querella per la ristampa fatta l'anno 1739 della *Secchia rapita.* Culembach al Meno (Modena). In-8. (Melzi, II, 392.)

Sambix (Joannes a). Ziegleri circa regicidium Anglorum exercitationes. Lugd. Batavorum, 1653. In-12.

Édition qui paraît avoir été exécutée à Leyde par Van der Marse.

— La Semplicita ingannata, di Galerana Baratotti (Arch. Tarabotti). Leida, 1654. In-12.

On place dans la collection elzevirienne ce petit volume, qui est l'œuvre d'une religieuse italienne échappée de son couvent, et qui est assez curieux.

Sanchez (Luis). Cancionero de obras de burlas provocantes al risa. Madrid, con privilegio (Londres, Pickering, 1851). Petit in-8.

Joli volume imprimé avec beaucoup de soin. Il est composé d'un avis préliminaire de l'éditeur (Luis de Usoz y Rio), xlii pag., de 246 pages de pièces de vers et d'un glossaire fort court, 6 pages. On ne connaît qu'un seul exemplaire de l'édition originale, achevée d'imprimer à Valence, le 22 février 1519, par Junio Vinao; il est au Musée britannique. Ce sera toujours un légitime sujet d'étonnement que la publication, à cette époque et dans un tel pays, de ces poésies où la licence est portée à l'extrême et où la religion est souvent outragée.

Sargardi (*Ginnago*). Discorso da recitarsi in pieno senato in Trento (par I. Sardagna). Ercolano, 1769. In-4.

Scacciopas (*Cesare*) *Stampatore insensato*. L'Apparato funebre fatto in Perugia. Roma, 1624. In-4. (Melzi, I, 322.)

Scalbach (*Giorgio*). Il Canzoniere d'Orazio. Lipsia, 1736. In-8.

    Cette traduction en vers est de Stefano Pallavicini; elle a été plusieurs fois réimprimée.

Scaspuoi (*Notopio*).·La Muleide, o sia dei bastardi illustri, poema di Scipione Castigamatti (B. da Burga). Verona, 1680. In-12.

    Voir Melzi, I, 182.

Schennestued (*Henricus*). Traso, seu̯ Miles macedonicus. Altdorfii (Veronæ? circa 1675). In-4.

    Ouvrage publié sous le pseudonyme d'Annibal Corradinus et attribué au Père Noris (depuis cardinal), quoiqu'il l'ait désavoué. Il y en a d'autres éditions. Une sous la rubrique d'Amsterdam, Paul Maret, 1709. (Voir Melzi, I, 258.)

Schicchera Strafalcioni. Gli occhiali magici. Selinopoli (Milan), 1789. In-8. (Melzi, II, 369.)

Schkuten (*Nicolas*). Confutatio responsi epistolaris a Gabriele Daniele, soc. Jesu... Coloniæ (Venetiis), 1706. In-8.

Schouten (*Salomo*). J. Facciolati Oratio per funera Aloysii Pisani, cum italis annotationibus (auct. V. Rota). Amstelodami (Italia), 1741. In-4.

Selliba (*Joh.*). Breviarium politicum, secundum rubricas mazarinicas. Coloniæ, 1691. In-12.

    C'est un cours de dissimulation et de perfidie que l'auteur

suppose avoir été inculqué à Louis XIV par Mazarin. Quoique écrit en langue latine, l'ouvrage eut du succès. Leber (*Catalogue*, n° 1595) en décrit trois éditions ; deux autres sont indiquées au feuilleton du *Moniteur de la Librairie*, 1842, n° 12.

Semprebene dei Vati. Dispaccio à chi scrisse il congresso in Parnasso; di ser Titituculia (J. B. Vicini). Bengodi (Venise), l'anno dei Berlingozzi, 1754. In-8.

Senzacolpa (Onorio). Le Chat botté. Bergame (Berlin), 1697. In-8 (en allemand).

Smascella (Gelasio). Ragguagli di Parnaso di Guartuccio Pincone. Bengodi, alle spesa di Becchinmolle da Lucco Rosso (vers 1761). In-8.

> Mazzuchelli parle de cet écrit, dont l'auteur est resté inconnu à Melzi.

Someren (Abraham a). Opus Merlini Coccaii. Amstelodami (Neapoli), 1692. In-8.

> Bonne édition recherchée d'un poëme célèbre dont une ancienne traduction française a été réimprimée à Paris en 1859. In-16, avec une notice préliminaire.

Squarciafico (Rodipane). Il Premuroso Academico intronato. Culicutidonia, 1785. In-8.

Starckio (Henrico). Le Strigliate à Tommaso Stigliani (di A. Barbaza), Spira, 1629. In-12. (Réimprimé avec l'indication de Francfort, 1638, et de Norinbergha, 1639.)

Stefano (Enrico) stamp. di Corte. La Luna d'agosto, apologo. Dagli Elisi, l'anno 9999 MV (1787). In-8.

> Par Cesarotti. Voir Melzi, II, 136.

Successores Joh. Gutenbergii. Veroeceidos libri duo , auct. C. Van Roel (F. Liceto). Altenburgi, 1636. In-8.

Tape dessus et aide-toi toi-même. Salut à l'année nouvelle. A nos frères les prolétaires allemands. En Allemagne
(Manheim), 1844. In-8.

> Nous avons traduit les noms allemands et significatifs de
> ces imprimeurs prétendus.

Tarona (P.). Amour et Comus (en allemand). Padoue
(Berlin), (sans date, vers 1790). In 18.

Teller (Giovanni). Pietra del Paragone politico di Traiano
Boccalini. Cosmopoli (Amsterdam), 1640. In-12.

> Ouvrage dirigé contre la politique espagnole et imprimé par
> les Elzevier. Voir Pieters, *Annales*, p. 316.

Testadura (Mustafa). La Medicina, opera postuma d'un
vecchio dottore. Constantinopoli (Vicenza), 1696. In-8.

> Poëme en six chants, composé par un médecin, O. M.
> Bagani.

Theodorus dè Sicecela armona (anagramme d'Ecclesia romana). Judicium theologicum super quæstione an Pax qua-
lem desiderant Protestantes..., auct. Ernesto de Eusebiis
(H. Wanguerck, è soc. Jes.). Ecclesiopoli, ad insigne Pie-
tatis, 1648. In-4.

Theophilus Amadides. De Officio hominis Christiani. Ire-
nopoli, 1610. In-8. (Ouvrage de Fauste Socin.)

Tittelmann (J.). Nihil sine ratione, ou l'Art du Savetier
d'après les règles mathématiques. Dans la ville de tous les
saints (vers 1740). In-8.

> C'est une satire contre la philosophie de Wolf.

Tramoggia seconda della Società Colombaria (Nella). I
Bacherozoli, componimenti burleschi di Filacerbo Chiur-
licello (A. M. Biscioni). In-8.

Trigg (Georgius). Hilarii Drudonis Practica artis amandi. Amstelodami, 1652. In-12.

> Il existe plusieurs éditions de ce recueil. Le *Manuel du Libraire* en signale le contenu, et il renvoie à une note curieuse de Mercier de Saint-Léger, insérée dans le catalogue Van Hulthem, n° 12795.

Trink (Johannes). Conjuratio inita et extincta Neapoli, anno 1701. Antuerpiæ (Naples), 1704. In-4.

> Voir Melzi, I, 214.

Troguno (Sebastianus). Regale Sacerdotium... (Sine loco), 1684. In-4.

> Ouvrage théologique, réimprimé avec le nom de l'imprimeur Cyriander Donatus, 1693, également sans indication de lieu (Melzi, I, 137).

Udonem neminem (Apud). Erasmi Irenici (Is. Wolmar) Bibliotheca gallo-suecica. Utopiæ, vico ubique, ad insigne Veritatis, hoc anno. In-4.

Ulespiegle. Chronique des magistrats de la ville d'Eulenhausen. Hammelburg (Nuremberg), 1822. In-12.

> Écrit satirique.

Van Rhin (H.). Clerici romani pædagogus (auct. P. Bardou, ord. Prædicat). Delphis (Italie), 1706. In-12.

Verheiden (Alexander). Amphitheatrum honoris. Paleopoli (Anvers ou Ingoldstadt), 1594. In-4.

> Livre de controverse contre les Calvinistes, par Carus Bonarscius (Carolus Scribanus, jésuite).

Véridique (Le). C'est ainsi qu'on peut traduire le nom allemand de *Wahrmund* donné à un typographe imaginaire auquel on a attribué la publication de divers écrits, la plupart relatifs aux événements politiques de la fin du dix-septième siècle. Son officine était au Mont de la Vérité (Wahrenberg).

Vérité (Théophile). Récit de ce qui concerne les Piétistes. Au Mont de la Lumière, 1710. In-8. (Nous traduisons les noms de Gottlieb Wahrheit et de Lichtenberg.)

Vero (Gio. Battista Lucio). Vita del duca Valentino, descritta da T. Tommasi. Montechiaro, 1665. In-4. 1670, 1671. In-12.

> Nous avons déjà indiqué une traduction française, même date et même imprimeur.

— Raconto dell' accidente accorso in Roma fra la famiglia del duca di Crequi et la militia corsa. Monte-Chiaro (Hollande), 1671. In-12.

— Roma piangente. Leida, 1666. In-12.

Veuve Aeiou. Récit lamentable et divertissant au sujet d'une sorcière, par Ut re mi fa sol la (facétie en allemand). 1728. In-8.

Victorinus. Chants de guerre pédagogiques, par un inconnu (Stichl). A Carthage (Francfort, en allemand), 1790. In-12.

Vosquil (Theodoro). Dialogos satyricos, por F. de Caceres. Amsterdam, 1617. In-8.

Vuart (Juan). L'Alcibiade fanciuollo a scola. D. P. A. Oranges, 1652. In-8.

> Nous n'avons pas besoin de rappeler l'extrême rareté de l'édition de ce livre trop fameux. La dernière adjudication a

été de 565 fr. à la vente Chaponay. Voir le *Manuel du Libraire* et une note au n° 1483 du catalogue Pixerécourt (1839). Il existe une autre édition avec la même date, mais facile à reconnaître, le nombre des pages étant différent.

Il paraît qu'on ne connaît en tout que quatre exemplaires dans des bibliothèques particulières et quatre dans des bibliothèques publiques (Bibliothèque impériale à Paris, de Dresde, de Grenoble, British Museum). Les lettres D.P.A., placées sur le titre, avaient pour but de désigner Pierre Aretin, mais il est aujourd'hui reconnu que le véritable auteur est Ferrante Pallavicino. C'est ce qu'a établi un bibliophile italien, G. Baseggio, dans une petite dissertation dont il a paru une traduction française en 1861. On n'a pas encore remarqué, ce nous semble, l'identité du lieu supposé d'impression (Oranges) avec celui qui figure au frontispice d'un autre ouvrage dont Pallavicino est l'auteur incontesté. Nous l'avons indiqué au mot Hibernka. On a donné en 1862 une réimpression de l'*Alcibiade* à cent exemplaires dont deux sur vélin.

Wallop (*Wilhelmo*). Il Vaglio critico di Masotto Galistoni. Rostock (Trevise), 1637. In-12. (Melzi, I, 438.)

Warroger (*Christiano*). Idea del procedere di Francia. Colonia, 1685.

Pamphlet dirigé contre la politique de Louis XIV.

Wartz. Avviso piacevole datto alla bella Italia. Monaco, 1586. In-4.

Ce livret est de François Perrot de Maizières; il est dirigé contre Sixte-Quint en faveur du roi de Navarre, et il se distingue par sa violence contre la cour de Rome.

Watteau. Relazione di un Viaggio in Corsica. Londra (Venise), 1765. In-8. (Melzi, II, 426.)

Widerhold (*Gio. Hermano*). La Balancia politica di Trajano Boccalini. Castellana, 1678. 3 vol. in-4.

Wolfgangus (Petrus). J. Rigacci (*J. Lami*) ad suum primum Epistolarum Coluccio Salutati volumen appendix. Coloniæ (Lucca), 1742. In-8.

Wolters. Evangelium medici, a B. Connor. Amstelodami, 1699. In-8.

Woodcock (Tom.). Lipotopo, novelletta Londra, 1591 (Venetia, 1845). In-16.

Opuscule tiré à petit nombre.

LIEUX D'IMPRESSION SUPPOSÉS.

—————

Un travail de ce genre, déjà tenté, comme nous l'avons dit, par M. Weller, qui a suivi l'ordre chronologique, pourrait fournir la matière d'un très-gros volume.

Nous nous bornerons à mentionner, sans reproduire les titres des livres que nous avons déjà signalés, ceux qui nous ont paru offrir le plus de singularité, et qui peuvent, à divers égards, solliciter l'attention des bibliophiles.

Nous laissons de côté, dans la liste que nous insérons ici, presque toutes les villes réelles qu'on a désignées comme lieux d'impression.

Parmi les exemples bizarres qui se rencontrent en ce genre, nous mentionnerons un ouvrage que M. Quérard (*Supercheries littér.*, t. III, p. 412) attribue à L. Schafrath : *Parthénii Philandri apud Soc. Jesu quondam discipuli Ibis in Celtas veteres et Gallos modernos.* Cairi in Ægypto, 1799. Typis Buonapartianis, prostat in officina ad signum Hyænæ. In-4.

Nous avons cru superflu de séparer dans cette liste les ouvrages français des livres imprimés en d'autres langues. Nous avons, à propos de quelques-uns d'entre eux , consigné des observations bibliographiques qu'il eût été facile de multiplier, mais nous avons voulu être fort sobre à cet égard.

Adrianopolis. Lucii Cornelii Europæi Monarchia Solipsorum. 1773. In-4.

> Il existe de nombreuses éditions de cette satire contre les Jésuites. Elle a été attribuée à M. Inchofer et, avec plus de vraisemblance, à J. C. Scoti, qui fut expulsé de la société. Voir Melzi, II, 141.

Albanopolis. La Poésie et la Philosophie d'un Turc à 81 queues. 1779. In-8.

Alethopolis. De jure ecclesiasticorum. 1665. In-8. (Attribué à Spinosa.)

— Observations sur l'artillerie (par d'Arcy). In-8.

— Observations sur la Sémiramis de Voltaire (par Mannory). 1749. In-8.

Alethorathepseudopolis. Traité des dissensions entre les nobles et le peuple à Athènes et à Rome. 1733. In-8.

Aletopoli. Lettera sul libro del ab. Bolzeni sul problema . se i Giansenisti siano Giacobini. In-8.

— Colpe d'occhio al congreso di Ems (*traduction d'une brochure de F. Feller*). 1788. In-4.

Alger, *Tunis et Tripoli*. L'Année , Galerie de tableaux grotesques et comiques. 1802. In-8.

Amathonte. Le Double emploi, ou D'une pierre deux coups; comédie (par Marandon). 1788. In-8.

> Cette pièce, dont les principaux personnages sont un lord anglais et une cantatrice de l'Opéra, est un peu libre. Elle est dédiée *à une honnête femme qui n'est pas bégueule.*

Anarchicopolis. Pot-pourri jacobite, dédié aux mânes de Mirabeau. 1791. In-8.

Annagrammatopolis.Anagramméana,poëme en VIII chants, XCV^e édition, revue, corrigée et augmentée. L'an XIV de l'ère anagrammatique (Valenciennes), 1821. In-16.

> Facétie tirée à 50 exemplaires. L'auteur est J. H. Hécart. En dépit de l'assertion du titre, qui n'est qu'une plaisanterie, il n'existe qu'une seule édition. Voir, au sujet de ce livre singulier, les *Curiosités littéraires*, rédigées par M. Lalanne. Ce passage est reproduit dans les *Supercheries littéraires* de Quérard, t. I, p. 34.

Anopolis. Le Triomphe des ânes sur le sens commun. S. d. In-8.

Antipodas (Apud). Ex Obscurorum virorum salibus cribratus dialogus. (S. d., vers 1520.) In-4.

Antre (Dans l') de Trophonius, au pays des visions. Cataractes de l'imagination, déluge de la scribomanie, par Épiménide l'Inspiré. (Chassagnon, Lyon), 1779. 4 vol. in-12.

> Ouvrage d'un auteur dont la tête n'était pas bien saine. Voir l'article que lui a consacré la *Biographie générale*, tom. X.

Arbre (Sous l') de Cracovie. Les Soirées du Palais-Royal. 1762. In-12.

Arcadie (En). Bergeries et Opuscules de Mlle d'Ormoy. (Paris), 1784. In-18.

— Euterpilia, ou mes Bucoliques aux armées (par Marc). An VIII. In-8.

Athènes. Diogène à Paris (par Dufour). 1787. In-12.

— Discours moraux, extraits de Lucien et du Spectateur. 1791. In-12.

Athènes, dans le tonneau de Diogène. Les Soirées de la halle. S. d. In-12.

Athéopolis. Fragments d'un poëme moral sur Dieu (par Sylvain Maréchal). L'an premier du règne de la Raison (1790). In-8.

Autriche (En), aux dépends des ci-devant moines. Histoire naturelle des moines. (Munich), 1783.

> C'est une traduction allemande de la *Monachologia* du baron de Born.

Avariciopolis. La Belgiomanie, par le sieur Van der Kaus, député de la province de Parcimonie à l'assemblée des États généraux de la Cupidité. 1785. In-8.

Babiole. L'Isle de la Félicité. 1746. In-12.

Babylone. Cela est singulier, histoire égyptienne, trad. par un rabbin génois (Chevrier). 1752. In-12.

— Première séance des États calotins. 1724. In-4.

Bacchopolis. Carnavaliana et Carêmiana. (Paris, s. d.). In-18.

Bagatelle. Le Souper de Julie. 1788. In-18.

— Petit Traité de l'Amour des femmes pour les sots. 1788. In-8.

> Cet opuscule, attribué à de Champcenetz, fit du bruit; la malignité publique voulut deviner les véritables noms de quelques dames qui y étaient désignées.

Bagatelle. Mon Radotage et celui des autres (par Marchand). 1759. In-18.

— Les Quatre Parties du jour (par Bernis). 1760. In-12.

Bagdad. Lettre de Fontenelle au marquis de La Fare. 1808. In-12.

> Opuscule imprimé à petit nombre. Il en a été fait une réimpression *en Europe*, 1819, in-8. Voir le *Manuel du Libraire*, art. *Fontenelle.*

Baguenaudopolis. Muzardiana, ou Anecdotes des gobe-mouches. 1810. In-16.

Balivernopolis. Chimerandre l'anti-grec, ou les Équivoques de la langue françoise. (S. d.). In-12.

Ballomanipolis. Le Retour de mon pauvre oncle, ou Relation de son voyage dans la lune (par Dulaure). (Paris), 1784. In-8.

Baratropolis. Rodéric, ou le Démon marié. 1745. In-12.

Bassora. Contes saugrenus. 1783. In-8.

> Ces contes sont en prose. M. Paul Lacroix, dans une note du catalogue Pixerécourt, les attribue à Sylvain Maréchal.

Bibliopolis. La Pantoufle d'Apollon. 1781. In-18.

Bicêtre. Mademoiselle Javotte, ouvrage peu moral, écrit par elle-même. (Paris), 1788. In-8.

Bords (Aux) de l'Achéron. Les Notables des Champs Élysées. 7871. In-8. (On s'aperçoit facilement que la date doit se lire à rebours.)

Bords (Sur les) de l'ancien Hypanis, en Ukraine. Poésies dramatiques, par un Sarmate. 1796. 2 vol. in-8.

Bouillon. Les Petits Soupers et les Nuits de l'hôtel de Bouillon. (Londres), 1783. In-8.

> Libelle satirique à l'égard duquel on trouve une longue note dans le *Bulletin du Bibliophile*, 15ᵉ série, 1861, p. 230.

Brouazzo. Dialogo della bella creanza delle donne. Stampato per dispetto d'un Asnazzo. MD.XXXX. In-8.

> Il existe d'autres éditions de cet écrit trop libre. Melzi (III, 101) indique celles de (Venise) Curzio Navo, 1539, 1540, 1541, 1557, 1558. Gamba en signale une faite à Lugano, avec la rubrique de Londres, Harding, 1750. In-8.

Bureau (Au) de la Censure. Contes confiscables (en allemand, par H. L. Wagner). Vienne (Gœttingue), 1774. In-8.

Caire (Au). Confession du comte de C. (Cagliostro), avec l'histoire de ses voyages dans les pyramides d'Égypte. (Paris), 1787. In-4.

Calvely-Hall (Venise). Dicerie di Annibale Caro e di altri al Re della virtu. 1821. In-8.

> Recueil de dix opuscules facétieux dont les éditions originales, publiées de 1538 à 1540, sont d'une extrême rareté.

Calymmatiopolis. Media quibus Roma papalis condita a Placentio de Verona (H. L. Bentheim). 1688. In-8.

Campagne (A la). Le Nouvelliste des campagnes (par Peignot). 1816. In-8.

Cana en Galilée. Nouvelles curieuses du pays des citronniers. 1737 (en allemand). In-8.

Caninopolis. La Caninomanie, ou l'Impôt favorable. 1789. In-8.

Cap-Corse (Au). Mémorial d'un mondain (par le comte de Lamberg). 1774. In-8.

> L'auteur, quoique Autrichien de naissance, était entièrement Français au point de vue de l'esprit et des idées. Il a laissé divers écrits oubliés aujourd'hui. Le *Mémorial* contient des passages curieux.

Capitale de la planète Uranus. Démocratie et Monarchie, trad. du grec de Dion Cassius (en allemand). 1797. In-12.

Capitales (Dans toutes les) et en tous les siècles. Lettres d'Isaac à Matthieu. S. d. (vers 1775). In-12.

> Critique des mœurs et des travers de l'époque.

Caprée. Chronique arétine. 1789. In-8.

> Il n'a paru qu'un seul cahier de 104 pages de cet ouvrage ; le titre indique qu'il s'agit d'un libelle scandaleux et cynique.

Cayenne. Almanach des honnêtes gens, par un déporté. An VIII. In-12.

Cazinopolis. Cazin, sa vie et ses éditions, par un Cazinophile (Brissard-Binet). Reims, 1863. In-16.

> Ce travail curieux n'est pas exempt d'erreurs et de lacunes dans sa partie bibliographique, mais il sera facile de les faire disparaître dans une édition nouvelle.

Chambre apostolique (Aux dépens de la). Concordance des principes et de la doctrine de saint Paul (par Laugeois). S. d. In-12.

Champ de Mars (Au). L'Aimable Petit-Maître, ou Mémoires du comte de G. P***. Se vend dans l'île de Cythère, 1750. In-12.

Champs Élysées (Aux). Le Diable cosmopolite, poëme. 1781. In-8.

— Nouveaux Dialogues des morts. 1753. 2 vol. in-12.

Chelsea. La Dunciade (par Palissot). 1764. In-8.

Chimène. Le Génie des ombres, et la sala-gno-silph-ondine-cheni-boroco. 1746. Petit in-8.

Chiméronville. L'Étourneau, histoire archi-merveilleuse (par Deschamps). Paris, s. d. In-12.

Chine (A la). Les Ambulantes à la brune (en vers). 1769. In-8.

> Opuscule réimprimé en 1854 dans un petit volume intitulé *les Lanternes.*

Chine (En). Colifichets poétiques, par Bicomonolofalati. 1741. In-12.

Chio. Caquire, parodie de Zaïre. In-8.

> Voir, sur cette facétie dégoûtante, la *Bibliotheca scatologica,* p. 3, qui indique Besombes comme le nom de l'auteur caché sous le nom de M. de Vessaire. D'après le catalogue de la bibliothèque lyonnaise de M. Coste (n° 12238), le véritable auteur est Comberousse. Voir aussi le catalogue Soleinne, n° 3489. On connaît deux éditions, et le frontispice annonce effrontément la seconde comme considérablement enmerdée. L'errata est fort court : « A la fin de chaque acte, au lieu de *fin,* lisez *fi.* » On prétend que cette pièce a été représentée sur des théâtres de société.

Christianopolis. Recueil de portraits en rondeaux. A l'enseigne de la Vérité. 1728. In-8.

Cinq (A) cents lieues de l'Assemblée nationale. Extrait d'un Dictionnaire inutile (par Gallais). 1790. In-8.

Cocuxopolis. Les Amours de Mars et de Vénus, poëme. 1796. In-32.

> On ignore le nom de l'auteur de ce petit poëme badin en dix chants très-courts et en vers de huit syllabes.

Coin (Dans un) d'où l'on voit tout. La Chronique scandaleuse (par G. Imbert). 1783. In-8.

16

Congo (*Au*). Madame Engueule, parade (par Boudin).
1750. In-8.

Constantinople. Louise de Blumeneau, ou Histoire d'un
jésuite (Prague). *Aux frais du sérail du sultan* (en allemand).
1786. In-8.

Corinthe. Les Amours de Laïs. 1765. In-8.

Cornicopoli. La Corneide, poema eroico-comico del dottore Cornografo, colle annotazioni di Cornelio Tacito moderno. 1778. In-8.

> Ce poëme, dont le titre annonce assez le sujet, est l'œuvre
> d'un Toscan, Jean Gamerra. La première édition est en dix
> chants; une autre, qui ne contient pas moins de soixante et
> onze chants, et qui fut très-probablement imprimée à Livourne,
> parut en 1781, en sept volumes. Elle offre le portrait et le
> nom de l'auteur de ce badinage beaucoup trop prolongé.

Cornicopolis. Pensées sur le courage (par Philander, en
allemand). 1738. In-12.

Cosmopoli. Capricciosi ragionamenti di P. Aretino. (Hollande), 1660. In-8.

> On attribue, non sans motifs sérieux, cette impression d'un
> ouvrage trop fameux aux Elzevier. Voir le *Manuel du Libraire*,
> et Pieters, *Annales*, p. 208. Les beaux exemplaires sont d'un
> prix élevé. Nous ajouterons trois adjudications à celles que
> mentionne le *Manuel* (5e édition), 185 et 222 fr. vente H. de
> Ch., en 1863 ; 147 fr. H. de L., même année.

—Venere popolare, overo Apologia delle case di piancere.
Nel secolo della dessolutezza. In-8.

> Il existe diverses éditions de la traduction française de cet
> ouvrage attribué à B. de Mandeville, écrivain anglais, auteur
> de la *Fable des Abeilles*. Lowndes, dans le *Bibliographer's
> Manual*, n'indique qu'une édition de Londres, 1740. On
> trouve une analyse de ce livre dans l'avant-propos (p. XI à XVI)
> de la réimpression, publiée en 1863 à Paris, d'un opuscule

imprimé en 1624, et attribué à Montluc de Cramail : *De l'Infortune des filles de joie.*

— Raccolta delle opere di G. Baffo. (Vinegia), 1789. 4 vol. in-8.

C'est l'édition la plus complète des écrits de ce poëte ordurier. Voir ce qu'en dit M. Ferrari, *Revue des Deux-Mondes,* 1er juin 1839, tome XVIII, page 637. Il existe des éditions datées de *Marmirola,* 1789, 5 tom. in-24, et *Constantinopoli,* 1860, 2 vol. in-18.

— Condemna della teologia morale dei PP. Busembaum e Lacroix. (Trento), 1758. In-8.

— Saggio intorno al governo d'uno stato. (Ravenna), 1772. In-8. (Voir Melzi, I, 276.)

— Elogio di mylord Bolinbroko. 1794. In-8.

Cosmopolis. Oratio pro crepitu ventris ab E. Martino. 1768. In-32.

Cette facétie a été traduite ou plutôt imitée par Mercier, de Compiègne. — *Eloge du pet.* Paris, an VII, in-18. La figure jointe à ce volume représente le dieu Pet, avec cette inscription : *Crepitui ventris conservatori deo propitio.*

— Singularités diverses (par Le Febvre de Beauvray). 1753. In-12.

— Pantheisticon, sive Formula sodalitatis. (A Toland), 1720. In-8.

— OEdipus hollandicus et Rabbi Ben-oni visiones et doctrina. S. d. In-4.

Pamphlet dirigé contre le cardinal Richelieu. Un exemplaire au catalogue Leber, n° 4317.

— La Paix, Système cosmopolite, ou Projet de confédération universelle (par Butain). An XII. In-8.

Cosmopolis. Les Équipées de l'Amour, ou les Aventures d'Aba-Tucdoc. 1783. In-12.

> D'après une note insérée au *Bulletin du Bibliophile*, 1860. p. 1759, ce livret est un chef-d'œuvre d'esprit, de malice, de gaieté, de philosophie et de verve gauloise.

Cracovie. Paradoxe sur les Femmes, où l'on tâche de prouver qu'elles ne sont pas de l'espèce humaine. 1766. In-8.

Crisopoli. Amori di Dafni e Cloe. 1786. In-8. Beau volume imprimé à Parme, par Bodoni.

Cythère. Étrennes en vers. 1755. In-12.

— Le Parnasse libertin. 1775. In-12.

— Le Miracle de l'Amour, imité de l'anglais. 1768.

— Le Noviciat du marquis de ***, ou l'Apprenti devenu maître. 1747. In-12.

— Œuvres galantes d'Ovide (trad. par Barrin). 1756. In-8.

— L'Art de jouir (par La Mettrie). 1761. In-12.

— L'Emblème, ou le Guerluchon, histoire galante. 1744. In-12.

— Le Joujou des messieurs, pour leur servir de récréation. 1800. In-12.

— Manuel des Boudoirs, ou Essais sur les demoiselles d'Athènes (par Mercier de Compiègne). 1240 (Paris, 1787). 4 vol. in-18.

— Les Amours de l'ange Lure (par de Bièvre). L'an des Amours. In-32.

— Le Tableau de la Volupté, ou les Quatre parties du jour, poëme (par Dubuisson). 1771. In-8.

Cythère. Le Tribunal de l'Amour, ou les Causes célèbres de Cythère. 1750. 2 vol. in-12.

— Code de l'Amour, ou Décisions de Cythère. In-12.

— Éloge du Courage. S. d. (Bâle, vers 1750). In-8.

— Commerce de lettres entre Mlle Julie *** et le chevalier de Saint-Marcel. 1723. In-12.

Cytheropolis (*A la Nouvelle*). Les Reclusières de Vénus, allégorie. 1750. In-8.

> Opuscule en vers de 13 pages, relatif à l'hôtel du Roule, à sa fameuse abbesse Mme Pâris, à ses pensionnaires Fatime, Rosette, etc.

Damiette. Coup d'œil philosophique sur le règne de saint Louis, par Manuel. 1786. In-8.

Danziga. La Ciaccheide, sonetti scritti da ser Lullo, ser Lallo e ser Lillo. (Guastalla), 1768. In-8.

Dardanelles (*Aux*). Nouvelles Œuvres (par Huet de la Martinière). 1760. In-12.

Democratico-anti-Sturnopolis. L'Aréopage des Quinze-Vingts, ou le Parterre changé en étourneau. In-8.

Démonopolis. Mitra, ou la Démone mariée. 1745. In-12.

Dezert (*Au*). Les Avantures du baron de Fœneste (par d'Aubigné). 1630. In-8.

> C'est la seule édition complète de cet ouvrage remarquable qui ait été publiée du vivant de l'auteur, et c'est elle qu'a prise pour base M. Prosper Mérimée dans l'édition qu'il a donnée en 1855.

Dezert (Au). Les Tragiques (par le même). 1616. In-4.

Édition rare et fort recherchée ; 102 fr. vente Solar et 370 fr. H. de Ch. en 1863. Une bonne réimpression annotée par M. Ludovic Lalanne a vu le jour à Paris en 1857.

Dindinople. Les piau, piau, piau, glou, glou, ou Histoire de l'apothéose de maître Nicodème Delvigneau. 1784. In-12.

Égypte (En). La Poule noire, ou la Poule aux œufs d'or, avec la science des talismans et des anneaux magiques. 1740. In-12.

Eleutheropolis. H. B., par un des Quarante. (Bruxelles), 1864. Pet. in-8.

Cet opuscule curieux, mais très-hardi, est attribué à un littérateur fort spirituel qui siége à l'Académie française, et qui fait partie d'un des plus grands corps de l'État. Il en est question dans le livre de M. Pelletan : *La Nouvelle Babylone*. L'édition originale, tirée, dit-on, à 15 exempl., a été réimprimée en 1859 également en très-petit nombre ; le recto du dernier feuillet porte, en grec, cette souscription : *De l'imprimerie des amis de Julien l'Apostat, la première année de la 658e olympiade, le jour anniversaire de la naissance de Lucien de Samosate*. H. B. désigne un littérateur spirituel et paradoxal, Henri Beyle, fort connu sous le nom de Stendahl.

— Philosophia S. Scripturæ interpres (auct. L. Meyer). (Amstelodami), 1666. In-4.

— Pasquillorum tomi duo. (Basileæ), 1544. 2 vol. in-8.

Ce recueil curieux se montre rarement dans les ventes. Consulter, à son égard, Sallengre, *Mémoires de littérature*, t. II, et Floegel, *Histoire de la littérature comique* (en allemand), t. II, p. 164 et suiv.

— Pseudo diva Bullencuriana, disquisitore J. Peristophorio (Guichard de Beurreville). (Treni), 1711. In-8.

Cette brochure, d'un prêtre de l'Oratoire, était dirigée contre le culte rendu à une sainte apocryphe, sainte Asseline; ce culte fut supprimé dans le diocèse de Troyes.

— De Jurisdictione reipublicæ venetæ in mare Adriaticum. 1619. In-4. (Attribué à Paolo Sarpi. (Voir Melzi, *Dizionario*, t. II, p. 33.)

— Peccatum originale (auct. H. Beverlando). 1678. In-8.

Voir, sur cet ouvrage fameux, le *Manuel du Libraire*, l'édition donnée par Leschevin du *Chef-d'œuvre d'un inconnu*, (t. II, p. 459), et l'*Analecta Biblion* de M. Du Roure, t. II, p. 436. Adelung a parlé en détail de Beverland : *Histoire* (en allemand) *de la Folie humaine*, t. I, p. 20-41. Il dit qu'un exemplaire du *Peccatum*, avec de nombreuses additions manuscrites pour une nouvelle édition, est conservé dans la bibliothèque Bunau, à Dresde.

Il existe une traduction allemande de ce livre, Francfort, 1746. Nous n'avons pas à nous occuper ici des idées mises en avant par Beverland ; nous dirons seulement qu'elles ont été partagées par divers auteurs, notamment par Fludd et par Roesch (*Beytraege zur geographie und geschichte der Vorzeit*, 1819, in-8.)

Empire (Dans l') de *l'Humanité*. Pensées sur l'Inquisition. 1778. In-8.

Enfers (Aux). La Critique et contre-critique de l'Almanach du Diable pour 1737. In-12.

— Werther en enfer (en allemand). 1676. In-12.

Ephèse. Entretiens de deux Gascons sur le temple du Goût (en vers). 1733. In-8.

Epidaure. Lettres du docteur Ulmiphilus sur les merveilleuses propriétés de l'écorce d'orme. 1783. In-8.

Equivopolis. Histoire de Camouflet. 1751. In-12.

Eridania. Versi di Albo Crisso (Carlo Bossi). Torino, ann. VII et IX. 3 vol. in-8.

Erotopolis. Le Lit de justice de l'amour, ou le Code de Cythère. Erotopolis, l'an du monde VII ƆIƆ IↃCC. I.XXVI.

— Cornelii Curtii Erotopæignion. 1621. In-8.

Poésies d'un auteur peu connu; volume fort rare.

États calotins (Aux). Mémoires pour servir à l'histoire de la calotte. 1752. 4 tomes in-12.

Europe (En). Contes de Guillaume Vadé (par Voltaire). 1763. 2 vol. in-12.

— Relation de l'isle de Bornéo (par Fontenelle). (Paris), 1807. In-12.

Imprimé à petit nombre. Voir le *Manuel du Libraire*.

Eutaxie. Callophile, histoire traduite du scythe en latin par un vieux philosophe visigoth. 1759. In-8.

Fatapolis. Alphabet de la fée Gracieuse. 1734. In-8.

Fez en Barbarie. Le Temple des yvrognes. 1765. In-12.

Foi (Ville de la). La Straussiade, poëme (en allemand), par Sadrah, Mesach et Abednago. (Saint-Gall), 1839. In-8.

Le docteur Strauss est trop connu pour qu'il soit nécessaire de rappeler sa nomination à la chaire de théologie de l'université de Zurich. Le lieu supposé est en allemand : Glaubenstadt.

Foirance, établissement des cabinets secrets, n° 100. Foiriana. In-18.

Recueil souvent réimprimé et parfois avec des variantes. On y trouve des fragments de *Caquire*.

Foyer (Au) de l'Opéra. Mes Chansons et Vaudevilles. 1776. In-8.

France (En). L'École des Pères. 1776. 3 vol. in-12.

— Maximes du droit public françois (par l'abbé Mey). 1772. 2 vol.

— Discours de l'évêque de Lescar sur l'état de l'Église. 1788. In-12.

Francopolis. Notæ historicæ in vitam Oliverii Cromwellii. 1659. In-4.

> Lowndes (*Bibliographer's Manual*, 2ᵉ édit., p. 559) annonce cet ouvrage sous le titre de *Notæ historico-politicæ*. Londini, anno CICICƆLIIX.

Frivolipolis. Mon Serre-tête, ou les Après-soupers d'un petit commis (par Mercier de Compiègne). 1788. In-12.

Gabrielopolis. Apparitions de l'ange Gabriel, ou Gabriel et Fichte; Gabriel et les frères Schlegel (par Augusti. Leipzig, en allemand). 1799. In-8.

Gaillardopolis, et se trouve chez ceux qui l'achèteront. Autant en emporte le vent, ou Recueil de pièces un peu... un peu... on le verra bien. 1788. 2 tom. in-18.

> Choix de pièces assez spirituelles mais trop risquées; on y trouve *la Petite Maison*, proverbe, une épître à Mˡˡᵉ Raucourt, des contes, etc.

Galeopolis. La Galéide, ou le Chat de la nature, poëme. 1790. In-8.

Gange (Sur les bords du). Domine, salvum fac regem. 1789. In-8.

Gasso. Entretiens d'un commerçant du Japon avec des prêtres réfractaires. L'an IV de la liberté. In-12.

> Cet ouvrage est de Bordes, de Lyon. C'est le même livre que

celui qui a été publié sous le titre du *Catéchumène*, ou sous celui du *Secret de l'Église trahi*.

Gattapoli (Perouse). Lezione di Cintio di Nico (Giacinto Vincioli) Gattafilota sopra la canzone del Coppetta (Cesare Beccuti) in perdita della Gatta. Gli anni de' Berlingaccini dalla perdita della Gatta. CLXVIII. In-8.

Genimanie. La Voix du poëte et celle du lévite. 1750. In-8.

Gnide. Péristère, ou la Colère de l'amour, poëme.(Paris), 1787. In-18.

— Idylles et Poëmes champêtres, par Léonard. (Paris, s. d.) In-24.

— Les Premières Amours, ou Zémire et Zilas. (Paris), 1784. In-8.

Goa. Almanach philosophique (par Castillon). 1767. In-12.

Golconde. La Reine de Golconde, conte (par Boufflers). 1761. In-12. (Réimprimé dans les diverses éditions des OEuvres de ce spirituel écrivain.)

Graphomanie. Préface; ouvrage précédé d'une belle paire d'Épîtres dédicatoires, orné de deux mots grecs et de cinq latins. 1755. In-8.

Grèce (*En*). Anandria, ou la Confession de Mlle Sapho. 1789. In-8.

    Il existe diverses éditions. Voir la *Bibliographie des ouvrages relatifs à l'amour, aux femmes, etc.* Paris, 1864, col. 648.

Grignan. Sévigniana (par l'abbé Barral). (Paris), 1767. In-12.

Gringuenaude. Histoire du prince Croquétron et de la princesse Foirette. In-12.

    Il existe plusieurs éditions de cette facétie peu spirituelle, analysée dans la *Bibliotheca scatologica*, p. 12.

Hanripoli Cornutorum. Dissertatio de hanreitatum materia. 1689. In-4.

> *Henreitœ*, minotaurisés, selon l'expression de Balzac.

Heliopolis. Introduction (en allemand) aux sciences primitives cabalistiques. (Vers 1786). In-8.

— Catéchisme de la Chimie. (Vers 1750.) In-8.

Hermitage (A l'). Graves Observations sur les bonnes mœurs, faites par le frère Paul. 1780. In-8.

> C'est un recueil de contes en vers, par Gudin.

Hermitage (A l') de Saint-Amour. Songe d'un hermite. 1771. In-12.

Hispahan. Histoire critique des mystères de l'antiquité, par Gaminville (Guillemain). 1788. In-12.

> Travail sans valeur au sujet de la franc-maçonnerie. Voir Barbier, reproduit dans les *Supercheries littéraires* de Quérard, t. II, p. 128.

— L'Alambic des lois, ou Observations de l'Ami des François sur l'homme et les lois. 1773. In-4.

> Par Rouillé d'Orfeuil. C'est une critique de l'*Esprit des Lois*.

Hôtel (A l') de la Tolérance. Songe systema-physi-comico-moral de M. Jérôme. 1782. In-8.

Hymnopolis. Le Présent de noces. 1802. In-18.

Ibi ubi (Imprimé à). Lettre remarquable d'un législateur (en allemand). 1801 (en Suisse; écrit politique). In-8.

— Histoire d'un ci-devant jésuite. (Bâle), 1783. In-12.

Ile frivole (Imprimé dans l')pour l'admiration de l'univers. La Théomachie, poëme archi-héroïque, traduit de l'argot. 1764. In-12.

India Pastinaca, per messer non mi biasimate, con privilegio di tutti i cervelli heterocliti. La Pazzia. In-8 (vers 1550).

> Melzi, II, 323, indique deux autres éditions : une datée de 1531. C'est à tort que la *Biographie universelle* attribue à Ortensio Landi ce petit ouvrage, qui est dû à un protonotaire apostolique, V. Albergati.

Irenopolis. Bibliotheca fratrum polonorum. 1656. 9 vol. in-fol.

> Ce recueil, délaissé aujourd'hui et imprimé en Hollande, contient les ouvrages de Socin, de Crell, de Wolzogen et autres unitaires. Des exemplaires du premier volume offrent des cartons et des différences assez notables.

Irocopolis. Lettres cherekesiennes, par J. J. Rufus (Maubert de Gouvert). 1752. 2 vol. in-8.

Isle de Calipso. L'École de la Volupté. Aux dépens des Nymphes, 1758. In-8.

Isle de Ténédos. Lettre à la grecque (sur un projet de salle d'Opéra). 1764. In-8.

Isle des Chimères, chez tout le monde. Origine des cabriolets, conte allégorique. 1755. In-12.

Ispahan. Chansons joyeuses, mises au jour par un ane onyme onissime (par Collé). Nouvelle édition, avec de grands changements qu'il faudra encore changer. L'an VXL.CCD.M. (1765). In-8.

Jérusalem. Naissance, vie et mort de Jésus-Christ et de ses apôtres, aux frais des héritiers du pauvre Lazare (en allemand). 1773. In-8.

Jérusalem Pour et contre la Bible, par Sylvain M. (Maréchal). Paris, 1801. In-8.

— Léviathan, ou Rabbins et Juifs, roman plus que comique. (Leipzig), 1801. In-8.

— Recueil de Poésies maçonnes. 1748. In-12.

— La Passion et la mort de Louis XVI, roi des juifs et des chrétiens. 1790. In-8.

> La gravure jointe à ce volume représente Louis XVI, crucifié entre un évêque et un noble.

King-Tsching. Les Femmes auteurs de l'Allemagne (en allemand). Ulm, 1790. In-8.

KKO (A), à l'enseigne du Faisan. Amusette des grasses et des maigres. In-12.

Kruzwich. Apologiæ Caroli Musitani. 1700. In-4.

Lampsaque. Le Calembourg en action, anecdote tirée des aventures secrètes de l'Opéra. 1789. In-18.

— Clémentine, histoire galante et philosophique. An VII. In-18.

— L'Esprit des mœurs au XVIIIe siècle, ou la Petite Maison (par Mérard-Saint-Just). 1789. In-12.

> Voir le catalogue Soleinne, nº 3867.

— L'Étourdi. 1784. 2 vol. in-12.

> Ouvrage mal fait, dans lequel on a introduit sans façon de longs extraits empruntés à d'autres écrits. Il est attribué au trop célèbre marquis de Sade (assertion extrêmement douteuse), dans une note insérée au *Bulletin du Bibliophile*, mars 1857.

Lampsaque. Hipparchia, histoire galante (par Beauchamps). 1748. In-12.

— Histoire du siége de Cythère. 1748. In-8.

Larisse. Vénus dans la vallée de Tempé (par Tschudi). 1773. In-8.

Latomopolis. Essai sur la franc-maçonnerie (par Beyerlé). 5788. 2 vol. in-8.

Librairie (A la) nouvelle pour la propagation du Talmud. L'Épreuve du mendiant, folie dramatique (en allemand). 1838. In-8.

Lilliput. Encyclopédie lilliputienne. (Paris, vers 1780). In-24.

Lima. Suite des Observations de Motus sur le Mémoire de Mlle d'Oliva. (Paris), 1786. In-8.

> Cette brochure se rapporte à la célèbre affaire du Collier. On trouve dans le journal *le Quérard*, t. II, p. 406-415, la liste de soixante-cinq écrits divers relatifs à ce procès, auquel M. Louis Blanc a consacré des pages fort intéressantes dans son *Histoire de la Révolution.* On trouvera dans un ancien journal, qui a cessé de paraître, la *Revue française* (t. VIII, p. 201, 1838), un fragment des *Mémoires* inédits du comte Breugnot. Cet homme d'État, jeune à cette époque, fut, par des circonstances fortuites, placé en relations avec l'audacieuse aventurière qui avait rêvé et qui réalisa la plus surprenante comme la plus criminelle intrigue que l'on puisse imaginer. Consulter l'ouvrage de M. E. Compardon (Paris, 1863, in-8, 451 pages, dont 240 de pièces justificatives); les calomnies dirigées contre Marie-Antoinette sont victorieusement réfutées.

Lottinopolis. Recueil de Chansons d'un original (A. M. Lottin). Paris, 1781. 2 vol. in-12.

> Tiré à petit nombre et non destiné au commerce.

Lutèce (*A la ci-devant*). Les Trois Rapporteurs en défaut, conte absurde, mêlé d'insupportables réflexions, par Vitulos. 1792. In-8.

Lutepolis. Les Veillées du couvent (par Mercier de Compiègne). L'an 2496 (1796). In-18.

MMMM. L'Onguent pour la brûlure, poëme (par Barbier d'Aucour).

> Satire contre les Jésuites, réimprimée plusieurs fois, notamment en 1826, in-32.

Maison (*Imprimé à la*). Monsieur Nicolas (par Rétif de la Bretonne). 1796. 16 vol. in-12.

> Voir sur cet ouvrage singulier le livre de M. Monselet sur Rétif, p. 177. La dédicace commence ainsi : « A moi, cher « moi, le meilleur de mes amis, le plus puissant de mes pro- « tecteurs et mon souverain le plus immédiat, recevez l'hom- « mage que je vous fais de ma dissection morale. » A la fin de ces confessions beaucoup trop franches, Rétif s'écrie : « J'ai « tout dit; je me suis immolé, quelquefois les autres. »

Manége (*Au*). Les Fureurs de Marie-Antoinette, 1791. in-16. (Voir sur ce libelle la *Bibliographie des livres relatifs à l'amour*, col. 653.)

Manicleville. L'Oracle des cordonniers. 1808. In-12.

Manilla. Vocabolario Cateriniano di G. Gigli. (S. d.) In-4.

> Cette édition est due, à ce qu'on croit, aux soins de J. A. Nelli. La première, commencée à Rome en 1717, ne fut pas terminée, l'autorité supérieure s'y étant opposée, et resta au mot *Ragguardare*. En 1797, le *Vocabolario* a été inséré dans le tome V des *Opere* de Gigli (Siena, avec la rubrique de Aja (La Haye), mais on s'est arrêté à la lettre O. Voir Gamba, *Serie de' testi*).

Mazuli. Bibi, conte traduit du chinois (composé par Chevrier). S. d. (vers 1746). In-12.

Mecque (La). Le Coran, trad. par Savary, l'an de l'hégire 1165. (Paris, 1798.) In-8.

— Observations du P. Tranquille sur le Mémoire de la comtesse de La Motte. 1786. In-8.

— Le Petit-Maître philosophe, ou Voyages du chevalier de Mainvillers. (Amsterdam), 1751. 3 vol. in-12.

Médine. Réflexions de P. J. Motus sur le mémoire pour le soi-disant comte de Cagliostro. (Paris), 1786. In-8.

> D'autres écrits, relatifs à l'affaire du collier, parurent avec des indications supposées, Batavia, etc. ; ils sont indiqués au catalogue Leber, n° 4781. Voir aussi notre article *Lima.*

Megalopoli. Defensio Tridentinorum canonum. (Roma), 1786. In-8.

Memphis. La Calotine, ou la Tentation de saint Antoine, poëme épi-satyri-héroï-comique et burlesque (par Mercier de Compiègne). 5800 (1800). In-18.

— Hylas et Phila. 1780. In-12.

— Grimorium verum, traduit de l'hébreu. 1517 (date fausse). In-12.

— Le Taureau blanc, traduit du syriaque (composé par Voltaire). 1774. In-8.

— Le Vol plus haut, ou l'Espion des principaux théâtres (par Desmont). 1784. In-8.

Mer (En pleine), chez Henry Hareng. Arrest de Mgr le Caresme qui condamne à un banissement de six semaines et quatre jours tous libertins et gens rebelles à ses volontés. (Vers 1720.) Pet. in-8. (Opuscule de 5 pages.)

Merdianopolis. Le Nouveau Merdiana, ou Manuel des facétieux et bons chieurs. (S. d., vers 1840.) In-8.

Mingrélie (Dans la). Haran Husseim Ozim, le Fléau du genre humain (en allemand), traduit du persan. 1802. In-8.

Minutie. Acajou et Zirphile. 1776. In-12.

Mitylène. Recueil de contes pastoraux, par Sylvain Maréchal. (Paris), 1782. In-18.

Monachopolis. Essai sur l'histoire naturelle de quelques espèces de moines. 1784. In-8.

> Ouvrage piquant, traduit du latin du baron Ignace de Born. La première édition est de 1783. La traduction française a été insérée dans la collection des *Cérémonies religieuses* (in-folio, édition de 1812), et publiée à Paris (1844, in-12, fig. dans le texte).

Moncuq. Le Conservateur de la santé, volume incomparable, renfermant l'art de péter et de chier. (S. d., vers 1836.) In-8.

> Il existe dans le département du Lot une petite ville appelée Moncuq, mais le volume en question a été imprimé à Lille. Il en a été tiré des exemplaires sur papier de couleur; on y a réuni deux ouvrages publiés séparément, in-18, l'*Art de péter* et le *Nouveau Merdiana*.

Monde (Dans le). État de l'Homme dans le péché originel (par Beverland). 1741. In-12. Autre édition, 1774.

Monomotapa (Au). Les Bijoux indiscrets (par Diderot). S. d. 2 vol. in-18.

Mont (Au) Athos. Alcandre, ou Essai sur le cloître. 1785. In-12.

Mont Cassin (Au). Le Cœnobithophile, ou Lettres d'un religieux françois. 1768. In-12.

Morlanwelz. De la Vitesse relative et auculastique d'un corps solide en repos. Mémoire présenté à l'Académie pétrilaconique et bomboraxale des sciences exactes, par Heleno Cranir de Mnos. 1840. In-8.

Ce nom anagrammatisé est celui de M. Renier Chalon de Mons. Facétie imprimée à 50 exemplaires.

Mystificatopolis. Le Livre fait par force, ou le Mystificateur mystifié. (Lausanne), 1784. In-8.

Néocésarée. Grégoire le Thaumaturge (par Arnold.) Vers 1788. In-8 (en allemand).

Une autre édition porte : Au grand Caire.

Nomopolis. Lettre vraiment philosophique à Mgr l'évêque de Clermont (par l'abbé Rive). 1790. In-8.

Norimberga. Capitoli burleschi. 1642.

Une édition antérieure avait paru en 1629, avec la rubrique de Spire. On trouve dans ce recueil de poésies badines le *Vendemmiatore* de Tansillo, la *Merdeide* (de T. Stigliani), etc. Voir Melzi, *Dizionario*, t. II, p. 27.

Nueber (Les frères). Bulle d'excommunication lancée par le pape Grégoire XVI contre la Suisse. Lucerne (Berne), 1843. In-8.

Nugopolis. Théâtre de campagne. 1767. In-8.

Ce volume contient quelques pièces burlesques, et quelquefois risquées, de Rousseau, de Toulouse, de Grandval et autres joyeux auteurs : *la Mort de Bucéphale*, *l'Eunuque, ou la Fidèle infidélité*, *Sirop-au-cul, ou l'Heureuse délivrance*, *le Pot de chambre cassé*, etc.

Nulle part. Le Moyen de parvenir. 100070038. 2 vol. in-12.

Nulle part. Le Sage venu de la lune, par moi (en allemand. A Francfort), 1768. In-8.

Omate. L'Asino mutato in frate, (di M. Colombo. 1810.
(Venezia, 1822). In-8.

Orthodoxiopolis, à l'École théologique et militaire. Almanach de l'Église et des hérétiques pour 1786 (en allemand,
par K. F. Bahrdt). In-12.

Où ? Discours prononcé à l'Académie françoise, par le
docteur Mathieu Chrysostome Baragouin (par l'abbé Le-
more). 1757. In-8.

Où l'on a pu. Atalzaïde, ouvrage allégorique (par Crébillon fils?). 1736. In-12.

Palais (Au) de justice. Aventures divertissantes et amusantes de M. Bachanal et de Mme Tintamarre. In-18.

Palais (Au) de Morphée. Les Songes du chevalier de La
Marmotte. 1745. In-12.

Palais (Au) des plaisirs. Nouvelle Liste des jolies femmes
de Paris. 1805. In-12.

*Palais-Royal (Au) d'abord, puis partout, même chez Guil-
lot, libraire, rue des Bernardins.* Le Palais-Royal (par Rétif
de la Bretonne). 3 vol. in-12.

> Ouvrage curieux (Voir le livre de Ch. Monselet sur Rétif,
> p. 163). Son prix s'est fort élevé depuis quelque temps : 51 fr.
> vente Solar ; 100 fr. La Bédoyère ; 122 fr. en 1864.

Paphos. Les Goguettes du bon vieux temps. 1810. In-18.

Paphos. Le Bijou de société, ou l'Amusement des Grâces. L'an des plaisirs. 2 vol. in-18.

— La Philosophie des vapeurs, ou Correspondance d'une jolie femme. 1784. In-12.

— L'Éventail, poëme (de Gray), traduit par Courtard de Massy. 1768. In-12.

— Almanach des Adresses des demoiselles de Paris. 1791. In-12.

— Le Jeune homme instruit en amour, conte en vers. 1764. In-8.

— Le Cabinet de Lampsaque, ou Choix d'épigrammes. 1784. In-18.

— Le Plaisir et la Volupté, conte allégorique. 1755. In-18.

Paraclet (Au). Le Philosophe amoureux, histoire d'Abailard. 1697. In-12.

— Les Aventures galantes de quelques enfants de Loyola. 1683. 2 vol. in-18.

Parnasse (Au). Lettre de Mme Sémiramis à M. Catilina. 1748. In-8.

— Les Filles-femmes et les Femmes-filles, par Simien. 1765. In-8.

— Agenda des Auteurs, ou Calepin littéraire. 1754. In-8.

Parnasse (Au pied du). Almanach des Poëtes et des beaux esprits pour 1785 (en allemand). (Augsbourg.) In-12.

Partout (Se trouve). Petites vérités sur les acteurs, les actrices, les journalistes, etc. An VIII. In-12.

Partout et nulle part. Le Joujou mystérieux. In-18.

Dictionnaire aristocratique, démocratique et mystigorieux de musique vocale et instrumentale, dans lequel on trouve des digressions sur l'hippiatrique, la gastronomie et la philosophie hermétique, publié en lanternois par Krisostauphe Clédriol, docteur ferré, marqué et patenté, professeur de castagnettes dans les Conservatoires; traduit par Ydâlôhtüstiphé-jâldempêub, racleur de boyaux. Prix marqué, 100 fr.; prix net, à la volonté du marchand; l'an 100803000600 (Paris, 1836). In-18 de 252 pages.

Le titre de cette facétie a la forme d'un verre à pied.

Partout et pour tous les temps. Œuvres de la marquise de Palmarèze (par Mérard-Saint-Just). 1787. 3 vol. in-18.

Ce recueil de pièces peu édifiantes, en prose et en vers, a été tiré à petit nombre; un exemplaire, chargé de corrections et additions autographes, 142 fr. vente Nodier en 1844. Mérard-Saint-Just, écrivain très-frivole, a laissé de nombreux écrits; voir le *Manuel du Libraire*, et Renouard, *Catalogue d'un Amateur*, t. III, p. 51.

— Achetez ces Etrennes; elles pourront être agréables (par le même). In-18.

Pays (Au) de la liberté. Réflexions d'un fou. 1789. In-8.

Pays de Sapience (Au). Les Jongleurs, ou le Train du monde. In-8.

Pays (Au) des bienheureux. Lettres sur les couvents de l'Allemagne. (Salzbourg, en allemand.) 1792. In-8.

Pays (Dans tous les) où l'on imprime. Almanach nouveau de l'an passé. In-12.

Pechino. Saggio d'Encomi. (Lucques), 1741. In-8.

Attribué à J. Lami; poésies satiriques (Melzi, t. III, p. 8).

Pékin. L'Écumoire, ou Tanzaï et Neadarné (par Crébillon fils). 1754. 2 vol. in-12.

Pékin. Le Sopha, conte moral (par Crébillon). 1774. In-12.

— Observations sur *les Veillées du Château.* (Paris), 1784. In-8. (Il s'agit d'un ouvrage de Mme de Genlis.)

— Vénus dans le cloître (par Barrin). 1776. In-8.

    Il y a des éditions antérieures avec d'autres lieux supposés, et il existe une traduction anglaise, 1725, in-12.

Pérou (Au). Voyages et Aventures extraordinaires de monsieur Pierre de Grossmaul. (Vienne), 1812. In-8 (en allemand).

Persépolis. Soirées amoureuses du général Mottié et de la belle Antoinette. 1790. In-8, 32 pages.

Petites (Aux) Maisons. Lettre du docteur Pancrace sur la supériorité de l'homme sur la femme. 1755. In-8. Opuscule de 26 pages.

Pharaonis, aux dépens de la Banque. Sept et le va à l'as de pique, anecdotes parsemées de contes en vers. 1784. In-18. Attribué à Mérard-Saint-Just.

Philadelphie d'Armorique et non d'Amérique. Mémoire aux États de Bretagne pour le payement de la corvée (par Toustain de Richebourg). 1776. In-12.

— Sentiments d'un Républicain sur les États-Généraux (par Condorcet). 1788. In-8.

Phillinopolis. Discours pour la fête célébrée à l'occasion de la bataille de Navarin (en allemand). 1829. In-8.

Pincenarille, ville de la Mirosophie. Hochepot, ou Salmigondis des folz. (Voir *Geoffroy a la grant dent.*)

Pinde (Au). Le Voyage des Muses, par Yrehit (Thierry). 1784. In-8.

Pittorescopolis. Tableaux d'un poëte, poésies d'un peintre (par J. H. Marchand). In-8.

Pneumatopolis. Les Vieilles Lanternes, conte, avec une clef pour rire et des notes pour pleurer. 1785. In-8.

Politocopolis. Dictionnaire national, par M. de l'Épithète. 1790. In-8.

Pordepolis. L'Esclavage rompu, où la Société des francs péteurs. 1756. In-12.

Port (Sur le) au bled. La Pipe cassée, poëme, par Vadé. In-12.

Porte (A la) Chaillot. Les Canevas de la Pâris, ou Mémoires pour servir à l'histoire de l'hôtel du Roule. (Vers 1765.) In-8.

> Mme Pâris (nom de guerre sans doute) était alors la plus célèbre *alcahueta* de la capitale. Voir la *Bibliographie des livres relatifs à l'amour*, col. 537.

Puits (Au) de la Vérité. Confession du conseiller D....q..., avec des notes sur les objets les plus ignobles de la vie. 1787. In-8.

Quartier royal (Au). Les Libertins en campagne, mémoires tirés du Père de la Joie, ancien aumônier de la reine d'Yvetot. 1700. In-12. 1710

Quiloa. Chimoeta, ou le Prince singulier, histoire monomotapienne. 1751. In-12.

Ragusa. Vita di Olimpia Maldacchini, dell' abbate Gualdi. (Genève), 1667. In-12.

> Autres éditions : 1681, sans date, et Losanna, 1688. Voir

Melzi, t. I, 475. Cet ouvrage satirique est un des méfaits de
Gregorio Leti.

Ratopolis. Histoire des Rats (par de Segrais). 1738. In-8.

Risopolis. Gournau, Dialogue des morts. 1783. In-8.

Romæ, prope Cæsaris hortos. Essai sur l'histoire de la
Révolution française, par une Société d'auteurs latins.
An IX. In-8.

> Cet ouvrage singulier est de M. Héron de Villefosse. C'est
> un travail curieux, habilement exécuté et qui montre beau-
> coup de patience employée d'une façon peu utile. Il n'y a pas
> un fait, pas une réflexion relative à l'histoire de la Révolution
> qui ne soit empruntée à Tacite, à Tite-Live, à Salluste ou à
> quelque autre classique. Le catalogue Leber (n° 4864) cite
> divers exemples.
>
> Deux autres éditions réelles constatent pleinement le bon ac-
> cueil fait à ce livret, dont il parut à Brescia une traduction ita-
> lienne. Il avait d'ailleurs été fait déjà des tentatives du même
> genre, mais moins réussies. Le *Justin modernè,* Villefranche,
> 1677, est un recueil de passages de cet historien dirigés contre
> Louis XIV. On peut citer aussi le *Plaidoyer de Lysias contre
> les membres des antiques comités,* an III (par Dupont de Ne-
> mours), *Thrasybule, imité du latin de Cornelius Nepos,* par
> Tavel, an VIII (c'est un écrit de Cubières-Palmezeaux en
> l'honneur du 18 brumaire). En 1815, il parut une brochure de
> 15 pages : *Tacite, historien du Roi, de Madame, de Buona-
> parte, de la Charte,* etc.

Saint-Cloud. Apparition de Thérèse Philosophe à Saint-
Cloud, ouvrage dédié à la reine et volé dans la poche d'un
aristocrate par M. Barnave. Chez la mère des Amours, 1790.
In-12, 24 pages.

> Livret politique. Un exemplaire est porté au catalogue im-
> primé de la Bibliothèque impériale. Histoire, t. III, p. 614.

Saint-Paul. Histoire de Nicolas Ier, roi du Paraguay.
1756. In-8.

> Saint-Paul est une ville du Brésil.

Salamine. Mélanges érotiques et historiques, ou les OEuvres posthumes d'un inconnu (Hugon de Basseville), publiées
par un chapelain de Paphos. 1784. In-18.

> Barbier écrit : *Mélanges critiques*.

Scoropolis. La Chezonomie, par Ch. R. (Renard). Paris,
1806. In-12.

> Voir la *Bibliotheca scatologica*, p. 4.

Seringapatam (Paris). Monsieur Seringa, ou le Fléau des
apothicaires, parade. 1803. In-18.

Siam. La Mandarinade, ou Histoire comique du manda-
rinat de l'abbé de Saint-Martin (par le P. Porrée). 1769.
In-12.

> Le nom de Siam vient d'une mystification dont fut victime
> un original établi à Caen, mort en 1687, et auquel on adressa
> une lettre d'un prétendu ambassadeur français à Siam. Voir
> le *Manuel du Bibliographe normand*, par M. E. Frère, t. II,
> p. 497.

Siedopolis. Recueil de Pièces concernant le livre intitulé :
le Siècle de Louis XIV. 1753. In-8.

Sinaï (Sur le mont). La Voix qui s'élève dans le désert.
(Munich), 1818. In-8. Pamphlet relatif à des querelles religieuses.

Solitude (Dans la). Zimmermann Ier et Frédéric II. Londres (Leipzig), 1790. In-8.

> Pamphlet satirique. On sait que le moraliste Zimmermann
> a écrit sur la solitude un traité remarquable.

Souffrance. Avertissement salutaire aux confrères de la
haute et basse confrérie des Maris persécutés par leurs
femmes. (Vers 1610.) In-8.

Stamperia dell' Academia degli Etnei. Relation de l'érup-
tion de l'Etna en 1787. Catane. In-8.

Stamperia del Forno. Dubbii amorosi e sonetti di Pietro Aretino. (Paris), 1757. In-16.

Le mot *forno* est une allusion au célèbre *capitolo* de Jean de la Casa, lequel a été réimprimé en entier dans le *Recueil du cosmopolite* et dans l'ouvrage de M. Graesse de Dresde sur l'histoire littéraire : *Lehrbuch einer allgemeinen Litterärgeschichte*, t. III, 3e section, p. 718. Voir aussi la *Bibliographie des ouvrages relatifs à l'amour*, etc., col. 184.

Stamperia del Indovino. Vita e profezie di Brandano Senese (Bartolommeo Carosi), volgarmente detto il Pazzo di Cristo, dedicata a Madonna Reverendissima la Sibilla Tiburtina. In Tivoli, 1710. In-4.

On prétend que c'est à Gigli qu'est due la publication de cette biographie, qu'il accompagna de notes savantes et curieuses. Voir Melzi, t. III, p. 251.

Stamperia dei Padri Jesuiti. Le Provinciale. Venezia (lieu supposé), 1756. 2 vol. in-12.

Stultomanie. Le Calendrier des Fous (par Coqueley). 7737 (1737). In-12.

Sulmona. Amori Ovidiani (par le comte F. Cavriani). 1774. 3 vol. in-12.

Tastetown. La Dunciade bordelaise, ou la Sottise à Bordeaux. 1786. In-8.

Poëme satirique attribué à un étudiant en droit, Ferrère, qui devint plus tard un des avocats les plus distingués du barreau de Bordeaux. *Tastetown* signifie, en anglais, ville du goût.

Tempé. Galerie de tableaux, par un descendant de Boccace. 1789. In-8.

Temple (Au) d'Épidaure. Apollon et Mercure, ou le Sort des médecins (en allemand. A Pesth), 1789. In-8.

Temple (Au) de Gnide. Chansons et poésies, par Sewrin. 1796. In-8.

Temple (Au) de Vénus, chez les galants. Les Doux et paisibles délassements de l'amour. 1760. In-12.

Temple (Au) du Goût. Trois Ouvrages de goût, savoir : l'Art de péter, etc. 1752. In-12.

Tepidopolis. Les Secrets de l'ordre des Jésuites. (Hambourg, en allemand), 1728. In-12.

Terre (Sur la). Voyage d'un habitant de Mars sur la terre, à l'époque du couronnement de Léopold II (en allemand. Francfort), 1791. In-8.

Tetuan. Pentateuco politico. 1655. In-12.

> Ouvrage de Ant. Alferi, donné comme une traduction du turc. Voir Melzi, t. II, p. 300.

Theopolis. Adversus sacramentariorum errorem, auth. N. Nezechio (Th. Beza). 1754. In-8.

Tilloobalna. La Patte du chat, conte zinzinois. 1741. In-12.

Trappe (A la). Les Amants malheureux, ou le Comte de Comminges, drame. 1790. In-8.

Tunquin. Pensées philosophiques sur la guerre. 1766. In-12.

Typographia rediviva. Obsopæus, de arte bibendi. Lugd. Bat., 1648. In-12.

Univers (Dans l'). L'Hymen réformateur des abus du mariage. 1756. In-12.

Utopia. Tractatus de pulicibus. S. d. XVIIe siècle. In-12.

> Une gravure curieuse accompagne cette facétie. Voir le *Ma-*

nuel, au mot *Tractatus*. Il existe d'autres ouvrages badins au sujet des puces; le plus rare de tous est un opuscule en vers de 4 feuillets, caractères gothiques : *Le Proces des femmes et des puces compose par un frère mineur Pelerin retournant des Hirlandes.*

Utopie. De l'Autorité de Rabelais dans la révolution présente (par Ginguené). 1791. In-8.

— Le Code lyrique, ou Règlement pour l'Opéra. (Paris), 1743. In-12.

— Récréations françoises, ou Regueil (*sic*) de contes à rire. (Hollande), 1681. 2 vol. in-12.

Vallée de Josaphat. Les Mystères de Cérès à Eleusis (en allemand). 1784. In-12.

Vallée des Cygnes (*Dans la*). Le Magister plus savant que son curé. An X. In-12.

Veredishtad. Explication de l'énigme du roman intitulé : *Histoire de la Conjuration de Louis-Philippe d'Orléans.* S. d. 4 vol. in-8.

> Ouvrage fort rare parce qu'il n'a point été livré à la circulation. Il fut imprimé avant 1814 aux frais de la duchesse douairière d'Orléans. Des exemplaires ont été adjugés au delà de 150 fr.

Veritopolis. Mémoires politiques et amusants (de Moreau de Brassey). 1735. 3 vol. in-12.

Veropolis. Vie privée d'un prince célèbre (Henry de Prusse, frère du grand Frédéric). 1784. In-8 (par Guyton).

Vertefeuille. Le Livre à la mode (par Caraccioli). 1760. In-12.

Village (*Au grand*). Alala, ou les Habitants du désert, parodie d'Atala. An IX. In-18.

Ville (*La*) *aux asnes*. La Fable du rossignol et du coucou (par Le Noble). 1692. In-12.

Virginiæ. Theses de Virginibus quas, aspirante virginali fortunâ, sub auspicio gratiarum proponet Catharina Florida Paphiensis. In-8.

Whitehall. Le Prince de Galles réhabilité en sa qualité de Jacques III, par Roussa. 1747. In-8.

LIVRES IMPRIMÉS AVEC DES DATES SINGULIÈRES.

La presque totalité des ouvrages que distingue la particularité qui va nous occuper rentre dans la catégorie des ouvrages bouffons et bizarres. Nous en avons déjà mentionné quelques-uns, mais il en reste encore un assez grand nombre, et nous n'avons point la prétention de les faire connaître tous.

Il n'est pas hors de propos de dire d'abord quelques mots de certains ouvrages qui présentent des dates énigmatiques.

Le *Doctrinal du temps présent, compilé par maistre Pierre Michault*, imprimé par Vérard, à Paris, vers la fin du quinzième siècle, in-fol., est un volume fort rare et d'une haute valeur. Un quatrain, qui se trouve au dernier feuillet, indique l'année M.CCCC.XXXXXX.IIIIII (1466) comme celle où fut terminé l'ouvrage :

> Vng trappier et quatre croissans
> Par six croix avec sy nains faire
> Vous feront estre congnoissans
> Sans faillir de mon miliaire.

Le *Passe-temps des Tristes*, imprimé à Lyon, donne pour date : *l'an des trois croix, cinq croissans, ung trepier*, comme étant celle où « vindrent despaigne nos seigneurs fils de france. »

Des copistes se sont parfois amusés à inventer des dates énigmatiques de ce genre. Nous renverrons à l'introduction placée en tête des *Traditions tératologiques*, par M. Berger de Xivrey (1845, in-8), à la *Bibliothèque de l'École des Chartes*, 2ᵉ série, tome V, p. 110 ; voir également le *Bulletin monumental* de M. de Caumont, tome XIV, p. 298.

On s'est avisé aussi d'indiquer sur le titre d'un livre l'année de l'impression au moyen d'un chronogramme. M. Weller en cite quelques exemples pour des ouvrages allemands (notamment deux page 16).

Abdeker, ou l'Art de conserver la beauté. *L'an de l'hégire* 1168 (1756). In-8.

Adoption (L'), ou la Maçonnerie des femmes, en trois grades. *A la Fidélité, chez le Silence*, 100070075. In-8.

Adresse aux Parisiens par les mânes du marquis de Favras. *L'an de la vraie lumière* 5590 (Paris, 1790).

Ah ! que c'est bête ! par M. Timbré. *Berne*, 10007006016 (Paris, 1776). In-8.

> Cette facétie est attribuée à de Saint-Chamond et à Mᵐᵉ Riccoboni. Elle est précédée d'un prologue qui commence ainsi :
> « Un drôle de corps d'une main lève sa chemise pour décou-
> « vrir ses fesses, sur lesquelles se lit une chanson notée... »

Almanach des Aristocrates. *Rome, l'an III de la Barna-vocratie* (Paris, 1791). In-8.

Alsacien (L') réveillé. *Papyropolis, au commencement de la quatrième année de la misère universelle* (1792). In-8 (en allemand).

Ambassadeur (L') de la Folie auprès du Carnaval, ouvrage

en vers, composé par l'auteur connu sous le nom du Singe du Parnasse françois. *Ipres, pas loin de Rome,* 100070068 (1768). In-8.

Amours (Les) de l'Ange-Lure, par le marquis de B. (Bièvre). *L'an des amours, Paris,* 1772. In-8.

Amours (Les) du Saint-Père avec Mme Victoire. *Au Vatican, l'an dernier du règne de la Papauté* (Paris, 1793). In-8°.

Amusements (Les) des Dames de Bruxelles. *Rouen, cette année.* In-12.

> La seconde partie de cet ouvrage est intitulée : *les Trois C...* Nancy (La Haye), 1762. In-12. Ces trois C... sont trois individus que Chevrier poursuit de ses sarcasmes, et qu'il nomme *Chauval, Cosmopole et Chat-huant.* Voir la *Notice,* p. 153, de M. Gillet sur Chevrier, déjà citée. Les *Amusements* sont reproduits dans le second volume des *Œuvres complètes* de Chevrier, Londres, 1774. 3 vol. in-12.

Anecdotes pour servir à l'histoire secrète des Ebugors. *Medoso* (Hollande), *l'an de l'ère des Ebugors* 3333 (1733). In-12.

> Volume rare ; un exempl., 50 fr. vente M. (Millot) en 1846. C'est une histoire allégorique peu intéressante et sans aucune valeur historique. Une clef se trouve à la fin, mais elle n'est pas très-nécessaire ; il ne faut pas de grands efforts de perspicacité pour deviner les noms anagrammatisés.

Anti-Scioppius. *Anno dierum ultimorum.* In-8.

> Malgré ce titre latin, cet écrit, imprimé à Prague en 1619, est en allemand.

Antiquités westphaliennes, pour servir de preuve que les soldats de la garde d'Hérode et de Pilate ont été des Westphaliens, traduit du manuscrit original d'Hilarius Bassus Friso (composé par M. C. Mittelstedt). *Anno post reintegratam amicitiam inter Herodem et Pylatum* (CIƆIƆCCXXXIV (1734). In-8°.

Art de désopiler la rate (par Panckoucke). *Venise*, 178875 (Caen, 1775), *Gallipoli*, 175884, et *l'an des folies* 175886 (Paris, 1784 et 1786). In-12.

Asiniana, ou Recueil d'âneries. *A Montmartre, l'an de l'Arcadie*. In-32.

Aventures dans la capitale du prince Beelzebub. *Acheron, l'an* 5700 (Leipzig), 1800. In-8 (en allemand).

Belle (La) Cauchoise, ou Mémoires d'une jolie Normande. *A Libidinibus, chez Sensualité*, 10308470.. In-18. Réimprimé en 1830 et en 1846.

Benachrach, le Robinson juif. *Tranquebar*, 5808 (Leipzig, vers 1760). In-8 (en allemand).

Bibi, conte traduit du chinois (composé par Chevrier). Première et peut-être dernière édition. *A Mazuli, l'an de Sal-cho-daï* 623 (vers 1745). In-12.

Bibliotheca gallo-suecica, sive Syllabus operum selectorum.... Erasmus Irenicus collegit. *Utopiæ, hoc anno* (Coloniæ, 1642). In-8.

> Catalogue de livres supposés. Un exemplaire figure au catalogue des livres de M. Techener détruits à Londres par un incendie, avec cette note : « Bibliographie fort rare, et que « Placcius décrit inexactement, faute d'avoir pu se la pro- « curer. »

Bijou (Le) de société, ou l'Amusement des Grâces. *Paphos, l'an des plaisirs* (vers 1750). In-32. Volume gravé, 101 feuillets de texte et autant de gravures.

Calendrier des Amants et des Époux de tout âge. *Amathonte*, 5812 (Leipzig, 1811). In-18 (en allemand).

Capitoli burleschi d'incerto autore. IXIC. In-12.

> Ce livret, de 24 feuillets, renferme des pièces qui ne se trouvent pas, à ce qu'il paraît, dans les recueils du même genre. Un exemplaire payé 60 fr. vente Libri, en 1847, n° 1571. La *Chitarra*, contenue dans ce même volume, est de Magagnati.

Capucinade (La), histoire sans vraisemblance. *Partout*, .1765, 6, 7, 8, 9, 10, 11 et 12. In-8°.

Catéchisme des francs-maçons, par Léonard Gabanon (Louis Travenol). *Jérusalem*, *l'an* 1440 (Limoges, 1740). In-12.

Catéchisme du curé Meslier. *L'an premier du règne de la Raison*, 1790. In-8.

> Voir, sur ce curé dont on a fait un type d'incrédulité, un chapitre dans les *Mélanges extraits d'une petite bibliothèque*, par Nodier, p. 178. Le catalogue, imprimé en 1805, de la bibliothèque Boutourlin (détruite en 1812 dans l'incendie de Moscou), indique, n° 1918, une traduction manuscrite du *Cantique des Cantiques*, trouvée dans les papiers de Meslier ; cette production est probablement apocryphe.

Changement de décoration, ou Vue perspective de l'Assemblée nationale. *Au Champ-de-Mars*, *l'an deux des horreurs populaires* (Paris, 1791). In-8.

Chants pour les francs-maçons. *Philadelphie*, 5192 (Leipzig, 1798). In-8.

Chute de la Médecine et de la Chirurgie, ou le Monde revenu à son premier état, traduit du chinois par le bonze Luc-Esiab. *A Emeluogna*, *année* 00000000.

> Cette facétie est du bibliophile Caron, dont nous avons déjà parlé. Il y a là des noms qu'il faut lire à rebours.

Ciel (Le) réformé. 100070050. In-12.

> C'est la traduction faite par l'abbé de Vougy de la première partie du célèbre et énigmatique ouvrage de Giordano Bruno :

Spaccio de la Bestia trionfante, à l'égard duquel il faut consulter le très-remarquable travail de M. C. Bartholmess sur G. Bruno. (Paris), 1852. 2 vol.

Cinq (Les) Livres de Moïse, mis en vers burlesques par un vieil hermite (ouvrage allemand). *En Palestine,* 5786 (1803). In-8.

Cocu (Le) consolateur. *Amboise, l'an du cocuage d'Adam,* 5810. In-8.

> Cette facétie est attribuée au bibliophile Caron; elle porte, après l'indication du titre : *Car on en a besoin,* ce qui nous fait souvenir que ce curieux écrivait sur les livres, en petit nombre, qui lui appartenaient, ce distique non rimé :
>
> > « M'acheter pour me lire;
> > Car on s'instruit ainsi. »
>
> On cite une autre édition de cet opuscule, datée de 8789 (1789). Elles ont toutes deux été tirées à petit nombre. Une réimpression vient d'avoir lieu dans un volume publié en Belgique, en 1866, sous le titre de *Pièces désopilantes publiées pour l'esbattement de quelques pantagruélistes.* A Paris, près Charenton, chez un libraire qui n'est pas triste.

Colporteur (Le) (par Chevrier). *Londres, l'an de la vérité.* In-12.

> M. Gillet, dans sa *Notice* sur Chevrier, indique sept éditions différentes de ce livre satirique, qui fut l'objet des poursuites de la police.

Comédie (La) des Académistes (par Saint-Évremond. *L'an de la Réforme* (1646). In-12.

> L'auteur de cette pièce, écrite en 1643, prit le nom de Des Cadenets.
>
> D'après Nodier, « il ne faut pas chercher une comédie dans « cette comédie. C'est une composition assez insipide. On y « remarque cependant çà et là des traits de satire passable- « ment amusants. »

Comédiens (Les), ou le Foyer, comédie représentée le

5 janvier 2440. *Paris, successeur de la veuve Duchesne,
M.M.CCCCXL.* In-8.

> Pièce attribuée à Rutledge.

Compagnie (La) du Voyageur, ou Recueil d'histoires et
bons mots plaisants. *Imprimé dans la belle saison.* In-12.

Contes (Deux) de cette année. *Amsterdam, Desbordes,
M.D.CC et tout le reste.* In-12.

Coq (Le) à l'asne, ou Éloge de Martin Zèbre. *A Asnières,
aux dépens de qui il appartiendra*, 100070060. In-8.

Création (La) d'Ève, conte (en vers), par P. C. G. P. (Pa-
trix). *Au jardin d'Eden, l'an de la création* (Paris, Didot).
In-12.

> « Petit conte plein d'esprit et fort agréable. L'auteur a été
> assez paresseux pour ne pas le terminer. Il n'a été tiré que
> 50 exemplaires de cet opuscule de 22 pages. » (Renouard.)
> La *France littéraire* de M. Quérard ne mentionne aucun
> autre ouvrage de Patrix.

Culte et Lois des hommes sans Dieu (par Sylvain Maréchal). *L'an premier de la Raison.* (Livret de 64 pages.)

Description topographique et historique du pays et des
environs de la Forêt-Noire, situé dans la province du Merryland, traduction de l'anglais. *A Boutentativos, chez les
veuves Sulamites, l'an* 100,700,700,000. In-8.

> Badinage allégorique dont il existe plusieurs éditions. Voir
> la *Bibliographie des livres relatifs à l'amour.* 1864, col. 560.

Dialogue entre le XIXe et le XXe siècle, par MM. Logo-
panoff et Alethowitz. *Constantinople*, 2001 (1801). In-8.

Dialogue entre Tranche-fêtu et Prêt-à-tout. 10007008010
(Nancy, 1790), *le jour de la licence militaire réprimée.* In-8.

Dialogue intéressant entre le maire, le curé, un bourgeois, etc. *L'an deux du désordre et de l'anarchie* (1791). In-8.

Dictionnaire laconique et impartial, par un citoyen inactif. *Patriopolis, l'an III de la prétendue liberté* (Paris, 1791). In-8.

Disciple (Un) de Socrate aux Athéniens, héroïde (par Marmontel). *Athènes, Olymp. XCV, an I* (Paris, 1760). In-8.

Double (Le) Emploi, ou D'une pierre deux coups, proverbe en un acte et en vers (par Marandon). *Amathonte, 61ᵉ olympiade* (Bordeaux, 1788). In-8.

Dragon (Le) missionnaire. *Oxford, en l'année des conversions à la dragonne* (vers 1690). In-12.

Élite (L') des Poésies héroïques et gaillardes. *Cette année* (1696). In-12.

> On y trouve *l'Occasion perdue et recouvrée*, pièce libre qui a été, à tort sans doute, attribuée au grand Corneille.

Éloge de l'Ivresse (par Sallengre). *Bacchopolis, l'an de la vigne 5555*. In-12.

Extraits des écrits de membres de l'ordre des Rose-Croix. *Rome, 1555* (Leipzig, 1788). In-8.

Facétieux (Le) Réveil-matin. *Cette année, Troyes*. In-12.

Fastes (Les) scandaleux. *Paphos, l'an 2001* (Paris, 1790).

Fictions, discours et autres pièces adomhiramites. *Memphis, 5787*. In-8.

Fragments de la succession de mon oncle (en allemand).
Byzance, 1991 (Vienne, 1781). In-8.

France (La) f....., tragédie royaliste. 5796 (1796). In-8.

> Production dramatique cynique et curieuse au point de vue
> politique. Elle est rare, et cependant on l'a vue figurer sur
> plusieurs catalogues. Voir la note du catalogue Soleinne,
> n° 3876.

Grigri, histoire véritable, traduite du japonais (composée
par L. de Cahusac). *Nagasaki*, *l'an* 59749 (1739). In-12.

Histoire secrète du Prophète des Turcs. *Constantinople*,
1007006015. 2 tomes in-8.

Inquiétudes (Les) et les charmes de l'amitié, parodie en
forme d'idylle. *L'an de la V∴ L∴* 5784. In-12.

Isle (L') des Sages. *Aux champs Élysées*, *l'an de la V. L.*
5785 (1785). In-8.

Je m'y attendois bien, histoire bavarde, par l'auteur du
Colporteur (Chevrier). *Chez Maculature*, *l'an des méchan-*
cetés (Amsterdam), 1762. In-8.

Jéromiade (La), poëme (en allemand). *Pathopoli* (Leipzig),
anno recuperatæ salutis I (1815). In-8.

Lettre du P. La Chaise au P. Peters, comprenant une félicitation sur le bon succès qu'il a eu à inventer le jeune

prince de Galles. *Anno 1688, qui est l'an de la tromperie.*
In-12.

> On peut rapprocher de ce livret *le Roi prédestiné par l'es-*
> *prit de Louis XIV.* Cologne, P. Marteau, 1688, que nous avons
> déjà signalé. Le père Peters, confesseur de Jacques II, fut
> vivement attaqué dans les libelles de l'époque. En 1688, on
> publia, sous la rubrique de Cologne, la prétendue *Histoire* de
> ses galanteries.

Lettres facétieuses de Fontenelle, qui n'ont jamais été
imprimées. *Bagdad, l'an M.CCCCCCCC.IX* (Paris), 1809.
In-12.

Livre (Le) jaune, contenant quelques conversations sur
les logomachies. *L'an d'Adam* 6749 (1749). In-8.

> Nous trouvons cet ouvrage sur un certain nombre de cata-
> logues de ventes : 19 fr. 50 Nodier ; 41 fr. 50 Duriez, etc.
> Un exemplaire, avec des notes manuscrites de deux bibliophiles
> distingués, Jamet et Mercier de Saint-Léger, figure au cata-
> logue Bignon, 1849, n° 909. *Le Conservateur*, décembre 1757,
> donne une longue analyse de cet écrit. Voir aussi Du Roure,
> *Analecta Biblion*, t. II, p. 454.

Lumbifrage (Le) de Nicodème Aubier, scribe, soi-disant
cinquième évangéliste (par S. Roulliard). *Eleuthères* (Paris),
année embolismale. In-8.

> C'est un des plus rares des ouvrages souvent bizarres de ce
> savant, dont l'érudition mal digérée manquait de critique.
> Voir les *Mémoires* de Nicéron, t. XXVII, et la *Bibliothèque*
> *chartraine* de Liron.

Luxurieux (Le), comédie. *A N., pour l'année prochaine.*
In-8.

> Cette comédie, dont le titre indique le genre, est de
> Le Grand ; elle se trouve dans diverses éditions du *Théâtre*
> *gaillard ;* elle fait aussi partie d'un recueil rare : *l'Abatteur de*
> *noisettes* (La Haye, 1741, in-12), qui, réuni à quelques autres
> pièces, figure au catalogue Soleinne, n° 3883 ; un exemplaire a
> été payé 95 fr. vente Veinant, en 1860, n° 498.

Mandement du Muphti, portant condamnation d'un écrit qui a pour titre : le Tocsin des Rois, par M. de Voltaire. *Constantinople, l'an de l'hégire* 1168 (1771). In-8.

Marottes à vendre. *Au Parnasse burlesque, à l'enseigne de la Facéciosité, l'an premier de la nouvelle ère* (Londres, 1812). Pet. in-8.

Matériaux pour l'histoire de l'an 2240 (en allemand). *Kokes* (Breslau). 2240. In-8.

Ménippe ressuscité, ou l'Assemblée tumultueuse (par M. de V.). *A Veredicta, au Repentir, l'an* 16000 (Paris, vers 1770). In-8.

Momus redivivus, ou les Saturnales françaises. *Lutipolis*, 2496 (Paris, 1796). 2 vol. in-18.

> Recueil de pièces badines formé par Mercier de Compiègne. On y trouve les *Amours de Charlot et de Toinette*, des écrits relatifs aux courtisanes de Paris, des chansons, des épigrammes.

Moyen de Parvenir. Plusieurs éditions de ce livre facétieux et fort connu portent : *Imprimé cette année.* Deux éditions au moins sont datées de *l'année pantagruéline;* d'autres portent : 100070032, 100070038, 100070073.

Néraïs et Melhoë, conte (par de Blanes). *Imprimé à* ***; *se vend à* ***; *l'âge de l'auteur* 60. 2 vol. in-12.

Norac-Oniana, contenant les Douze Mouchoirs, où le Portefeuille du cabinet, ou tout ce que vous voudrez, par qui bon vous semblera (par P. S. Caron). *L'an* 1500 (1800). In-8.

Nouvelle (La) Fabrique des excellents traits de vérité, par
Ph. d'Alcripe. *Imprimé cette année.* In-12.

> Une nouvelle et fort bonne édition de ce livre curieux a
> paru en 1854 ; elle fait partie de la *Bibliothèque elzévirienne.*

Nuremberg en délire. *Moropolis, l'an* 000000. In-8.

> Ouvrage satirique, en allemand.

Œuvres du sieur Hadoux, maître de danse. *L'an des
Muses* 10101 (1783). In-8.

> Ce volume contient deux comédies en prose (*le Dragon vert*
> et *le Petit Cabaret*). C'est, d'après le catalogue de la bibliothèque
> dramatique de M. de Soleinne (n° 2296), « un incroyable mo-
> nument du style et de l'orthographe de l'auteur franco-hollan-
> dais. »

Oille (La), mélange de divers mets pour tous les goûts,
par un vieux cuisinier gaulois. *Constantinople, l'an de l'hégire* 1223 (1755). In-8.

Oratiuncula panegyrica, seu Laus Gonorrhœæ, auct.
Lullio Hilario. *Haganopoli, anno à felici Gonorrhœæ adventu
in Europam,* 219. In-12.

Original (L') sans copie. *Paris,* 00100700400100 (1741),
avec approbation d'Arlequin. In-12.

> C'est un recueil des facéties du comédien Deslauriers, dit
> Bruscambille.

Otto poemetti lascivi. *Nell isola di Cipro.* 2222. In-18.

Paris ridicule, par Claude Le Petit. *Imprimé cette année.*
In-12.

> Il y a de la verve et de l'originalité dans ce poëme burlesque,

dont il existe diverses éditions, et qui a été réimprimé en 1859 dans un volume fort curieux : *Paris ridicule et burlesque au XVIIᵉ siècle.* (Paris, A. Delahays. In-12.) Les notes du bibliophile Jacob ajoutent beaucoup de prix à cette publication. Voir, sur Le Petit, mort en place de Grève le 2 septembre 1662, et sur ses ouvrages, une notice très-intéressante de M. Ed. Tricotel : *Variétés bibliographiques.* (Paris, J. Gay, 1863.) In-12, p. 317-343.

Parnasse (Le) satyrique. *L'an mil six cent trop tost.* (Rouen, vers 1650). In-12.

> Édition très-rare, qui présente quelques différences avec les précédentes.

Parvenu (Le), légende composée de la nature, du présent, passé et avenir. *Imprimé en Philopotamie, vers la fin de la trente-huitième année de l'auteur* (vers 1780, en allemand). In-8.

Passe-partout (Le) galant, par M. ***. *Constantinople, imprimé dans la présente année* (Hollande, 1704). In-12.

Peintre (Le) italien, ouvrage posthume. *A la poste, l'an qui court* (vers 1760). In-8.

Pensées libres sur les prêtres (par Sylvain Maréchal). *Paris, l'an premier de la Raison.* In-12.

Perfidies (Les) assassines d'un bambocheur du grand ton. *Paris, l'an des fourberies du monde* 1820. In-18.

Phasma, comœdia, auct. N. Frischlino. *Impressum in Iazygibus-Metanastis, anno Christi* 1598, *antichristi vero revelati* 81. In-8.

> Cette pièce, qui traite *de variis hœresiis et hœresiarchis*, a été imprimée à Strasbourg; elle a reparu à Amsterdam en 1600, 1603, 1609, 1625 et 1660.

Pièces et anecdotes intéressantes, savoir : les Harangues

des habitants de Sarcelles, le Portefeuille du diable, etc. (publié par N. Jouin). *Aix, aux dépens des Jésuites, l'an* 210 *de leur règne* (Hollande, 1755). In-12.

Pot (Le) pourri, ou Préservatif de la mélancolie. *A Nevior, chez Rit-toujours, cette année* (Rouen, vers 1783). In-12.

Præadamitæ (par I. La Peyrère). *Anno salutis* 1655. In-12.

> L'impression de ce volume paraît elzévirienne. Cet ouvrage, écrit par un ministre protestant qui depuis abjura le calvinisme, fit grand bruit à l'époque de sa publication et souleva une vive polémique. L'auteur se déclare pour deux créations faites à des intervalles fort éloignés ; il soutient que le déluge ne submergea que la Judée ; que les Chaldéens, les Égyptiens et les Chinois sont bien plus anciens qu'Adam. Ces opinions et bien d'autres du même genre ne pouvaient être tolérées en 1655. Le livre des *Præadamitæ* fut condamné au feu.

Præceptorum conjugalium liber I. *Cracoviæ, CIC.XVII.C.* In-8.

Recueil de Chansons pour la maçonnerie. *Sophronople, l'an de la renaissance des vertus* 3578 (Paris, 1778). In-12.

Recueil de nouvelles poésies latines et françoises. *Londres* (Genève?), *cette présente année* (vers 1750). 2 vol. in-12.

Recueil de pièces fugitives. *Au Quartier général, en tous temps* (vers 1760). In-12.

Recueil des pièces du régiment de la calotte. *Paris* (Hollande), *l'an de l'ère calotine* 7726 (1726). In-12.

Recueil général des Caquets de l'accouchée. *Imprimé au temps de ne plus se fâcher* (1623). In-8.

> C'est l'édition la plus recherchée de ce livre curieux, plu-

sieurs fois réimprimé au XVII° siècle. M. Ed. Fournier en a donné, en 1855, une très-bonne édition, qui fait partie de la Bibliothèque elzévirienne; on y remarque une curieuse introduction écrite par M. Le Roux de Lincy.

Recueil merdeux, foireux, venteux et sentimental. *Crotone, l'an* 100.

Ce recueil curieux figure au catalogue Leber, n° 2597.

Représentation à mylord maire de Londres sur les filles entretenues de France. *Dans le dix−huitième siècle* (vers 1775). In-8.

Rêve d'un Wurtembergeois au sujet de la politique des princes allemands. *A Cassel, Munich, etc., dans la* 86ᵉ *année du siècle philosophique* (en allemand, Carlsruhe, 1786). In-8.

Rominaf, traduction de l'arabe (composé par Hécart). *L'an* 75398241600000 *des parfums* (Valenciennes, 1801). In-8.

Séméléon, histoire véritable. *Constantinople, cette année présente* (1733). In-12.

Roman allégorique, attribué au duc de la Trémouille.

Sept (Les) Femmes de Barbe-bleue (par Tieck). *Istamboul, chez Mourousi, l'an* 1212 (Berlin). In-8 (en allemand).

Sermon naïf fait par un bon curé de village. *L'an* CM.LCIVXVI. In-12.

Sermon prononcé à Colignac le jour des Rois. *Imprimé l'an du monde auquel il fut achevé.* In-8.

Siècle (Le) des ballons, satyre. *Ballopolis, l'an du monde* 5784 *et des ballons le* 2ᵉ (1784). In-18.

Société (Une) caennaise du XVIIIe siècle et les écrits qu'elle a inspirés. *En Prusse, l'année scatologique* (1859). In-8.

> Tel est le titre d'une notice qui a été insérée dans les *Archives du Bibliophile*, n° XVII. (Paris, Claudin, 1859.) Il s'agit de la *Société des Francs-Péteurs*.

Sopha (Le), conte moral (par Crébillon). 10070060014. In-12.

Supplément aux Mémoires et lettres de M. le comte de Bussy-Rabutin. *Au monde*, 7539447. In-12.

Tel Aubergiste, tel Voyageur, ou Ce qu'a vu Hans Gack en courant le monde. *Imprimé dans le monde, l'année qui vient après la précédente* (en allemand). In-8.

Théâtre de Société : l'Hypocrite démasqué, drame, par Rowitel. *Moscou*, 1508 (Caen, 1791). In-8.

Tout coule, ou la Galimafrée nationale. *Versailles, an deux de l'inquisition clémentino-jacobite* (Paris, 1790). In-8.

> Un exemplaire de cet opuscule, devenu rare, fait partie de la collection révolutionnaire de Pixerécourt, aujourd'hui dans la bibliothèque du Sénat.

Triomphe (Le) du Cocuage. *L'année de la fidélité des femmes.* (Facétie allemande en vers, imprimée vers 1630.) In-8.

Voyage dans la Lune, par moi (en allemand). *Nulle part, l'an* 1000,000,000,000 (Francfort, 1768). In-8.

Voyage de Galey dans la ville de Yenef (par J. P. Bérenger). *A Sindif*, 1058 (Genève, 1780). In-8.

Zibaldone (Il), poemetto burlesco (di Batacchi). *Nell im-pero* (Paris), *l'anno che si spera il piu felice* (1805). In-12.

Poëme badin en douze chants. L'auteur, avocat à Livourne, le publia sous le nom du Père Atanasio da Verrocchio. Le *Manuel du Libraire*, même dans sa 5e édition, le désigne comme le P. Batacchi. Le *Zibaldone* forme le cinquième et dernier volume de l'édition in-18 des œuvres de Batacchi, imprimée en 1856 sous la rubrique de *Londra*.

Nous pouvons ajouter que le *Dizionario* de M. G. Melzi indique un grand nombre d'ouvrages imprimés avec de fausses indications de lieux, mais sans noms de typographes ; nous en mentionnerons quelques-uns, sans toutefois transcrire des titres qui n'offriraient qu'un bien faible intérêt à des lecteurs français. Les amateurs qui ne reculeront pas devant une pareille recherche nous sauront peut-être gré de la leur avoir facilitée.

Agiopoli, I, 399.
Aletopoli, I, 316. — II, 81, 105, 353. — III, 57.
Autopoli, I, 433.

Berna, I, 267, 401. — II, 12.

Colonia, 146, 157, 237, 386, 414, 430. — II, 64, 117, 343. — III, 62, 83, 262.
Cosmopoli, I, 77, 105, 109, 145, 376, 395, 409, 431, 458, 478. — II, 47, 91, 93, 94, 109, 112, 132, 227, 298, 464. — III, 12, 37, 44, 85, 136, 155, 182, 233.
Crisopoli, II, 44, 115. — III, 193, 290.

Eliopoli, I, 427.
Eridania, I, 101.
Europa, III, 90.

Sofiopoli, I, 260.

Selenopoli, III, 116.

Villafranca, II, 444.

Zoopoli, II, 122, 137.

Nous laissons de côté bien des livres publiés à Florence, à Milan, à Venise, avec la rubrique d'Ajaccio, Amsterdam, Halle, Lausanne, Leipzig, Londres, Ratisbonne, etc.

C'est sous la rubrique de Königsberg que le marquis Lucchesini fit imprimer, en 1782, ses *Memorie* sur la réforme ecclésiastique.

———

Nous connaissons peu de livres anglais imprimés avec des indications de lieux supposées. La liberté dont la presse jouit dans la Grande-Bretagne au point de vue politique a rendu inutile l'adoption d'un subterfuge de ce genre pour des écrits relatifs aux affaires de l'État.

Les premières éditions des traductions de l'Écriture sainte en langue vulgaire étant l'objet de vives poursuites, il fallait avoir recours à des déguisements. Des impressions du Nouveau Testament traduit par Tyndall parurent, en mars 1530, avec des noms de typographes flamands qu'on croit supposés ; ces impressions durent être exécutées clandestinement en Allemagne. Elles sont d'une rareté extrême. Lowndes, dans son *Bibliographer's Manual*, entre à leur égard dans de longs détails.

Quelques ouvrages d'une moralité douteuse n'ont pas cependant osé se produire avec des indications trop conformes à la vérité. On peut signaler les *Poems by the E. of R.* (Earl of Rochester). *Antwerpen* (s. d.). In-8.

Une collection de chansons gaillardes, formant un volume in-12, publié vers 1710, est indiquée comme imprimée à *La Haye, cette année* : *Love's vocal Grove , or the Bucks in high humour. Printed at the Hagen, this year.*

Nous n'avons fait que de faibles emprunts à la littérature allemande; elle offre une multitude de livres imprimés dans des lieux supposés. M. Weller a publié à cet égard une liste spéciale, dont nous avons sous les yeux la seconde édition (Leipzig, 1850, in-12). Le premier ouvrage signalé est daté de 1574, et jusqu'à 1650 on n'en trouve que quinze; mais le nombre s'accroît beaucoup à la fin du XVIIIe siècle et au commencement du XIXe.

Nous traduisons les titres de quelques-uns de ces ouvrages ; leur singularité peut les faire rechercher de quelques amateurs :

Le Robinson juif, écrit par Jezer ben Achrash. *Tranquebar*, 5808. In-8.

Chansons pour les Enfants de la lumière. *Meropolis*, 1774.

Stutzbart, Tableau satirique de mœurs. *Nouvelle-Écosse* (Breslau), 1777. In-8.

Léon X et Adrien VI. Entretiens sur le rétablissement des droits de l'Église romaine. *Tripoli* (Ulm), 1788.

Hirum-Harum, roman satirique et comique. *Salem* (Nuremberg), 1789.

Voyage dans la ville et le pays de Narenburg (*cité des fous*), par Démocrite junior. *Abdère* (Augsbourg), 1790.

Vie d'Uranie, reine de Sardanipalie, dans la planète Sirius. *Partout* (Hambourg), 1790. 2 vol.

Histoire du prince Yakanopoli, récit amusant et orthodoxe, par Wromschewsky (Bahrdt). *Andrinople* (Halle),
1790.

Épisodes extraits du Bréviaire d'un ci-devant illuminé.
Katarakta (Stuttgart), 1791. In-8.

Les Dissenters prussiens et les Orthodoxes. *Heliopolis*
(Brunswick), 1792. In-8.

Hymen, Dieu du mariage, poëme comique (par Bren-
necke). *Athènes* (Magdebourg), 1791. In-8.

Rafael de Aiguillar, par Klinger. *Bagdad* (Leipzig), 1793.

Lazare de Béthanie, protestant contre l'histoire du Laza-
risme. *Béthanie* (Leipzig), 1793. In-8.

Voyages avant le déluge (par Klinger). *Bagdad* (Leipzig).
1793.

Behemoth, le roman des romans, ou Vie, exploits et opinions d'un chevalier errant qui vécut 2,000 ans. *Bagdad*
(Hambourg), 1795 (par A. Riem). In-8.

Les Infernales, histoire de la Nouvelle Sodome (par
A. Riem). *Dans les Indes* (Hambourg), 1795 In-8.

Le Ministère de l'Enfer, traduit par le secrétaire intime
de Beelzebub (par Rebmann). *Acherontia* (Hambourg), 1796.
2 vol. in-8.

1803 — Paris, imprimerie Jouaust, 338, rue Saint-Honoré.

Nouvelles publications de la Librairie TROSS

GEOFROY TORY

PEINTRE GRAVEUR

PREMIER IMPRIMEUR ROYAL

RÉFORMATEUR DE L'ORTHOGRAPHE ET DE L'IMPRIMERIE
SOUS FRANÇOIS Ier

PAR

AUGUSTE BERNARD

Deuxième édition, entièrement refondue

VIII ET 412 PAGES

Papier vélin, in-8º . . . . 12 fr.
Grand papier de Hollande, gr. in-8º 24

Cette nouvelle édition, *qui forme pour ainsi dire un nouvel ouvrage*, contient le double de texte de la première. Elle est ornée de nombreuses gravures en bois.

ANNALES PLANTINIENNES

DEPUIS LA FONDATION DE L'IMPRIMERIE PLANTINIENNE
A ANVERS JUSQU'A LA MORT DE CH. PLANTIN

(1555-1589)

Par MM. C. RUELENS et A. DE BACKER

UN VOL.

GRAND IN-8º

XXIV ET 324

PAGES

AVEC

PORTRAIT

PRIX

10 FRANCS

Bibliographie remarquable extraite des années 1858-1865 du *Bulletin du Bibliophile belge*. Tirée à 200 exemplaires. — Nous avons rédigé une table de 16 pages à 2 colonnes pour le volume.

Paris, imprimerie Jouaust, rue Saint-Honoré, 338.

www.ingramcontent.com/pod-product-compliance
Lightning Source LLC
Chambersburg PA
CBHW070742270326
41927CB00010B/2074